मोहन राकेश और उनके नाटक

मोहन राकेश और उनके नाटक

गिरीश रस्तोगी

हिन्दी विभाग, गोरखपुर विश्वविद्यालय
गोरखपुर

लोकभारती प्रकाशन

लोकभारती प्रकाशन
पहली मंजिल, दरबारी बिल्डिंग, महात्मा गाँधी मार्ग
प्रयागराज-211 001
वेबसाइट : www.lokbhartiprakashan.com
ईमेल : info@lokbhartiprakashan.com
शाखाएँ : 1-बी, नेताजी सुभाष मार्ग, दरियागंज
नयी दिल्ली-110 002
अशोक राजपथ, साइंस कॉलेज के सामने
पटना-800 006

प्रथम संस्करण : 1976
पंचम संस्करण : 2023

आस्था पेपर कन्वर्टर
प्रयागराज द्वारा मुद्रित

MOHAN RAKESH AUR UNKE NATAK
by Girish Rastogi

ISBN : 978-81-8031-338-7

मूल्य : ₹ 495

कुछ और

इसमें कोई सन्देह नहीं कि मोहन राकेश के नाटकों ने ही उनके सम्पूर्ण साहित्य और व्यक्तित्व की ओर मेरा ध्यान आकृष्ट किया। बल्कि मैं तो कहूँगी कि आज की आवश्यकता के अनुसार नाटक के प्रति, रंगमंच के प्रति नयी एप्रोच और मंथन की प्रेरणा मुझे यहीं से मिली। मुझे याद है जब 1969 में मोहन राकेश के 'लहरों के राजहंस' को हमारी 'रूपांतर' नाट्यसंस्था ने मंचन के लिए उठाया था। दो-ढाई महीने के निर्देशन के दौरान इस नाटक के माध्यम से नाट्यभाषा के व्यवहार, चरित्रों की आन्तरिकता, आधुनिक द्वन्द्व के विभिन्न सूक्ष्म जटिल स्तर और रंगमंचीय संभावनाएँ जिस तरह खुलती गयीं और नाट्यान्दोलन एवं रंगान्दोलन की नयी भूमिका ने जिस तरह जन्म लिया उसने ही मोहन राकेश के नाटकों और उनके माध्यम से हिन्दी नाटक और रंगमंच की स्थिति पर विचार करने के लिए मुझे विवश किया और तब राकेश की कहानियों, निबन्धों, टिप्पणियों, उनकी डायरी के पृष्ठों को मैंने लगातार पढ़ डाला। यह पुस्तक उस सारे अध्ययन, रुचि और मन:स्थिति का परिणाम है। राकेश के नाटकों का यह अध्ययन वस्तुत: हिन्दी नाटक और रंगमंच की पूर्व स्थिति, उसकी उपलब्धियों और सीमाओं को भी सामने लाता है। विशेषकर नाट्यभाषा और रंगमंच के अनेक पक्षों पर विचार करने के लिए यह संभवत: विवश करे। नाट्यसमीक्षा का स्वरूप भी इस पुस्तक में परंपरा से एकदम भिन्न है। यूँ नयी नाट्यसमीक्षा पर अलग से एक अध्याय इस पुस्तक में देना चाहती थी लेकिन अब वह मेरी अगली पुस्तक 'हिन्दी का नया नाटक : सार्थकता और सवाल' में जुड़ गया है। इसलिए अगर नाट्य-समीक्षा के नये मानदंड सामने लाने में ही राकेश के नाटकों पर मेरी यह पुस्तक मदद दे सकी, तो सचमुच मैं अपना प्रयत्न सफल समझूँगी।

आभार किसे दूँ? वैसे याद आता है, सन् '71 में मैंने राकेश जी को एक पत्र लिखा था—उनके जीवन और नाटकों के सम्बन्ध में कुछ जानकारी प्राप्त करने के लिए। उस समय वह अपने शोध-कार्य के सिलसिले में विदेश-यात्रा पर थे। अनीता जी ने पत्र से यह सूचना दे दी और उत्तर के लिए मुझे आश्वस्त किया था। विदेश से लौटने पर राकेश जी ने उत्तर दिया भी। मेरे सारे प्रश्नों के पूरे-पूरे उत्तर देने के बाद अंत में यह जरूर लिखा कि '...प्रश्नों के उत्तर लिखना बहुत भारी पड़ता है। जुबानी बात करना बहुत आसान है।' लेकिन उसका मौका ही न आ सका। हाँ, उनके घनिष्ठ मित्र कमलेश्वर जी ने जरूर अपने पत्रों द्वारा मुझे कुछ आवश्यक सूचनायें दीं और मेरी काफी मदद की। इस प्रसंग में मैं नेमिचन्द्र जैन का नाम भी नहीं भूल सकती। नाटक और रंगमंच के क्षेत्र में मुझे हमेशा उनसे प्रोत्साहन मिला। राकेश के नाटककार व्यक्तित्व

को लेकर कुछ सवाल भी उन्होंने उठाये और मुझे सोचने की दिशा दी। मैं उन दोनों के ही प्रति हृदय से आभार प्रकट करती हूँ। 'सारिका' में छपी अनीता औलक की 'चंद सतरें...' भी राकेश के व्यक्तित्व को, मानवीय सम्बन्धों को समझने-पहचानने में बड़ी प्रेरक रहीं। लोकभारती प्रकाशन ने इस पुस्तक के प्रकाशन में रुचि ली, उन्हें धन्यवाद।

प्रतिक्रियाएँ, चाहे कैसी भी हों, दिशा दिखाएँगी, मुझे उनकी प्रतीक्षा रहेगी।

गिरीश रस्तोगी
हिन्दी विभाग
गोरखपुर विश्वविद्यालय
गोरखपुर

23 ग, हीरापुरी
गोरखपुर

विषय-सूची

नाटक और रंगमंच

इधर पन्द्रह वर्षों से हिन्दी नाटक और नाटककार की दृष्टि, लेखन और नाटकीय समझ में बहुत महत्त्वपूर्ण और अनिवार्य मोड़ आया है। अक्सर सहयोग, सहअस्तित्व, सामंजस्य, 'नाटक और विचार', 'नाटककार और रंगमंच', 'नाटककार और निर्देशक' 'नाटककार के अधिकार' के सवाल टिप्पणियों में, लेखों में उठते रहे हैं जिनसे हिन्दी नाटक जगत में सक्रिय आन्दोलन का परिचय तो मिलता ही है, एक लम्बे शून्य और जड़ स्थिति के बाद सारे भ्रमों को तोड़कर नाटक की मौलिकता भी प्रतिष्ठित होती है। आज से कुछ वर्ष पहले मोहन राकेश, ब०व० कारन्त और अनेक व्यक्तियों ने नाटक में सहयोग, सहअस्तित्व और सामंजस्य की बात कही थी और साहित्यिक विधा के रूप में उसके सही और पूर्ण रूप को समझने-समझाने का प्रयत्न किया था। इधर पन्द्रह वर्षों से नाटककार ने स्वयं नाटक को पहचाना ही नहीं है, बल्कि नाट्य समीक्षा के प्रतिमान बदलने की भरपूर कोशिश की है। प्रायः कहा जाता है और सही भी है कि हिन्दी नाटक अभी बहुत पिछड़ा हुआ है। यह सचमुच आश्चर्य की बात है कि सबसे पुरानी विधा होते हुए भी जीवन और विचार से, नवीनता और प्रयोग से, अनेक समस्याओं से उसका संबंध उतना नहीं जुड़ पाया या उसमें इतने क्रान्तिकारी परिवर्तन नहीं हुए जितने कहानी में या कविता में। इसका मुख्य कारण है नाटक और शेष विधाओं के माध्यमों का प्रकृतिगत भेद। नाटक कोई 'पाठ्य-पुस्तक' मात्र नहीं है जैसे कि कहानी और उपन्यास और उसकी तरह नाटक का सीधा सम्बन्ध पाठकों से होता है। बल्कि नाटक एक जीवन्त अनुभव है जो अपनी जीवन्तता रंगमंच पर ही प्राप्त करता है। नाटक की सही कसौटी रंगमंच ही है। रंगमंच को उसका निकष मानकर ही उसकी निजी सत्ता की खोज सम्भव है। नाट्यकृति और रंगमंच एक दूसरे के कार्य और कारण हैं, दूसरे स्तर पर एक दूसरे के पूरक और यहाँ तक कि एक दूसरे के पर्याय भी।[1] निस्सन्देह रंगमंच की आत्मा नाटकीयता है तो नाटक की आत्मा रंगमंचीयता है। बहुत पहले भरत मुनि ने अपने नाट्यशास्त्र में नाटक की इस मौलिकता और रंगमंच से उसके सम्बन्ध को स्थापित करते हुए ही कहा था कि नाटक का शरीर है वाचिक अभिनय, क्योंकि आंगिक और सात्विक अभिनय तथा नेपथ्य आदि सब उसको ही व्यंजित करते हैं। भरत मुनि ने जहाँ नाट्यशास्त्र द्वारा नाटक को नियमबद्ध किया था वहाँ इसकी सम्पूर्ण रचना-प्रक्रिया पर सहयोगी कला रूप और रंगमंचीय कला रूप पर भी विचार किया था जिससे स्पष्ट होता है कि उस समय नाटक और उसके रंगमंच की परम्परा एक लम्बा फासला तय कर चुकी थी जिसे भरत मुनि ने शास्त्रीय रूप प्रदान किया।

---

1. **रंगमंच और नाटक की भूमिका : लक्ष्मीनारायण लाल, पृ० 15।**

उन्होंने नाटक में मनोविनोद को, लोकरंजन को भी आवश्यक तत्त्व माना और उसके महत्त्व को, व्यापकता को, समस्त कलाओं में उसकी रम्यता को भी स्थापित किया। नाटक के प्रस्तुतिकरण, रंगमंच, उसके स्वरूप; उसके भेद, उसके विविध उपकरण, प्रेक्षागृह इत्यादि पर इतना विस्तृत विवेचन नाट्यशास्त्र में मिल जाता है कि भारतवर्ष में नाट्यकला के परिष्कृत रूप के सम्बन्ध में कोई सन्देह नहीं रह जाता। नाटक के प्रस्तुतिकरण में भरत (नाट्यसंस्था का आधारभूत संचालक) सूत्रधार, नट, संगीत-निर्देशक, वेशभूषा, साज-सज्जा के बनाने वाले, माला, मुकुट और आभरण बनाने वाले, पर्दा बनाने वाले, रंजक आदि के सामूहिक सहयोग और उद्योग पर नाटक की सफलता-असफलता की बात कहकर उन्होंने नाट्य-विधा को स्पष्ट किया है जो आज भी अनिवार्य रूप से आधुनिक प्रतीत होता है। नाटक एक त्रिकोण से आबद्ध है—नाटककार, निर्देशक (सूत्रधार) और दर्शक लेकिन अभिनेता और अन्य सारा समूह भी उसका अनिवार्य अंग है इसलिए सारी नाटक-प्रक्रिया इनके निरंतर तारतम्य, सहयोग, सामंजस्य से ही संभव है जो प्रत्यक्षत: रंगमंच पर दृष्टिगोचर होता है। यहीं यह सत्य भी सामने आ जाता है कि जिस देश का, जिस समय का रंगमंच जितना विकसित होगा, यहाँ तक कि जिस प्रकार के रंगमंच की व्यवस्था होगी, नाट्यरचना भी उसी प्रकार की रंगशालाओं के अनुरूप होगी। उदाहरण के लिए कालिदास और शेक्सपीयर के सामने अभिनय और निर्देशन की सशक्त परम्परा थी, रंगशाला का एक सुव्यवस्थित, निश्चित रूप भी था और नाटककार भी रंग शिल्प, अपने युग की अभिनय-शैली आदि से यानी अपने माध्यम से पूरी तरह परिचित थे। अपने समय की सारी सम्भावनाओं का उपयोग उन्होंने अपने नाटकों में किया है। सभी संस्कृत नाटकों से तत्कालीन रंगशालाओं, रंग योजना, अभिनय शैली, मुद्रा-भंगिमाओं और शिल्प को अच्छी तरह पहचाना जा सकता है। इसलिए उस समय के नाटकों को पूरी तरह समझने, अनुभव करने के लिए उनके समय के रंगमंच, रंगशालाओं आदि को जानना जरूरी होगा, यह अलग बात है कि आज भी हम कालिदास और शेक्सपीयर के नाटकों में नयी रंग सम्भावनाएँ खोजकर भिन्न दृष्टि से उनके नये प्रयोग कर लें। इंग्लैण्ड में आज भी शेक्सपीयर के नाटक उतने ही लोकप्रिय हैं क्योंकि आधुनिक रंगमंच पर उनके एक ही नाटक पर भिन्न-भिन्न प्रयोग करके वादविवाद उठाये जाते हैं, जो नाटक को विविध दृष्टियों से समझने में सहायता भी देते हैं; रंगमंचीय दृष्टि, रंग शिल्प और अभिनय की अनेक सम्भावनाओं को प्रकाशित भी करते हैं। यही नहीं दर्शकों में वैचारिक सक्रियता, उत्तेजना, उत्साह भी पैदा करते हैं और पुरानी से पुरानी कृति नयी से नयी लगती चली जाती है। हिन्दी नाटक के साथ यह स्थिति नहीं रही बल्कि नाटक और रंगमंच के बीच बड़ी गहरी खाई वर्षों तक बनी रही। चूँकि हिन्दी रंगमंच अविकसित रहा बल्कि वर्षों तक अस्तित्वहीन रहा, इसीलिए हिन्दी नाटक कई भारतीय भाषाओं—बँगला, मराठी के नाटकों से पीछे रह गया। बंगाल और महाराष्ट्र में रंगमंच की लम्बी विकसित परम्परा मिल जाती है इसलिए उनके नाटकों में नाट्यशिल्प और रंगशिल्प के नाट्यानुभव और रंगानुभव के स्तर उपलब्ध होते हैं। यहीं यह सत्य

भी सामने आता है कि कभी-कभी नाटक भी रंगमंच को महत्त्वपूर्ण मोड़ दे देते हैं। उसके विकास सूत्रों को प्रकाश में लाकर एक सर्जनात्मक आन्दोलन की शुरुआत करते हैं क्योंकि उस नाटक में किसी न किसी रंगमंच की कल्पना, अभिनय-पद्धति, और अनेकानेक प्रयोगों की पूरी कल्पना निहित रहती है। यद्यपि उन तक पहुँचने, खोजने और उन्हें रंगमंच पर लाने में सारे रंगकर्मियों, अभिनेताओं, निर्देशकों का महत्त्वपूर्ण योग होता है। मोहन राकेश के नाटकों ने हिन्दी रंगमंच को सक्रियता ही नहीं दी, नाटक को सही माने में रंगमंच से जोड़ा, प्रचलित नाट्यरूढ़ियों को तोड़कर 'आधुनिक रंगमंच' की कल्पना को 'विकसित रंगमंच' या 'प्रयोगशील रंगमंच' की कल्पना को साकार किया।

यहाँ यह भी स्पष्ट करना होगा कि रंगमंच को नाटक का निकष कहने का यह तात्पर्य बिल्कुल नहीं है कि वही उसकी एकमात्र कसौटी है या वह निरा रंगमंच है। जो नाटक में केवल रंगमंचीयता का, अभिनीयता का आग्रह करेंगे, वे भी गुमराह कहे जायेंगे। अन्य साहित्यिक विधाओं की तरह नाटक भी भाषागत अभिव्यक्ति माध्यम है। शब्दबद्ध होने के कारण उसमें भी भाषा की अभिव्यंजना शक्ति को उतनी ही प्रधानता दी जायगी जितनी कहानी, उपन्यास में लेकिन शब्दबद्ध होने पर भी उसे कोरा साहित्य नहीं कहा जा सकता। नाटक न केवल साहित्य है और न केवल रंगमंचीय कला। यही उसकी जटिलता है। वह एक स्वतन्त्र साहित्य विधा के रूप में और विशिष्ट कला के रूप में पहचानी जानी चाहिए। बहुत मोटे तौर पर अगर हम उसे कविता, उपन्यास से अलग करना चाहें तो कह सकते हैं कि ये सभी पाठ्य होती हैं (हालाँकि अब कविता, कहानी, उपन्यास विशेषकर कविता और कहानी नाटक या नाटकीयता के बहुत निकट आते जा रहे हैं) संवादात्मक होने के कारण नाटक में वाच्य तत्व मुख्य हो जाता है और यहाँ अभिनेता और दर्शक से उसका सम्बन्ध जुड़ जाता है। संवाद अभिनेता से ही दर्शक तक पहुँचते हैं और नाटक और नाटककार से साक्षात्कार कराते हैं। जहाँ कृति रचनाकार से निर्देशक, निर्देशक से अभिनेता और अभिनेता से दर्शकों तक और पूरी परिस्थितियों से, रंगकर्मियों से होती हुई प्रेक्षक तक पहुँचे वहीं नाटक की विशिष्टता, मौलिकता, जटिलता प्रत्यक्ष होने लगती है। बहुत से लोगों को कोई नाटक पढ़ने पर फीका लगता है और अभिनीत देखने पर प्रभावित करता है। अभी अच्छे से अच्छा नाटक भी मंच पर आकर मर जाता है—इसलिए नाटक एक सामूहिक—संश्लेषणात्मक कला तो है ही, वह एक विशेष संतुलन की माँग भी करता है। आवश्यक है यह समझना कि रचनात्मक साहित्य का हर माध्यम अपना निजी अर्थ रखता है—यह निजी अर्थ जीवन प्रसंगों के भीतर से ही पैदा होता है। नाटककार परिवेश के संदर्भ में अगर जीवन की व्याख्या नहीं तो जीवन को प्रस्तुत करता है—पहले शब्दों से फिर उन शब्दों के अर्थ को दर्शकों तक संप्रेषित किया जाता है मंच द्वारा, जिसे नाटककार लक्ष्मीनारायण लाल ने 'अर्थ की रचना और फिर पूर्वरचना'[1] कहकर जीवन संदर्भों के स्तर से महत्त्वपूर्ण,

---

1. **आधुनिक हिन्दी नाटक और रंगमंच : पृ० 29।**

संलिष्ट स्वरूप धारण करने वाला नाटक कहा है। यानी नाटक में विचार या अनुभूति रहती है पर वही नाटक को सार्थक नहीं बनाते, उसके पीछे अगर दर्शक की संकल्पना और रंगमंच की अवधारणा है तभी वह विशिष्ट है। वस्तुतः कविता, कहानी का नितान्त वैधानिक होना फिर भी संभव है लेकिन नाटक में वही घातक होगा—व्यापक संदर्भों, बाह्य परिवेश और वातावरण से जुड़कर नाटक एक समुदाय को प्रभावित या उत्तेजित कर सकता है। नाटक को हमारे यहाँ काव्य का ही एक प्रकार कहा गया है। कुछ लोगों के अनुसार काव्य में नाटक और नाटक में काव्य होना स्वतः सिद्ध है। प्रसाद का साहित्य इसका उदाहरण है यद्यपि 'कामायनी' महाकाव्य में नाटकीयता जिस प्रकार काव्य की आन्तरिक बुनावट में स्वतः समायी हुई है उस तरह से देखें तो उनके नाटकों में काव्य प्रायः आरोपित लगता है लेकिन फिर भी यह सत्य है कि जिस तरह कविता में बिम्बों, प्रतीकों और ध्वनि-संयोजन का महत्त्व है उसी तरह नाटक में भी है। विलियम नाइट ने बिम्बों को ही नाटक का कार्य-व्यापार माना है क्योंकि बिम्ब नाटक के निहितार्थ को सामने लाने में और पूरी रचना की बुनावट में सहायक होते हैं। प्रसाद ने नाटक में बिम्बों के शक्ति को पहचाना ही नहीं वरन् अपने विविध प्रयोगों द्वारा प्रतिपादित भी किया—उन्हीं के संदर्भ में भुवनेश्वर ने नाटक में बिम्बों, ध्वनियों, प्रतीकों के द्वारा भाषा की सूक्ष्म पकड़ का परिचय दिया और फिर यह सतर्कता और शक्ति मोहन राकेश में बड़े पैमाने पर दिखायी दी। आर्थर मिलर और इलियट जैसे नाटककारों ने नाटक की बुनावट में काव्य-तत्त्व को अनिवार्य ही नहीं माना बल्कि कविता को नाटक का स्वाभाविक और सीधा माध्यम कहा। जो नाटककार 'कवि' नहीं है वह मानों पूरा नाटककार नहीं है। इसी आधार पर गद्य-पद्य का अंतर केवल स्थूल अंतर है—एक से उपकरणों का उपयोग करने के कारण इन दोनों में कोई आवश्यक अंतर है ही नहीं। इसलिए नेमिचन्द्र जैन की यह बात बहुत संगत प्रतीत होती है कि श्रेष्ठ नाटक कविता के समान ही व्यंजना-शक्ति का, बिम्बमयता का, सघनता और तीव्रता का, संगीत और लय का, शब्द और अभिव्यक्ति की अनिवार्यता का उपयोग करता है।'[1] यहीं यह भी मानना होगा कि दृश्यकाव्य अपने प्रचलित परम्परागत अर्थ में नहीं अर्थात् मंच भी दृश्य पदार्थ होने के कारण ही नहीं बल्कि सशब्द रंगानुभूति से सम्पन्न नाटककार अपनी भाषा शक्ति और नाटकीय शब्द प्रयोगों द्वारा भी मंच पर दृश्य-प्रतीति करा सकता है। मोहन राकेश से भी पहले भुवनेश्वर ने नाट्य भाषा की इस शक्ति को पहचाना था और सिद्ध कर दिया था कि नाटक कुछ घटनाओं, पात्रों, दृश्यबन्ध, कार्य व्यापार की गतिशीलता, चरम सीमा से ही नहीं बनता बल्कि उसकी भाषा में ही सारी क्रियायें, सचेतनता, दृश्य प्रभाव सन्निहित हो सकते हैं जो बड़े गहरे अनुशासन से पैदा हो सकते हैं। मोहन राकेश ने स्वयं नाटकीय शब्द की खोज करते-करते नाट्य भाषा की शक्ति का अनुभव करते हुए ही 'रंगमंच को मूलतः श्रव्य माध्यम' कहकर सर्वथा नयी स्थापना पूरी तर्कदृष्टि के साथ की जिस पर पर अलग

1. **नटरंग अंक 3, पृ० 2, सम्पादकीय।**

अध्याय में विस्तार से विचार किया गया है। हजारीप्रसाद द्विवेदी भी नाटक की विशेषता को स्पष्ट करते हैं—'मेरी दृष्टि में नाटक रंगमंच पर अभिनीत होने के लिए ही होने चाहिए। केवल पढ़ने के लिए लिखा हुआ नाटक वस्तुतः विशिष्ट शैली का उपन्यास या गप्प है। नाटक विशुद्ध साहित्य नहीं है। विशुद्ध साहित्य शब्द और अर्थ पद और अर्थ के सहित—सहित (साथ-साथ) रहने वाली चीज है। वह श्रव्य है। नाटक में शब्द होते हैं पर और भी बहुत-सी बातें हैं। पुराने लोगों ने उसे 'दृश्य-काव्य' कहा है। उसमें आँखों का और कानों का भी योग रहता है, चक्षु-ग्राह्य होने के कारण वह दृश्य है और श्रुतिग्राह्य होने के कारण श्रव्य[1] इसलिए नाट्य समीक्षा अपने आप में एक अहम् सवाल है। समीक्षक को नाटक के इस 'विशिष्ट कला रूप', 'सामूहिक कलारूप' उसकी मौलिकता और निजी स्वरूप को ध्यान में रखना आवश्यक है। रंगमंच से सम्बद्ध होने के कारण सारे इतिहास, परम्पराओं, रूढ़ियों, मान्यताओं, बाधाओं और विकास स्थितियों से परिचित हुए बिना नाट्य समीक्षक अपने दायित्व को नहीं निभा सकता।

हिन्दी नाटक के साथ नाटक के विधागत अन्तर को न समझने की भारी विडम्बना रही, नाटककार और समीक्षक दोनों की ओर से। ऐतिहासिक दृष्टि से भारतेन्दु हरिश्चन्द्र वह पहले नाटककार हैं जिन्होंने नाटक की माध्यमगत, कालगत विशेषताओं को पूरी तरह समझा और इसी विधा को जन-सम्पर्क स्थापित करने की दृष्टि से भारतीय सभ्यता-संस्कृति के प्रभावक रूप में जन-जागृति, राष्ट्रीय और सामाजिक चेतना लाने की दृष्टि से सबसे सशक्त माध्यम समझा और व्यक्तिगत ही नहीं सामूहिक प्रयासों द्वारा हिन्दी रंगमंच और नाटक इतिहास में एक नयी परंपरा को आरंभ करना चाहा। उससे पहले हिन्दी क्षेत्र में लोक-नाटकों या लोक-रंगमंच की परम्परा मौजूद थी लेकिन उसकी भी सीमायें थीं। रामलीला, रासलीला, नौटंकी, स्वाँग आदि तेजी से बदलते जाते मूल्यों और उस पूरे युग से सम्बन्धित नहीं थे, केवल मनोरंजन ही उनका लक्ष्य था। दूसरी ओर पारसी रंगमंच और नाट्य लेखन विशुद्ध व्यावसायिक दृष्टि से ही सही-बड़े दर्शक वर्ग को आकर्षित कर रहा था। उनके कुरुचिपूर्ण सस्ते लेखन और प्रस्तुतीकरण ने साहित्यकारों, बुद्धिजीवियों के मन में वितृष्णा पैदा की—'थियेटर' और 'नाटक' शब्द यहीं से एक भद्दी कल्पना और अधकचरी मानसिकता के साथ जुड़ गया—एक बदनाम और उपेक्षणीय वस्तु बन गया। नाटक जैसी साहित्यिक विधा के साथ कम्पनी का हल्का नाम जुड़ता गया और अभिनय और अभिनेताओं के साथ अप्रिय भाव पैदा होता गया। नाटक परदों, नाच-गानों, शेरो शायरी, अश्लील दृश्य और हल्के-फुल्के मनोरंजन का केन्द्र बन गया; परिणामतः 'रंगमंच' ने स्वयं अपना सारा व्यापक अर्थ खो दिया। लोगों की मनोभूमि में रंगमंच एक व्यापक अनुभूति के रूप में लगभग मर गया। नतीजा यह हुआ कि हिन्दी नाटककारों के मन में आरंभ से ही रंगमंच की दूरी बनी रही। उनका उद्देश्य ही मानों पारसी नाटकों और रंगमंच के विरोध में नाट्य

---

1. नटरंग अंक 3, पृ० 8।

रचना करना था—इसीलिए आरंभ का समूचा हिन्दी नाटक भारतेन्दु से प्रसाद तक पारसी रंगमंच और नाटकों की प्रतिक्रिया में जन्म लेता हुआ साफ प्रतीत होता है। इस प्रतिक्रियात्मक दृष्टि ने जहाँ नाटक को साहित्यिक दृष्टि से समृद्ध बनाया वहाँ रंगमंच से उसकी 'कलात्मक मौलिकता' से उसे एकदम काट दिया। एक बड़ी दयनीय और खतरनाक स्थिति यहीं से पैदा हो गयी—नाटककारों में भी समीक्षकों में भी। नाटक दो खानों में बँट गया—साहित्यिक नाटक और रंगमंचीय नाटक। यह हास्यास्पद वर्गीकरण वर्षों तक चलता रहा, चल रहा है आज भी, पाठ्यक्रमीय आलोचनात्मक पुस्तकों में, कक्षाओं में, अध्ययन अध्यापन में और परीक्षा-पत्रों और परीक्षा-पुस्तिकाओं में, जो बड़ी घातक स्थिति है। नाटक और रंगमंच में संधिकालीन सोपानों का हिन्दी में क्रमशः विकास ही नहीं हुआ।

भारतेन्दु काल को हिन्दी नाटक और रंगमंच की दृष्टि से सार्थक सक्रियता और प्रयत्न का काल कहा जा सकता है। स्वयं भारतेन्दु ने नाटक को परिचयात्मक स्तर पर ही नहीं, प्रयोगात्मक दृष्टि से भी देखा। उन्होंने ही पहली बार अपने निबन्ध 'नाटक' में प्राचीन नाट्यकला और अर्वाचीन नाट्यकला का परिचय दिया। दोनों के नाट्यतत्त्वों का समन्वय करके कोई मानदंड उन्होंने भले ही स्थापित नहीं किये क्योंकि उस समय बहुत से प्रश्न उनके सामने थे—हिन्दी-नाट्य लेखन, अनुवाद, प्रदर्शन—प्रस्तुतिकरण, रंगमंच, नाट्यभाषा, जन-जागरण, राष्ट्रीय चेतना और लोकरुचि के परिष्कार का सवाल, पारसी थियेटर के विरुद्ध लड़ाई। इसीलिए भारतेन्दु के नाटक पारसी थियेटर के नाट्यतत्त्वों की सीमा में उतने बँधे हुए नहीं दीखते जितने कि प्रसाद के। भारतेन्दु निरन्तर थियेटराना जगत से अलग नयी नाट्य परम्परा, भिन्न नाट्यशिल्प और हिन्दी रंगमंच की स्वतंत्र विकास परम्परा के प्रति संघर्षशील रहे। परिणामतः भारतेन्दु कालीन सभी नाटकों की दो विशेषतायें मुख्य लगती हैं—एक तो जनजीवन से उनकी निकटता और देशोद्धार के प्रति उनकी चेतना, दूसरे उनकी रंगमंच के प्रति, नाटक के माध्यम के प्रति सजगता। इसीलिए इस युग में जहाँ एक ओर इतिहास और पुराण से कथा-वस्तु ली गयी वहाँ सीधे-सीधे तत्कालीन जीवन से भी कथा-वस्तु का चयन किया गया। इसीलिए उनमें अंधविश्वासों, कुरीतियों और धर्म के नाम पर होने वाले पाखंड और अनेक विडम्बनाओं पर व्यंग्य और विद्रोह का भाव भी मिलता है। जन-जीवन में गहरी पैठ, तिलमिला देने वाले व्यंग्य ने और भारतेन्दु की सतर्क दृष्टि और संवेदनशीलता ने एक ऐसी नाट्य-भाषा को जन्म दिया जो बोलचाल की सरल, मुहाविरों से सजी भाषा तो थी ही उनकी जिन्दादिली का प्रतीक भी थी, दर्शकों के मन से बल्कि 'लोकमानस' से सीधे टकराने वाली थी। आज हम हिन्दी नाटक में जिस सांकेतिकता का वैशिष्ट्य देखते हैं, वह इस काल के सभी नाटकों में अपने प्रायोगिक या आरम्भिक रूप में मिलती है। 'भारत दुर्दशा', 'भारत जननी' जैसे नाटक सांकेतिकता के ही उदाहरण हैं। सामाजिक यथार्थ को सामने लाने के लिए मूर्त तथा अमूर्त कथाओं को नाटकीय रूप देकर सांकेतिक शैली की आवश्यकता का अनुभव और आरंभ

भारतेन्दु से हुआ। यहाँ तक कि नाटक के संगीत पक्ष पर भी उनका ध्यान गया। संगीत तत्त्व को आवश्यक मानते हुए जिस तरह उन्होंने लोक-संगीत या लोकगीतों को नाटक में स्थान दिया वही इस बात का प्रमाण है कि वह नाटक को लोक-जीवन—जन मानस के निकट लाने का प्रयास कर रहे थे और देशव्यापी आन्दोलन या मानसिक परिवर्तन के लिए नाटक का उपयोग सशक्त अस्त्र के रूप में कर रहे थे। यह नहीं भूलना चाहिए कि नाट्यशास्त्र नाट्यरूढ़ियों का ग्रंथ होते हुए भी लोक-जीवन पर विशेष बल देता है। क्योंकि जीवन संबंधी अभिनय विधियों का निर्देश भी इसमें है। नाटक की सिद्धि उसके लोकसिद्ध होने में ही मानी है क्योंकि किसी भी नाटक की सफलता-असफलता का प्रमाण लोक ही है। भारतेन्दु ने भी लोक-प्रवृत्ति, लोक-जीवन को नाटक का आधार माना और सामूहिक स्तर पर नाटकीय आंदोलन, रंगान्दोलन की आवश्यकता को महसूस किया। उनका युग उनके नेतृत्व में सामूहिक संघर्ष और प्रयत्न का युग है। उनका पूरा मंडल एक ही उद्देश्य से सर्जन में लगा हुआ था। नाटक-रचना, नाट्यकला, नाट्य-समीक्षा सभी के प्रति वे एक साथ सतर्क थे। प्रेमधन ने अपनी समीक्षाओं में नये नाट्यशास्त्र के आवश्यकता पर बल देते हुए अंग्रेजी और भारतीय भाषाओं के नाटकों के आधार पर नाट्य सिद्धान्तों की रचना उचित मानी थी और हमेशा अभिनय तत्त्व को प्रधानता दी थी। एक पूरे लेखक मंडल, पूरे दल की सक्रियता, सामूहिक स्तर पर नाट्यान्दोलन और रंगान्दोलन की अनिवार्यता का अनुभव जो उस समय था उस रूप में आज भी नहीं है, यद्यपि नाटक बहुत सी सीमाओं को तोड़कर बाहर आया है और हिन्दी रंगमंच जैसी अनुभूति भारतीय-रंगमंच के संदर्भ में पैदा हुई है। इसी युग ने बहुत से अच्छे प्रहसन दिये जो आज भी नाटक-इतिहास में उँगली पर गिने जा सकते हैं। लेकिन भारतेन्दु काल का यह सारा एकनिष्ठ, एकोन्मुख प्रयास वहीं रुक गया उसका क्रम आगे नहीं बढ़ा। जयशंकर 'प्रसाद' जैसे महत्त्वपूर्ण व्यक्तित्व के आने पर नाटक के साहित्यिक पक्ष और उसकी सोद्देश्यता में तो परिष्कार हुआ लेकिन नाटक अपने माध्यम रंगमंच में सर्वथा कट गया जिसका मुख्य कारण था नाटककारों में पारसी कम्पनी के व्यावसायिक रंगमंच की उपेक्षा। ऐसा नहीं है कि भारतेन्दु व्यावसायिक रंगमंच के दोषों से और नाटक को सस्ते, कुरुचिपूर्ण मनोरंजन तक ले आने की विषम स्थिति से परिचित नहीं थे, उसका उन्होंने बहिष्कार भी किया, विद्रोह-विरोध भी किया लेकिन साथ ही वह उस रंगमंच की आवश्यकता के प्रति भी उतने ही सचेत थे—उनके बाद 'बेताब' आगा-हश्र काश्मीरी, हरिकृष्ण जौहर, शैदा आदि ने व्यावसायिक रंगमंच का कलापक्ष ऊँचा करने के लिए उन्हीं के लिए नाटक लिखे, जिससे रंगमंच का कुछ लाभ अवश्य हुआ लेकिन नाटक साहित्य को कुछ महत्त्वपूर्ण उनसे नहीं मिला। 'प्रसाद' ने अपने सारे नाटक पारसी रंगमंच की घोर प्रतिक्रिया में लिखे जिसकी एक परम्परा बन गयी। यहाँ यह मान लेना होगा कि 'प्रसाद' के अधिकांश नाटकों का रूपबन्ध और रंगविधान एकदम पारसी थियेटर से लिया हुआ है यानी 'प्रसाद' के नाटकों में सारा दृश्यबंध रंगीन पर्दों का है, किसी हद तक अभिनय में भी यांत्रिकता है (ध्रुवस्वामिनी या अन्य नाटकों के बीच-बीच के कुछ स्थल छोड़कर

जो उनकी व्यक्तिगत विशेषता, मौलिकता है) उसी प्रकार की गीत-योजना, नृत्य, दरबार, समूह-गान और चमत्कार की प्रवृत्ति भी है। उन्होंने सारा ध्यान साहित्यिकता, काव्यात्मकता, भारतीय दृष्टि, आदर्श, चरित्र-बल, सांस्कृतिक चेतना पर, नाटक के बहुमुखी उत्तरदायित्व पर केन्द्रित कर दिया और रंगमंच के दायित्व से अपने को मुक्त कर लिया। इनमें कोई सन्देह नहीं कि प्रसाद ने हिन्दी नाटक को कई मानों में समृद्ध किया, नाटक को काव्य-तत्व से जोड़कर उसमें सूक्ष्म सौंदर्य पैदा किया, छायावादी काव्यगीत दिये, इतिहास को नयी दृष्टि, संभावनायें दीं; उसे वर्तमान जीवन, आधुनिकता-बोध से जोड़ा; उसके ढाँचे में अपने पात्रों को स्वतंत्र व्यक्तित्व प्रदान दिया। अपने ऐतिहासिक चरित्रों को मानवीय दृष्टि से चित्रित किया लेकिन अपने सर्वथा नये रचना विधान के लिए उन्होंने उसके अनुरूप नयी रंग शैली की खोज नहीं की। उनका पारसी रंग-विधान उनके काव्यात्मक, साहित्यिक नाटकों के एकदम विपरीत है। एक ओर 'काव्य आत्मा की संकल्पात्मक अनुभूति है दूसरी ओर रूपबन्ध पारसी थियेटर का। ये दोनों इतनी विरोधी प्रवृत्तियाँ हैं कि 'प्रसाद' का नाटक बिखरा हुआ दिखायी देता है—'अजातशत्रु', 'चन्द्रगुप्त' और 'स्कन्दगुप्त' में उन इतिहास कालों की समूची परिस्थितियों को उन्होंने कहना चाहा है—पूरा ऐतिहासिक वातावरण भी, धार्मिक संघर्ष भी, राजनैतिक परिस्थितियाँ भी आन्तरिक गृह-कलह, राजनैतिक अराजकता भी, आर्य संस्कृति भी, दर्शन भी, स्त्री-पुरुष के सम्बन्धों पर विचार या वाद-विवाद भी परिणामत: कथानक असंगठित लगता है। बहुत से पात्रों की भीड़, अंकविधान छोटे-छोटे, बहुत से दृश्य, कुछ चरित्र उभर नहीं पाते, कुछ स्थितियाँ दब जाती हैं, पाठ्य तत्व मुख्य हो जाता है और रंग तत्व कम या दोषपूर्ण रूपबन्ध। 'प्रसाद' के विपरीत भारतेन्दु प्रत्यक्ष रंगमंच से जुड़े हैं और स्वतंत्र हैं। लेकिन 'प्रसाद' के समय से साहित्यिक नाटकों और रंगमंचीय नाटकों के बीच व्यवधान पैदा हो गया। इसका प्रभाव नाट्य-समीक्षा पर भी पड़ा। साहित्यिक नाटकों के लिए समीक्षक ने प्राचीन नाट्यशास्त्र के मानदंडों को ही उपयोगी मान लिया। व्यावसायिक रंगमंच के लिए लिखित नाटकों में जो परिवर्तन हो रहे थे, समीक्षक भी नाटककार की तरह उस ओर से एकदम विमुख रहा और उस समय जब कि व्यावसायिक रंगमंच से नाटककार-समीक्षक कुछ दृष्टि-परिवर्तन कर सकते थे, रंगमंच को दे भी सकते थे, एक अलगाव पैदा हो गया। परम्परा चल पड़ी शास्त्रीय परम्परागत वर्गीकरण के आधार पर साहित्यिक नाटकों के मूल्यांकन की। 'प्रसाद के नाटकों का शास्त्रीय अध्ययन' (डॉ० जगन्नाथ शर्मा) समीक्षा पुस्तक से यह परम्परा ऐसी चली कि प्रसाद के नाटकों का भी सही मूल्यांकन लम्बी अवधि तक संभव नहीं हो सका, सारा हिन्दी नाटक भारी बीमारी में जकड़ गया, नाटककार पाठ्यक्रमीय नाटक लिखने लगे, समीक्षक शास्त्रीय सिद्धान्तों के वर्गों—खानों में बाँटकर नाटक का शास्त्रीय अध्ययन करने लगे और अन्तत: नाटक कोरी क्लासरूमीय सिद्धान्त-चर्चा बन गया—यह दुर्गति आज भी ज्यों की त्यों है—कक्षाओं और परीक्षा प्रश्नों में एक प्रचलन हुआ—संवादों की व्याख्या करने का, परीक्षाओं में संवाद स्थलों की व्याख्या पूछने का। तात्पर्य यह कि भरत मुनि और

भारतेन्दु के बाद नाटक के अध्ययन, रंगमंच की सीमाओं की जानकारी और उसके आग्रह की धारा लुप्त हो गयी जो आगे चलकर लक्ष्मीनारायण मिश्र, प्रेमी, सेठ आदि में भी नहीं मिलती। इन सभी ने अभिनेता और दर्शक की कल्पना किए बिना कोरे पाठ्य नाटक लिखे। नाटककार तर्कों, विचारों, वाद-विवाद के बौद्धिक जाल में फँस गया क्योंकि हिन्दी का अधिकांश नाट्य साहित्य प्रतिक्रिया में लिखा गया। सब भूल गये कि नाटक कोई कथात्मक वार्तालाप नहीं है, यद्यपि 'प्रसाद' के बाद हिन्दी नाटकों की बड़ी लम्बी सूची है। नाटक और यथार्थ, नाटक और रंगमंच के सम्बन्ध को समझने की कोशिश उपेन्द्रनाथ अश्क में दिखाई दी अगर उन्हें छोड़ दिया जाय तो करीब चालीस वर्ष की भयानक दूरी रंगमंच और नाटक के बीच दिखायी देती है। आज भी रंगमंच, व्यावसायिक या शौकिया संस्थाओं के प्रति वह दृष्टि नहीं पनपने पायी जो आवश्यक है। पारसी थियेटर से अगर उस समय रंगमंच की आवश्यकताओं को अनुभव किया गया होता, और अन्य बहुत से अव्यावसायिक नाटक दलों को प्रोत्साहन मिला होता तो हिन्दीभाषी क्षेत्र नाटक और रंगमंच क्षेत्र में इतना दरिद्र न रहा होता जब कि बंगाल, महाराष्ट्र, गुजरात में नाटक जीवन का एक अंग बन गया है। हमारे यहाँ एक स्थायी प्रश्न बन गया कि हिन्दी का रंगमंच क्या है? कैसा है? सही रंग-चेतना और नाट्य-लेखन स्वतंत्रता प्राप्ति के बाद ही सामने आया। एक ओर 'नेशनल स्कूल आफ ड्रामा', 'संगीत-नाटक अकादमी', 'दिशान्तर' जैसी संस्थायें, दूसरी ओर अल्काज़ी और मोहन महर्षि जैसे निर्देशकों, मोहन राकेश, लक्ष्मी नारायण लाल, सुरेन्द्र वर्मा जैसे नए नाटककारों ने नाटक की मूल सत्ता की खोज की। अल्काजी ने हिन्दी रंगमंच को भारतीय गौरव दिया; मोहन राकेश ने नाटककार की खुली दृष्टि, सहयोग मनोवृत्ति और 'नाटक की मौलिकता की समझ' का परिचय दिया, ओम शिवपुरी जैसे अभिनेताओं ने अभिनय को कला और मर्यादा दी, लक्ष्मी नारायण लाल स्वयं निर्देशक, अभिनेता, प्रस्तुतकर्ता, समीक्षक बनकर रंगमंच की गतिविधियों के साथ रहे। 'आषाढ़ का एक दिन' वह पहला नाटक है जिससे रंगमंच की शक्ति और संभावनाओं को पहचाना एक पूरा दल तैयार किया—रंगकर्मियों का एक पूरा दल। हिन्दी के नये नाटक ने मोहन राकेश से आज तक विभिन्न रंग शैलियों, प्रयोगों को लिया, और यह दृष्टि पैदा की कि एक ही नाटक पर भिन्न-भिन्न प्रयोग संभव हैं। विभिन्न भाषाओं—फ्रेंच, अंग्रेजी, बंगला, मराठी, गुजराती, कन्नड़, आदि से होने वाले हिन्दी अनुवादों और उनकी प्रस्तुतियों ने भी नाटक के मूल रूप को समझने; उसके विशिष्ट कला रूप को पहचानने में बहुत सक्रिय योग दिया है—हिन्दी के मौलिक नाटककारों में इस समय मोहन राकेश के बाद लक्ष्मी नारायण लाल, सुरेन्द्र वर्मा, मुद्राराक्षस, अमृत राय, ज्ञानदेव अग्निहोत्री, गिरिराज किशोर, विपिन कुमार अग्रवाल, शंभूनाथ सिंह, लक्ष्मीकांत वर्मा ने अपने नाटकों और पत्र-पत्रिकाओं में निकलने वाली नाट्य, समीक्षाओं में एक दृष्टि पैदा की है, भयानक शून्य को भरा है और साहित्य, रंगमंच के बीच की खाई को पाटा है—'नटरंग' पत्रिका इस अर्थ में सदैव स्मरणीय रहेगी। नेमिचंद्र जैन की सम्पादकीय टिप्पणियों और आमंत्रित परिचर्चाओं में और इधर की कुछ नयी समीक्षा पुस्तकों में यह

तथ्य बार-बार सामने आया है कि शास्त्र, पूर्वाग्रहों या तात्कालिक रुचियों के 'फ्रेम' में नाटक को बैठाना गलत है। हर नाटक के पीछे नाटककार की अपनी रंग-कल्पना होती है, उसे खोजना-समझना समीक्षक का दायित्व है। इससे भी अधिक महत्त्वपूर्ण है नाटक की मूल प्रेरणा को अनुभव करना क्योंकि वही उसके रूप-बन्ध और रंग-बोध को बनाती है। नाटक पर विचार करते समय जितना जरूरी उसकी कथा-वस्तु, पात्र और भाषा पर सोचना है, उतना ही आवश्यक उसके रचना-नियमों, उसकी प्रदर्शन-क्षमताओं, उसकी सारी रचना-पद्धति को प्रभावित करने वाली रंगमंच की रूढ़ियों, प्रदर्शन के साधनों और शैलियों पर विचार करना है तभी नाटक की निजी सत्ता और उसकी जटिलता का अनुभव हो सकता है। जिस तरह भावपक्ष और कलापक्ष के खानों में बाँटकर न्याय नहीं किया जा सकता उसी तरह छः तत्वों—अर्थ प्रकृतियों, संधियों आदि शास्त्रीय वर्गों में बाँटकर उसके रंगमंच पक्ष को एकदम भुलाकर नाटक को पढ़ना-पढ़ाना, समझना एक सशक्त विधा की हत्या करने जैसा है। रंगमंच नाटक अध्ययन का कोई एक प्रतिमान नहीं है जिसे अलग करके देखा जाय; समूचा नाटक उस संदर्भ में देखना होगा। इसीलिए, कथानक, पात्र, भाषा को समझने की दृष्टि में ही परिवर्तन करना होगा।

यह सही है कि अभी कविता या कहानी-समीक्षा की तरह नाट्य-समीक्षा उतनी विकसित नहीं हुई है लेकिन फिर भी पिछले 15-20 वर्षों में लेखन, प्रदर्शन, रंग-समीक्षा, दर्शक के सौन्दर्यबोध में जो मोड़ आया है उस आधार पर सोचना आवश्यक होगा कि नाटक के नये प्रतिमान क्या होंगे? अगर हम नाटक को 'रचना और पुनर्रचना' मानते हैं तो यह समझना मुश्किल नहीं है कि नाटक में जितने आवश्यक तत्त्व कथानक, पात्र और संवाद हैं उतने ही आवश्यक निर्देशक, दर्शक, अभिनेता और रंगशिल्प हैं। कथानक नाटक का मूलाधार है इसमें कोई सन्देह नहीं। भरत मुनि और अरस्तू ने उसके महत्त्व को स्वीकार किया है क्योंकि कथानक के बिना नाटक का कोई ढाँचा खड़ा हो नहीं सकता। यह नाटककार की रुचि और दृष्टि पर निर्भर करता है कि वह कथानक कहाँ से चुनता है—इतिहास से, पुराण से या सीधे यथार्थ से, नित्य-प्रति की अनुभूतियों से। लेकिन इतना निश्चित है कि उपन्यास, कहानी के कथानक से नाटक के कथानक का रूप एकदम भिन्न होता है। कथानक उसमें आवश्यक होते हुए भी प्रधान नहीं होता—अनेक घटनाओं का संकलन नाटकीय कथानक नहीं है; औपन्यासिक कथानक भले ही हो क्योंकि नाटकीय कथानक पात्रों द्वारा बुना जाता है और पात्रों से उसे दर्शक मन में घटित होना होता है। इसलिए नाटकीय कथानक के बारे में अब यही देखने की जरूरत नहीं है कि वह कितने अंकों, दृश्यों; अर्थ-प्रकृतियों, सन्धियों में बँटा हुआ है या उसमें आरम्भ, विकास, अन्त किस रूप में हुआ है। इससे कहीं ज्यादा जरूरी है यह देखना कि कथानक एक संगठित रूप में अपना प्रभाव छोड़ पाता है या नहीं? कि कथानक और पात्र एक दूसरे की अभिव्यक्ति कर रहे हैं या नहीं? ऐसा तो नहीं है कि कथानक का फ्रेम तैयार है और पात्रों को उसमें फिट करने

का सायास प्रयत्न किया जा रहा है। स्थितियाँ दोनों हो सकती हैं—एक यह कि कथानक बड़ा रोचक, प्रभावपूर्ण है लेकिन पात्र कठपुतली की तरह निर्जीव लग रहे हैं, दूसरा यह कि कथानक ही बड़ा बनावटी, बेजान है लेकिन पात्र व्यक्तित्व की सजीवता लिए हुए हैं। दोनों कमियाँ होने पर यानी कथानक और पात्रों में परस्पर सामंजस्य न होने पर कथानक बिखरता जाता है। पात्र घिसटते हुए लगते हैं। इसलिए यहाँ कथानक के विषय से ज्यादा महत्त्वपूर्ण है नाटकीय कथानक या घटना-विन्यास के वैशिष्ट्य को समझना। बहुत से नाटकों में देखा जा सकता है कि नाटककार को कथानक में इतना कुछ कहने का मोह हो जाता है कि वह बहुत से क्षेत्रों से बहुत सी घटनाएँ बटोर लेता है, अनेक दृश्य चुन लेता है और पात्रों की पूरी भीड़ लगा देता है। बहुत सी समस्याओं को उठाने के मोह में पात्र निरन्तर बोलते—कथन करते ही ज्यादा लगते हैं। यही नहीं मुख्य और आवश्यक पात्रों के अतिरिक्त अन्य बहुत से निरर्थक निर्जीव चरित्र आते हैं—चले जाते हैं—परिचय और परिचय की समाप्ति की तरह। 'प्रसाद' के अधिकांश नाटकों में—'चंद्रगुप्त' 'अजातशत्रु' में यह विषम स्थिति बराबर मिलती है जो नाटक की निजी माँग को न पहचानने के कारण है।

आधुनिक नाटकों को देखने पर एक बात और सामने आती है कि कथानक विशेष का होना न होना कोई अहम सवाल नहीं है। भुवनेश्वर के 'ऊसर' और 'ताँबे के कीड़े' कथाविहीन नाटक हैं लेकिन पात्र सारी स्थिति के सत्य के प्रेषक हैं। नाटक में कथा का कौतूहल नहीं दृश्यत्व की जिज्ञासा होनी चाहिए। आज के बहुत से नाटक 'बादशाह बेगम गुलाम' (गिरिराज किशोर) 'शायद हाँ' (शोभना भूटानी) 'शायद' (मोहन राकेश) आदि का सौन्दर्य कथानक विशेष के होने में नहीं है—पात्रों की बातचीत, क्रियाओं में है जो नाटक को बनाते हैं। इसलिए ज्यादा महत्त्वपूर्ण हैं पात्र और संवाद। पात्रों के सम्बन्ध में भी आज यह दृष्टि एकदम निरर्थक है कि हम उन्हें शास्त्रीय दृष्टि से धीरोदात्त, धीरललित धीरोद्धत आदि के खानों में बाँटकर उनकी उपयुक्तता-अनुपयुक्तता निर्धारित करें। नाटकीय पात्र हम जैसे मानव ही हैं उससे अलग या विशिष्ट नहीं। पात्र ऐतिहासिक भी हो सकते हैं, पौराणिक भी, प्रतीक पात्र भी। लेकिन आज की कोई भी कृति खास तौर से नाटक जो आज के यथार्थ से, बौद्धिक प्रश्नों से और मनुष्य के सामने फैले संकट से नहीं जूझती, बेकार है। इसीलिए आवश्यक है किसी भी ऐतिहासिक या पौराणिक चरित्र को, उसके मूल अर्थ के साथ-साथ एक नये सन्दर्भ में रखना और उसके द्वारा आज की विडम्बना को उद्घाटित करना जैसे 'आषाढ़ का एक दिन', 'मि० अभिमन्यु' में आज की व्यवस्था षड्यंत्र के चक्रव्यूह में फँसे राजन की त्रासदी या 'पहला राजा' के वे प्रतीक पात्र जो दुहरी अर्थव्यंजना देकर मानवीय यथार्थ का प्रामाणिक उद्घाटन करते हैं। पात्र के साथ अभिनेता जुड़ा हुआ है अतः पात्र कथानक का अंग होते हुए भी व्यक्तित्व से सम्पन्न होगा जिसमें उसका अन्तर्जगत् ही ज्यादा महत्त्व रखता है उसके कार्य कलाप नहीं। इसलिए पात्रों के व्यक्तित्व की अभिव्यक्ति उन संवादों में होती है जो नाटक के सबसे अनिवार्य तत्व कहे जायेंगे।

कथानक को गढ़ने और बुनने में, उसके उलझाने-फैलाने में संवाद ही मुख्य होते हैं। संवादों से ही सभी पात्रों की व्यक्तिगत विशेषताओं का, उनकी उलझनों, द्वन्द्वों, मानसिक जटिलताओं का, विचारों और सोचने के ढंग का पूरा परिचय मिलता है। यही कारण है कि मल्लिका के संवादों में भावुकता, तन्मयता है, सावित्री के संवादों में तीखापन—तेजी। हर पात्र के संवादों की गति, लय, उतार-चढ़ाव, टोन में, बनावट में अन्तर होगा। यद्यपि मूक नाटक भी कथानक और चरित्र को प्रकाशित करते हैं लेकिन वह एक 'सीमित' रूप है, उसे अगर छोड़ दें तो संवाद नाटक का अनिवार्य अंग है। मैं संवादों को इस अर्थ में ही नहीं लेता कि संवाद ही मन में होने वाले नाटक को एक बाह्य रूप, दृश्यरूप प्रदान करते हैं—करते हैं, सही है लेकिन नाटककार अपनी आवश्यकता और चिन्तन के आधार पर उन्हें लाता है, नहीं भी लाता, कभी-कभी नाटक के बीच में ऐसे शून्य मौन पल भी आ जाते हैं जो संवाद से अधिक मूल्यवान हो जाते हैं और वही गहरा प्रभाव छोड़ते हैं लेकिन यह नहीं भूलना चाहिए कि वह प्रभावशीलता या सौंदर्य संवादों के बीच में आने वाले मौन से ही आता है संवाद न हो तो वह शून्य', 'क्रिया' नहीं बन सकता। संवाद-रचना में ही नाटककार को गहरे अनुशासन से काम लेना पड़ता है। पहले जब नाटक में कथा-तत्त्व प्रधान होता था और नाटककार को भारतीय आदर्श जीवन-दर्शन, दार्शनिक विचार प्रस्तुत करते रहते थे तब संवाद ज्यादातर पात्रों के 'कथन' मात्र, वाद-विवाद, तर्क-वितर्क के रूप में आते-जाते थे लेकिन अब जब घटना जाल कम और द्वन्द्वात्मकता, मानसिक गुत्थियाँ या चारों तरफ व्याप्त व्यक्ति का दोहरापन मुख्य हो गया है; संवाद-रचना भी एक कठिन काम हो गया है। यहीं नाटककार स्वयं एक चिंतक-समीक्षक बन जाता है और यहीं गहरे अनुभव की आवश्यकता होती हैं। संवाद की सारी सुन्दरता पात्र के व्यक्तित्व को प्रकाशित करने में और उससे भी अधिक भाव-भंगिमाओं, अभिनय, गीत, अंग-संचालन सभी की सम्भावना लिये होने में हैं। संवादों के संक्षिप्त होने या लम्बे होने से उतना अन्तर नहीं पड़ता जितना कि उसके पीछे व्यापक नाट्यानुभूति होने से। मोहन राकेश ने अपने नाटकों की संवाद-रचना से यह सिद्ध कर दिया है।

यहीं एक प्रश्न उठता है भाषा का, क्योंकि संवाद-रचना में भाषा का सहयोग और समझ एक माँग है। कहानी-उपन्यास की भाषा की तुलना में नाटक में भाषा सर्वथा नये प्रयोग के साथ आती है। नाटक में भाषण शैली और घिसे-पिटे भाषा-प्रयोग, निरर्थक अलंकरण और आरोपित काव्यात्मकता अब झूठी लगने लगी है। वह भाषा 'प्रसाद' के ऐतिहासिक नाटकों में निभ गयी लेकिन अब वह कृत्रिम ही नहीं, विरोधी भी लगती है। नाटक की भाषा निश्चित रूप से साहित्यिक भाषा नहीं होती—यानी कृत्रिम, साहित्यिकता के घेरे में बँधी घुटी नहीं। चूँकि नाटक सीधे साक्षात्कार का माध्यम है; एक अनिश्चित बड़े समूह से, नयी-पुरानी पीढ़ियों से, विभिन्न रुचियों और पूर्वाग्रहों से उसे टकराना पड़ता है—यही नहीं नाटक अभिनेता, निर्देशक से होकर उस दर्शक वर्ग तक पहुँचता है जो अपने ही मूड में तात्कालिक प्रभावों को ग्रहण करता है। ऐसी

स्थिति में नाट्यभाषा एक चुनौती है वह रंगमंच की भाषा है। यहाँ फिर समझौते की बातें आती हैं—न शुद्ध साहित्यिक संस्कृत-निष्ठ भाषा और न रोज की बोल-चाल की भाषा बल्कि एक लचीली और 'जीने की भाषा', हरकत की भाषा। यह सही है कि नाटक की भाषा कठिन उलझी हुई और अस्वाभाविक नहीं होगी पात्रों के अनुरूप होगी। 'आषाढ़ का एक दिन' में न 'आधे अधूरे' की चलती भाषा है न संस्कृतनिष्ठ कृत्रिम भाषा। नाटक भाषा को बनाता है, प्रचलित भाषा के अनुरूप अपने को ढालता नहीं। यही वजह है कि आज के नाटक की भाषा अनुभवों के साथ-साथ बहुत बदल गयी है। नाटककार एक ऐसी भाषा के आविष्कार में संलग्न है जो न केवल औपचारिक हो, न एक दम रोजमर्रे की हो बल्कि जो आज के जटिल मानवीय सम्बन्धों को प्रकट करने की जीवन्त भाषा हो—सरल, एकदम स्पष्ट, परिचित और स्पष्ट सन्दर्भों वाली! सरल से सरल और परिचित शब्दों का भी नाटककार अपनी सर्जनात्मक दृष्टि से कलात्मक प्रयोग कर सकता है—वह साहित्यिक परम्परा से नहीं, रोजाना की परम्परा से सीधे सम्बन्ध स्थापित करता है तभी वह जरूरत से ज्यादा और सबके लिए कह पाएगा। मतलब, नाटक साहित्यिक भाषा और बोलचाल की भाषा के अलगाव को मिटाता है—मिटाने की अपेक्षा करता है। विपिन कुमार अग्रवाल ठीक ही कहते हैं, 'यदि सफल नाटक लिख लिए गए तो साहित्यिक भाषा और बोलचाल की भाषा की दूरी कम हो जायेगी। बहुत से शब्द निरर्थक और प्राणहीन साबित कर पीछे डाल दिए जाएँगे, धीरे-धीरे साधारण शब्द नये अर्थ ग्रहण कर लेंगे और इनको आधार बनाकर एक नयी साहित्यिक भाषा रूप ले लेगी।'[1] नाटक की भाषा में ताजगी हो, वह अपने संदर्भ में गूँजती हुई हो, भाषा और स्थिति में साम्य हो। आज के जीवन की विविध लयों को पकड़ने की शक्ति, समूची रंगानुभूति और अभिनय की सारी संभावनायें उसी में निहित हों इसीलिए नाटक में भाषा का सौन्दर्य लिखित से अधिक व्यंजनाओं में, टोन में, उतार-चढ़ाव में होता है। इसके लिए नाटककार बिम्बों, प्रतीकों, संकेतों से भी काम लेता है बशर्ते कि वह नाट्यभाषा को सहजग्राह्य और प्रभावपूर्ण बनाये। रंगबोध, सांकेतिकता और गहरी मानवीय संवेदना से जमी नाट्य-भाषा भुवनेश्वर के बाद हिन्दी नाटक-साहित्य में पहली बार मोहन राकेश में मिलती है। 'आधे अधूरे' जीवन्त नाट्यभाषा का उदाहरण है। स्वयं राकेश ने नाट्यभाषा, नाटकीय शब्द पर चिंतन मनन करके कुछ निष्कर्ष निकाले हैं। बेहतर होगा कि उनकी भाषा-दृष्टि को समझकर ही उनके नाटकों में नाट्य-भाषा के पहलू पर विचार किया जाए।[2]

चूँकि नाटक एक बड़े समूह के सामने घटित होता है इसीलिए निर्देशक की कल्पना, चिंतन और कला भी नाटक को बनाने या बिगाड़ने में कारण बन जाती है। रंगमंच का आवश्यक अंग निर्देशक है। पश्चिमी रंगमंच पर पहले निर्देशक नाम की

---

1. **आधुनिकता के पहलू : नाटक में भाषा की बनावट, पृ० 79।**
2. **नाटक की भाषा : व्यापक नाट्यानुभूति के संदर्भ में, कल्पना, दिसम्बर '72, पृ० 47।**

कोई चीज नहीं थी, प्रोड्यूसर ही हुआ करता था पर धीरे-धीरे आधुनिक पश्चिमी रंगमंच के संपूर्ण विकास में निर्देशन महत्त्वपूर्ण माना जाने लगा है क्योंकि नाट्य-प्रदर्शन के विभिन्न तत्त्वों का निर्णायक वही होता है। साधारण कृति को भी नया अर्थ और कलात्मक रूप भी वह दे सकता है और असाधारण कृति को एकदम कुरुचिपूर्ण भी बना सकता है। एक नाटक में निहित विभिन्न अर्थों को नये सन्दर्भों में सामने लाकर वह उसे विशिष्ट ही नहीं बना देता, विवादास्पद भी बना सकता है और प्रतिक्रियाओं द्वारा सतर्कता, सचेतनता भी पैदा कर सकता है। मोहन महर्षि, सत्यदेव दुबे, अल्काजी, ब०व० कारन्त जैसे निर्देशक 'आषाढ़ का एक दिन', 'अंधायुग', 'चन्द्रगुप्त' (प्रसाद) को वर्तमान से जोड़ कर नयी रंग-शैलियों के द्वारा भिन्न-भिन्न सौन्दर्य देते रहे हैं। 'अंधेर नगरी' पुरानी कृति है लेकिन सत्यव्रत सिन्हा जैसे निर्देशक ने उसे सर्वथा आधुनिक नाटक के रूप में प्रस्तुत करके सिद्ध किया कि नाटक ही ऐसी विधा है जो समय के साथ पुरानी या व्यर्थ नहीं हो जाती है अगर उसमें संभावनाएँ हैं, अगर वह किसी भी युग से सीधे टकराती है तो रंगमंच पर वह हमेशा नयी हो सकती है। इस तरह अभिनय-शैलियाँ बनती हैं, रंग-शिल्प बदलता है, नयी-नयी रंग-शैलियों का जन्म होता है। निर्देशक की कल्पना और उसके ज्ञान से एक ही नाट्य कृति प्रतीकात्मक शैली में भी हो सकती है, लोकनाट्य शैली में भी। नाटककार की सृष्टि को निर्देशक पुनः रचता है। पहले का रंगमंच नाटककार या प्रमुख अभिनेता, या मंडली के संचालक के हाथ में रहता था। पिछले 10-15 वर्षों से हिन्दी रंगमंच पर निर्देशक का व्यक्तित्व स्थापित हुआ है। अभिनेताओं को, पूरे समूह को अपनी कलात्मक यात्रा के साथ चलने में निर्देशक ही आन्तरिक रूप से तैयार करता है। राकेश के नाटक निर्देशक के व्यक्तित्व को पूर्णतः प्रकाशित और स्थापित करते हैं।

अभिनेता रंगमंच की जीवित और सशक्त प्राण-शक्ति है। उसके अभाव में नाटक की परिकल्पना ही एक भ्रान्ति होगी। अभिनेता की सृजन शक्ति, बुद्धि कल्पना, अनुभूति और अभिव्यक्ति ही नाटककार और नाटक का परिचय दर्शक समूह को देती है, वह नाटक के चरित्र को शरीर, रूप-सज्जा, वार्तालाप और आत्मा प्रदान करता है। सबसे बड़ा खतरा भी उसी को है क्योंकि नाटककार तो मुख्य होते हुए भी परोक्ष में रहता है, निर्देशक नाटक की प्रस्तुति से अपने को अभिव्यक्त करते हुए भी एकदम प्रत्यक्ष नहीं होता। वह प्रत्यक्ष होता है अभिनेताओं के माध्यम से ही। अभिनेता मंच पर जीवित रूप में दर्शकों से साक्षात्कार ही नहीं करता, उन्हें आश्वस्त करता चलता है, उनकी प्रतिक्रियाओं को झेलता हुआ उनसे तादात्म्य की नहीं तो कम से कम खुले दिलो दिमाग की माँग करता चलता है, उन्हें साझीदार बनाता हुआ नाटक के चरित्र को प्रस्तुत करता है। यह दुहरी क्रिया आसान नहीं है। यह दुहरे उत्तरदायित्व को निभाते हुए वह लड़खड़ा भी सकता है, दर्शकों को भरमा भी सकता है, नाटककार और निर्देशक के सारे परिश्रम और सर्जन-शक्ति को क्षण भर में मिटा भी सकता है और कभी-कभी इतना सजीव और सार्थक भी हो सकता है कि नाटककार निर्देशक की सूझ-बूझ उसकी

अभिनय कला और चरित्र की सतह पर पहुँचकर सूक्ष्म, गहरा, जीवन्त अभिनय उस समय उसी को महत्त्वपूर्ण बना दे। प्रस्तुतिकरण में सजीव, साकार, सक्रिय तत्त्व एक ही है—अभिनेता, इसलिए अभिनेता-अभिनेत्रियों के प्रति परम्परा से चला आ रहा हीन भाव रचना दृष्टि से मूर्खता-जड़ता का द्योतक है। अभिनय भी वैसी ही एक सुरुचिपूर्ण कला है जैसी कोई अन्य कला। स्वयं भरत मुनि ने अभिनय कला और अभिनेताओं की शक्ति को समझा था। बीच के लम्बे शून्य ने, व्यावसायिक रंगमंच ने एक हीन भाव पैदा कर दिया जो आज भी जड़ों में मौजूद है। वरना अभिनेताओं का, अभिनय कला का भी एक इतिहास होता है। विदेशों में महत्त्वपूर्ण अभिनेताओं पर पूरी-पूरी अलग-अलग पुस्तक रंगमंच और नाटक के किसी भी शोध में अभिनय शैलियों की जानकारी के लिए आवश्यक स्रोत के रूप में जानी जाती है। अक्सर सेमिनार हो जाया करते हैं निर्देशक या अभिनेता पर क्योंकि इनकी भी रचना-दृष्टि होती है। हिन्दी रंगमंच अभी उतना प्रयोगशील और विकसित नहीं है; न उसका लम्बा इतिहास या परम्परा है पर, फिर भी इधर कुछ अभिनेताओं के नाम निश्चित रूप से मोहन राकेश के नाटकों के साथ उभर कर आये हैं। उनके नाटकों की चर्चा करते समय ओम शिवपुरी (कालिदास नन्द, विलोम), सुधा शिवपुरी (मल्लिका सुन्दरी), सत्यदेव दुबे (विलोम), अमरीश पुरी (दंतुल) जैसे अभिनेता अभिनेत्रियों के महत्त्व को भुलाया नहीं जा सकता।

नाटक एक सामाजिक क्रियाशील कला है जो दर्शक से सीधे जुड़ती है। दर्शक के लिए ही रंगमंच, रंग-बोध, रंग-शिल्प की पूरी कल्पना हुई है। दर्शक नाटक के उसकी प्रस्तुति के निर्देशक और अभिनेता की कला के असली और सही निर्णायक हैं। नाट्य-समीक्षक को भी दर्शक-दृष्टि से ही नाटक-कृति को परखना होगा। दर्शक कोई अकेला व्यक्ति नहीं है, रंग भवन में वह पूरा एक समुदाय है छोटा भी, बड़ा भी। यही नहीं वह एक खुला मानव समुदाय है—विभिन्न श्रेणियों, वर्गों के लोग, अलग-अलग आयु के लोग बूढ़े भी, युवक भी, बच्चे भी, स्त्रियाँ भी, अलग-अलग संस्कार के विचारों के शिक्षित भी अशिक्षित भी, संस्कृति प्रेमी भी, माडर्न सभ्यता के प्रचारक भी। किसी भी नाटक का दर्शक एकदम शहरी भी हो सकता है, ग्रामीण भी। जाहिर है कि ग्रामीण दर्शक-वर्ग भिन्न प्रकार के नाटकों-लोकनाटकों—लोकशैलियों-पद्धतियों को अभ्यस्त ही नहीं होगा, भाषा, अभिव्यक्ति, कथ्य और प्रस्तुति सभी दृष्टियों से उसकी अपेक्षाएँ कुछ और होंगी और शहरी दर्शक की बिल्कुल अलग क्योंकि वह 'नवीनता', विविधता, प्रयोगात्मकता चाहता है। यही बहुत बड़ा संकट है एक साथ दोनों को संतुष्ट करना। पूर्वाग्रह दोनों में हैं। नाटक को उन्हें झेलना है। इसलिए भारतीय सन्दर्भ में ही यह प्रश्न बहुत बड़ा है। पश्चिम में प्रचलित जीवन और शिक्षा के कारण और नाटक की एक लम्बी परम्परा होने के कारण यह समस्या उतनी बड़ी नहीं है भारतवर्ष में है; विशेषकर उत्तर प्रदेश में, जो परम्पराओं और आलस्य में डूबा हुआ है। इसीलिए नाटक में लोकप्रवृत्ति की बात ही ज्यादा संगत है। मोहन राकेश के नाटक निस्सन्देह खुले दर्शक समूह के लिए नहीं हैं अगर हैं तो तभी जब अपने यहाँ दर्शक नाटक देखने

रंगशाला में प्रवेश कर बैठने का उतना अभ्यस्त हो चुका हो। हर स्थान पर एक ही नाटक के सम्बन्ध में दर्शक के निर्णय अलग-अलग होंगे। और यह भी सही है कि दर्शक की रुचि से ही 'ओह अमेरिका' जैसा लचर, सतही नाटक भी लोकप्रियता की सीढ़ी पर पहुँच जाता है और थोड़ी महत्त्वपूर्ण कृति सर्वथा असफल करार दे दी जाती है। यद्यपि 'आषाढ़ का एक दिन', 'लहरों के राजहंस' में कुछ ऐसे आकर्षक तत्त्व अवश्य हैं जो हर तरह के दर्शक को आकर्षित कर सकते हैं लेकि अपने पूरे रचाव में वे विशिष्ट हैं। उनमें उल्लेखनीय बात केवल यह है कि नाटकों द्वारा दर्शक दृष्टि, रंगमंच परिवर्तन में उनका विश्वास था और भारतीय रंगमंच की खोज ही उनके सामने थी। पश्चिमी नाटक और रंगमंच की नकल पर हिन्दी नाटक और रंगमंच पर प्रयोग का उन्होंने हमेशा विरोध किया। यह भारतीयता ही दर्शकों को छूती है। यद्यपि अभी नाटक का कोई अलग दर्शक-वर्ग नहीं बना है। बना भी है तो बड़े नगरों में—दिल्ली, कलकत्ता, बम्बई। महानगरों के इन दर्शकों की भी एक बनी-बनायी सूची है यानी नियमित दर्शक! लेकिन अधिकांश स्थलों पर नाटक का दर्शक 'फिल्मी' दर्शक रहा है—फिल्म के ग्लैमर, दृश्यों, कास्ट्यूम्स, मार-पीट, मेलोड्रामा, घटना जाल का आकांक्षी। लेकिन अब मनोवृत्ति बदल रही है। दर्शक समूह (भले ही छोटा सही) जहाँ 'फिर भी' या 'सारा आकाश' जैसे फिल्मों को सराहता है वहाँ 'आधे अधूरे' 'बाकी इतिहास' और 'एवम् इन्द्रजित' जैसे नाटकों को भी। एक कारण यह है कि नाटक में सशरीरी स्थिति है जो फिल्म में नहीं है इसलिए वह अपने ज्यादा निकट और सहज लगता है। दोष दर्शक का नहीं है, कारण देशव्यापी रंगमंच आन्दोलन का अभाव है जिसका आरम्भ संगीत नाटक अकादमी जैसी संस्थाओं और सरकार ने किया है। लेकिन दुर्भाग्य से अन्य कार्यक्रमों की तरह यह भी निजी स्वार्थों और राजनीतिक चालों के फेर में असफल हो रहा है। दर्शक समूह तैयार करने के लिए राष्ट्रीय रंगमंच या लोक-रंगमंच ही आवश्यक है। एक स्थिति इससे भिन्न भी है—कुछ नाटककार दर्शक को ध्यान में रखकर नाट्य-रचना करना चाहते हैं और कुछ दर्शक की सत्ता से स्वतन्त्र होकर। हैरोल्ड पिंटर कहता है कि लिखते समय मैं दर्शक को उबाना नहीं चाहता। दूसरी ओर जान आसबौर्न कहता है कि अपने लिए कुछ लोगों के लिए लिखना आसान है, सबके लिए भी लिखना सम्भव है लेकिन एक भीड़ तक पहुँचने की चिन्ता करना मैं एक नाटककार के समय का अपव्यय समझता हूँ। आर्डेन भी स्वीकार करता है कि नाटक लिखते समय मेरे सामने कोई दर्शक नहीं होता। लेकिन राबर्ट बोल्ट को यह बात अपने दर्शक के चेहरे पर चपत मारने जैसी लगती है—एक खतरनाक खेल! ये सभी बातें अलग होते हुए भी कुछ संकेत देती हैं। एक तो नाटक के साथ दर्शक की सत्ता है। दूसरे लेखक उसकी रुचि से नियमबद्ध नहीं है, वह मनोरंजन या बुद्धि विलास के लिए बाध्य नहीं है, न वह खास दर्शक वर्ग के लिए रचना करेगा। रुचि से बँधकर लिखे नाटक साहित्यिक दृष्टि से स्थायी नहीं होते, प्रायः पापुलर किस्म के होते हैं। नाट्य रचना करते समय लेखक के मस्तिष्क में दर्शक रहता है, वह एक विवादास्पद प्रश्न है और भारतीय संदर्भ में खासकर हिन्दी नाटक के संदर्भ में व्यर्थ भी

लेकिन अपने देश का दर्शक उसकी प्रकृति, स्वभाव, उसका बौद्धिक विकास लेखक की दृष्टि में रहना आवश्यक है। चाहे अचेतन रूप से ही सही। यह नहीं भूलना चाहिए कि नाटक दर्शक समूह बनाता भी है। दर्शकों की थियेट्रिकल समझ और रंग अनुभव की कमी के कारण कभी-कभी नाटककार अपने रचना क्षेत्र को रचना-पद्धति को सिकोड़ भी लेता है। शेक्सपीयर ने थियेटर का आदमी होने के कारण अपने दर्शक की आँख से उसकी प्रतिक्रिया को अनुभव करते हुए लिखा। दर्शक का शिक्षित होना उतना जरूरी नहीं है जितना थियेटर का अभ्यस्त होना, क्योंकि दर्शक के सुस्त और सक्रिय और गर्म और ठंडा होने के अनुसार ही अभिनेताओं का अभिनय, नाटककार के सारे नाटक का टेम्पो बदलता जाता है। यह नाटक पर निर्भर करता है कि वह दर्शक समूह को अधिक खुले दिल दिमाग के साथ छोड़े। जरा खुली दृष्टि से देखा जाय तो दर्शक मनोवृत्ति को बदलने में नाटक और रंगमंच का सदुपयोग हो सकता है। बाल रंगमंच का प्रश्न इसलिए महत्त्वपूर्ण है। कालेज और विश्वविद्यालयों के स्तर पर भी नाट्य-प्रशिक्षण जरूरी है। क्योंकि यह एक ऐसी प्रत्यक्ष कला है जो युवा मानस को अभिव्यक्त भी करती है, बदलती है। युवा आक्रोश को रचनात्मक दिशा देने की शक्ति इसी विधा में है। नाटक और रंगमंच युवा अभिव्यक्ति का सर्जनात्मक माध्यम बन सकता है। कुछ विश्वविद्यालयों में यह प्रयोग हुए हैं खासकर विदेशों में। रंगशिल्प रंगमंच का महत्त्वपूर्ण तथ्य है। अरस्तू ने साज-सज्जा को नाट्य-प्रदर्शन का आधार माना था। पहले दर्शक दृश्य-सज्जा, भव्य-रंग-चयन के लिये जाता था और कृत्रिम रंग शिल्प काफी आकर्षक तत्त्व माना जाता था। यानी पर्दों का प्रयोग, चटक रंग, मुखौटा तड़क-भड़क वाली वेषभूषा, गहरा बनावटी वेश इत्यादि। लेकिन दूसरे महायुद्ध के बाद कृत्रिमता का स्थान धीरे-धीरे अभिनय ने ले लिया। यथार्थ, सादा रंगमंच, प्रतीकात्मकता आदि बाह्य अलंकरण कम हो गए, सुविधा, स्वाभाविकता जीवन की निकटता, अभिनय-सौन्दर्य मुख्य हो गये। रंग शिल्प एक व्यापक शब्द है जिसमें दृश्य बन्ध नहीं आता, वस्त्र, प्रकाश-व्यवस्था, शृंगार, ध्वनि-प्रभाव संगीत सभी आ जाते हैं। इन सभी के लिए नाटक की अपनी विशेष माँग होती है। जिसे समझते हुए निर्देशक अपनी कल्पना-शक्ति का समुचित प्रयोग भी कर सकता है क्योंकि वेशभूषा रूप-सज्जा भी नाटक के अर्थ को चरित्र की दुहरी व्यंजना को प्रकट करने में सहायक होती है। इसीलिए वेशभूषा का चयन और उपयोग रूप सज्जा भी अपने में कलात्मक कार्य है क्योंकि अभिनेता का पूरा व्यक्तित्व और नाटक के पात्र उसकी अर्थ-व्यंजना उससे सीधे प्रभावित होती है। विश्वसनीयता और प्रभावपूर्णता आदि पहली शर्त हो सकती है। ये तत्त्व अभिनेता की अभिनय कला और व्यक्तित्व को उभारने में सहायक होने चाहिए न कि उसके बोझ से दब जाने वाले। बहुत सी बातें मूड, स्थितियों नाटकीय प्रभाव केवल प्रकाश योजना से ही पैदा किये जा सकते हैं। रोमांटिक वातावरण के लिए अत्यन्त करुण विषादपूर्ण वातावरण के लिए, किसी भयंकर पैशाचिक वातावरण की सृष्टि में प्रकाश ही मुख्य तत्व होगा। इसलिए नाटक की माँग के अनुसार प्रकाश भी बदलेगा। इसी माने में ध्वनि; प्रभाव और संगीत-नृत्य-गीत भी नाटक को सार्थक बनाते हैं।

नाटककार जिसका उल्लेख न भी करें निर्देशक आवश्यक स्थलों पर ध्वनि-प्रभाव देकर वातावरण को दर्शक तक पहुँचाता है। सभी बातें यह स्थापित करती हैं कि नाटक एक साहित्यिक विधा और सामूहिक कला है। नाटक का अध्ययन करते समय और उसे पढ़ते समय भी उसकी इस मौलिकता को ध्यान में रखना होगा। कोशिश करनी होगी कि नाटक में बुने हुए रंगमंच को कल्पना में साकार करें, खोजें, उसी में निहित रंग संवेदनाओं और रंग बोध को पहचाने हर नाटक की अपनी अभिनय-शैलियाँ, रूढ़ियाँ और रंग-शिल्प होते हैं। 'आषाढ़ का एक दिन' और 'लहरों के राजहंस' के रंगमंच से 'आधे अधूरे' का रंगमंच अवश्य ही भिन्न होगा। यह कहीं बाहर से विचार कर लाना नहीं है, न आरोपित करना है। रचना में से उसकी सर्जनात्मकता और रंग चेतना को ढूँढ़ कर बाहर लाना है। यह दूसरी बात है कि एक नाटक पर विभिन्न प्रयोग किये जायँ। लेकिन प्रयोग नाटक के स्वभाव को—आत्मा को पहचान कर ही होंगे, उसे एकदम भुलाकर या नकार कर नहीं, इसलिए नाटक सचमुच एक चुनौती है। हर नाटक अपने में पूरा आन्दोलन है, पूरा साहित्य है, पूरी कला है। नहीं है तो उद्देश्यपूर्ण, मनोरंजक, सम्वाद-बद्ध पुस्तक। हिन्दी नाटककारों में अकेला नाम मोहन राकेश का उभरता है जिसने नाटक को सशक्त विधा और रंगमंच को सजीव-सार्थक माध्यम रूप में लिया और जो नाटक और रंगमंच की कलागत मौलिकता और जटिलता को सामने लाया।

मोहन राकेश : व्यक्तित्व की जटिलता और रचना का द्वन्द्व

'कुछ लोगों की जिंदगी में बिखराव बहुत होता है। मैं अपने को ऐसे ही लोगों में पाता हूँ। बिखरना और बिखेरना मेरे लिए जितना स्वाभाविक है, संभालना और समेटना उतना ही अस्वाभाविक। स्वाभाविक प्रक्रिया में जहाँ सब कुछ अनायास होता है, वहाँ अस्वाभाविक प्रक्रिया बहुत धैर्य और आयास की माँग करती है।' यह मोहन राकेश का आत्मकथन है। यूँ भी उनके इस परिचित चेहरे को इनके साहित्य में पा जाना कठिन नहीं है। निराला अपनी कृतियों के अन्दर ही जिस तरह पूरे-पूरे अभिव्यक्त हुए हैं और गहराई से जाने-समझे जा सकते हैं, मोहन राकेश को भी एक व्यक्ति, एक मनुष्य, एक लेखक के रूप में जानने-समझने के लिए उनका अपना सम्पूर्ण साहित्य ही आईना है, मुख्य आधार है। कहानी, उपन्यास, नाटक, एकांकी, निबन्ध, यात्रा-संस्मरण; डायरी के पन्नों और अपनी पुस्तकों की भूमिकाओं और टिप्पणियों में वह इतने स्पष्ट हैं कि कहीं से कुछ ढूँढ़कर लाने की आवश्यकता नहीं है। संभवत: हर संवेदनशील कलाकार की रचनात्मक मानसिकता को पहचानने का यह एक सीधा, सही तरीका है जिसमें निसंदेह उस कलाकार का सारा परिवेश, समूचा युग भी प्रतिबिम्बित होता है। राकेश की संवेदनशीलता में सन्देह की कोई गुंजाइश नहीं है लेकिन साथ ही उनका व्यक्तित्व और स्वभाव सामान्य से बिल्कुल भिन्न हैं। 'भीड़ के बीच एकाकी व्यक्तित्व' की संज्ञा उन्हें इसीलिए दी गयी अर्थात्, भीड़ से बिल्कुल अलग-सा दीखने वाला भी और सारे समूह के बीच भी अकेलेपन की यातना से लड़ता हुआ व्यक्ति! सामान्यत: राकेश को उनकी ज़िन्दादिली, स्पष्टवादिता, ठहाकों की गूँज और आत्मीयता के लिए जाना जाता है। बाह्य दृष्टि से देखें तो 'निहायत खूबसूरत, गोरा-चिट्टा नौजवान, सुर्ख, निष्कपट चेहरा, घुँघराले बाल, चश्मे के मोटे काँच के पीछे चमकती हुई सुरमई आँखें'—इंसानी रूप के दर्पण जैसी, नज़र के पीछे एक और गहरी नज़र लिये हुए। होंठों में दबी हुई सिगरेट वातावरण को हिलाती हुई हँसी-कहकहे-ठहाके, उन ठहाकों के हिस्सेदार कितने ही दोस्तों में कॉफ़ी की चुस्कियों में जीने वाला आदमी, लेकिन अंदर से कहीं बहुत तनहा, वीरान, उदास! राकेश का व्यक्तिगत जीवन अनेक ऐसी छोटी-छोटी घटनाओं का संकलन रहा है जिन्होंने उसके अन्दर के रचनाकार को भी बहुत प्रभावित किया है। 'तमाम संघर्षों और व्यक्तिगत तनावों और दुख-सुख के क्षणों के बीच से गुजरते हुए कोई प्रतिभा किस तरह रचनात्मकता ग्रहण करती जाती है और साथ ही सामान्य व्यक्ति के रूप में किस तरह संघर्षरत रहती

है'—उसका परिचय राकेश की आत्मरचना, डायरी के पन्नों और निबन्धों से काफी मिल जाता है।

एक व्यक्ति था....नाम था मदन मोहन गुगलानी। अमृतसर में 8 जनवरी 1925 को जन्म हुआ—अधूरी, अर्थहीन, दुनियाँ में प्रवेश! पिता करमचन्द गुगलानी अच्छे खासे वकील थे—अमृतसर के प्रतिष्ठित नागरिक, जागरूक कर्मकर्त्ता, साहित्यिक और सांस्कृतिक संस्थाओं के पदाधिकारी। साहित्य और संगीत में उनकी दिलचस्पी थी। मदन मोहन को उनसे यह रुचि और संस्कार मिले। पिता की बैठक में मित्रों के बीच चलती वाल्मीकि से लेकर मैथिलीशरण गुप्त तक की आलोचना को मदन ध्यान से सुनता और कभी-कभी संस्कृत में गद्य-पद्य-रचना का अभ्यास भी किया करता। प्रारम्भिक प्रभावों की छाप पड़ती ही है। बचपन से ही अपने चारों ओर के वातावरण के प्रति सतर्कता और प्रतिक्रिया का भाव राकेश के मन में पैदा हुआ। बहुत से निषेधों, पुरानी मान्यताओं से भरा हुआ संकरा अंधेरा घर! दादी माँ का महत्त्वपूर्ण व्यक्तित्व जो हर नज़र से उसे बचाए रखना चाहता है—चमगादड़, भूत-प्रेत, डायन, कंजर, सिद्ध-पुरुष, सहेलियों के टोने-माने का इतना डर दिखाया जाता कि हमेशा घर में बन्द; गली में खेलना मना। कंजरों की तरह नाचने का मन होता तो दादी माँ की घूरती आँखों से दुबका बैठा रह जाता—घर में या तो सीलन और नालियों की बदबू या घी, अनाज, तरकारियों, धूप, अगर-चन्दन की गन्ध। पानी से खेलना मना, बाज़ार के लड़कों से खेलना मना; नतीजा यह कि जब भी मदन का घर में दम घुटता तो उस घुटन से बचने के लिए अक्सर गली में भाग जाता, फिर पकड़कर बन्द किया जाता और तब उसकी एक अलग दुनियाँ बन जाती—'कभी चींटियों की पंक्तियों के साथ दीवार के सुराखों की यात्रा करता हूँ। कभी धूप में उड़ते ज़र्रों को आपस में लड़ाया करता हूँ। दीवारों के टूटते पलस्टर से लेकर हौज के बहते पानी तक में तरह-तरह के चेहरे खोजता हूँ' या वह मन-बहलाव के लिए पिता जी की आलमारी में भरी बेशुमार किताबों से खेलता। दो लोगों से उसे बड़ी चिढ़ होती—एक पंडित लोकनाथ से, और दूसरे सरदार निहालसिंह से, क्योंकि दोनों कर्ज वसूल करने आते थे, क्योंकि निहालसिंह के कर्ज के मारे सारी खुशियाँ, सारा उत्साह, खुलकर जीने की हर कामना कील पर टँगी रहती।' और भी बहुत से लेनदार घर में आते रहते। मदन को बड़ी उलझन होती, तरस भी आता। चाहता कि किसी तरह सारे कर्ज़ एक-साथ उतर जायें। दूसरी ओर घर में बहुत सी चीजें दिखायी देतीं—माँ की आल्मारी में पीला हरिण, कुछ चीजें दीवार पर लटकी हुईं, सितार, वायलिन, शिकार किया गया मगरमच्छ! इन सभी चीजों को छूने-छेड़ने का उसका मन होता लेकिन कड़े अनुशासन में वह कुछ न कर पाता। दादी माँ जब मूर्तियों को नहलातीं तो पूजा-पाठ के बाह्याचरण से ज्यादा वह आन्तरिक संस्कार, अन्तर के आचरण को लेकर सोचता कि ठंड में मूर्ति को ठंडे पानी से क्यों नहला रही हैं?—गर्म ऊनी कपड़े क्यों नहीं पहना रही हैं? यह कैसा मूर्ति-मनोविज्ञान है? 'बड़ों जैसी नाजायज़ हरकतें उसे कभी अच्छी नहीं लगतीं। कहना न होगा कि इस अतिरिक्त

अनुशासन, बाह्याचरण, नियम और निषेधों के कारण वह धीरे-धीरे इन सबके प्रति गहरा आलोचक बन गया था। हर स्थिति पर गहराई से सोचने की, सोचते रहने की प्रवृत्ति बनती गयी।

एक-एक करके कई घटनायें घटित हुईं जिन्होंने मदन के मन पर गहरे प्रभाव छोड़े। वर्षों बाद भी उसे यह लगता रहा कि कभी-कभी ऐसी घटनायें हो जाती हैं जो कभी भी बीतती नहीं। अपने पिता की मृत्यु का कारुणिक दृश्य उसके दिलोदिमाग पर हमेशा छाया रहा। कई महीने का किराया चूँकि बाकी था इसलिए मकान-मालिक का यह हठ था कि 'मैं मुरदा नहीं उठने दूँगा।' सब कुछ हो गया— माँ की चूड़ियाँ बेचकर किराया भी अदा हो गया और मुरदा उठने दिया गया। इस घटना के समय अपना सिर बाँहों में डाले घर की सीढ़ियों पर बैठे मदन के लिए यह उसके जीवन का 'विरूप अनुभव' था, 'उसके व्यक्ति का एक आहत पक्ष था।' 'गर्दिश के दिन' में अपने को व्यक्त करते हुए राकेश कहते हैं 'वह नहीं समझता था कि उसके लिखे शब्दों में अनायास ही जो एक कटुता घुल जाती है उसका वास्तविक स्रोत अन्दर का वह रिसता हुआ बिन्दु ही है।[1] भावुक मन पर बहुत से प्रभाव निरन्तर पड़ते रहे जिन्होंने निश्चित रूप से राकेश को रचना-प्रेरणा दी, गहरी संवेदनशीलता और अनुभवों का विस्तार दिया। शवदाह के बाद श्मशान से लौटने पर माँ, भाई-बहन की जिम्मेदारी उसी पर आयी—कोई विकल्प ही नहीं था। सोलह साल की उम्र में ज़िन्दगी ने एक चौखटे में फिट कर दिया था। जैसे भी हो, अपने को उस चौखटे के आकार में ढालना था। आँखें आसपास की ज़िन्दगी के प्रति बहुत सतर्क हो रही थीं। अपने से बाहर घर को और घर से बाहर सामाजिक बंधनों को प्रश्नात्मक दृष्टि से देखने लगी थीं।'[2] किशोर आयु में ही लोगों के चेहरों की परतें उसके सामने खुलने लगीं। पिता की मृत्यु के बाद शोकसभा में बहुतों के भाषण सुने लेकिन किसी को फिर देखा नहीं। सभाओं, भाषणों की निरर्थकता वह समझता था, बनावटी चेहरों की असलियत भी पढ़ सकता था। उस आयु में ही दिखावटीपन से, मुखौटों से उसके मन में बड़ी हलचल होती कि लोग ऊपर की झिल्लियाँ उतार कर बात क्यों नहीं करते? 'जैसे हैं वैसे बनकर जियें और विश्वास के साथ जियें, तो इनके हितों को क्या क्षति पहुँचेगी? क्या कभी, किसी भी क्षण ये अपने छल के साक्षी नहीं होते? उसकी प्रताड़ना नहीं सहते?[3] कहने की आवश्यकता नहीं कि यही राकेश की अपनी दृष्टि है जिसने उन्हें अपनी ही तरह जीने दिया—अपने ही द्वन्द्वों में लेकिन पूरी सच्चाई से, छल-कपट या धोखे से नहीं, घरेलू जीवन में भी नहीं और साहित्यिक जीवन में भी नहीं। पिता की मृत्यु के बाद ही मदन ने संस्कृत छोड़कर हिन्दी में लिखना आरम्भ किया एक नये नाम से और उनकी कहानियाँ 'सरस्वती', 'सरिता' आदि पत्रिकाओं में प्रकाशित होने लगीं। अनुमान यह

---

1. सारिका : फरवरी 1973, गर्दिश के दिन : मोहन राकेश, पृ० 21।
2. परिवेश : चींटियों की पंक्तियाँ : जमीन से कागजों तक : पृ० 16।
3. वही, पृ० 17।

लगाया जाता है कि 'नन्हीं' शायद उनकी पहली कहानी है, जो उन्हीं की हस्तलिपि में स्कूल की परीक्षाओं की लंबी कापी के, कागज़ों, पर लिखी हुई प्राप्त हुई है और उसकी मृत्यु के बाद 'सारिका' (मार्च 1973) में प्रकाशित हुई। यह 7 मई, 1944 में लाहौर में लिखी गयी—इसकी पांडुलिपि पर तरह-तरह से 'राकेश' लिखकर देखा गया है। सम्भवत: यह प्रक्रिया उपनाम चुनने की रही है, जो बाद में उनका नाम ही हो गया।'[1] वैसे राकेश की डायरी के अनुसार उनकी पहली प्रकाशित कहानी 'भिक्षु' (सरस्वती, भाग 46) है। राकेश की साहित्यिक यात्रा को समझने के लिए इन दोनों कहानियों का महत्त्व है। 'नन्हीं' में यथार्थ की पकड़ है तो 'भिक्षु' में नाटकीयता और एक विशिष्ट वातावरण, जो उनके नाटकों का बीज माना जा सकता है। कथाकार कमलेश्वर ने राकेश की अप्रकाशित कहानियों को 'एक घटना' नाम से प्रकाशित करवा दिया है। यह कहानी-संग्रह राकेश की समूची रचना-प्रक्रिया, मानसिक हलचल और निरन्तर 'खोज' की आकुलता को स्पष्ट करता है। कमलेश्वर के ही शब्दों में 'राकेश ने ज़िन्दगी स्थिति-परिस्थिति और माहौल की किन-किन मंज़िलों को कब और कैसे पार किया? रचना सीमाओं को कैसे तोड़ा? किस तरह और बड़ी तथा और भी व्यापक सीमान्तों से राकेश की रचनाएँ जुड़ती गयीं? किस मानसिक उथल-पुथल से उसे गुज़रना पड़ा? ज़िन्दगी में किस महत् के लिए लड़ना स्वीकार किया और अपने आसपास की ज़िन्दगी में राकेश की संलग्नता और नये मूल्यों के प्रति सम्बद्धता कितनी गहरी थी? आज के आदमी की संश्लिष्ट तकलीफों की अमूर्त परतों को पकड़ पाने की क्षमता का रचनात्मक विकास-क्रम क्या था? इन सब बातों का स्पष्ट संकेत इन प्रारम्भिक कहानियों से ही मिलने लगता है।[2] इसी में कमलेश्वर ने 'भिक्षु' कहानी को रंगमंचीय नाटकों की उस यात्रा के अग्निबीज के रूप में देखा है, जो 'आषाढ़ का एक दिन' के साथ सार्थक रूप से शुरू होकर एक मंज़िल भी बन गयी और 'क्लासिक चेतना' का उदय 'भिक्षु' से ही माना है क्योंकि राकेश की वह ख़ासियत थी कि वह शुरुआत करने में भी विश्वास रखता था। और जो भी शुरू करता था, उसे विलक्षणता से व्याप्त कर लेता था[3]—'भिक्षु' एक शुरुआत है, 'आषाढ़ का एक दिन' उसकी विलक्षण व्याप्ति। 'नन्हीं' उस यथार्थ की शुरुआत है जो राकेश के साहित्य का आधार है। राकेश की ज़िन्दगी की हकीकत उसके साहित्य की भी हकीकत है। शुरू से ही एक विद्रोही मन:स्थिति ने जन्म लिया—विद्रोह झूठ, कृत्रिमता और छल के विरुद्ध। स्वभाव में एक अस्थिरता बनती चली गयी क्योंकि उसने कभी भी जीने का कोई भी क्षण अकेला स्वतन्त्र नहीं माना, वह क्षण तो आगे-पीछे के क्षणों में खोया रहता है। 'जो बीत जाता है, मन उसमें अपनी जड़ें फैलाये रखता है जो अनागत है, उसकी ओर उसकी डालियाँ हिलती रहती हैं। जीवन का हर दिन पिछले दिन के अन्दर से उगकर आता लगता

---

1. सारिका, मार्च 1973, पृ० 62।
2. एक घटना : 'राकेश की ये प्रारम्भिक कहानियाँ' : कमलेश्वर, पृ० 7।
3. वही, पृ० 5-6।

है—आने वाले कल को जल्दी से अपने अन्दर से उगा लेने को व्याकुल।' इसी आने वाले क्षण को पकड़ने की व्याकुलता ने राकेश को मरते दम तक सहज नहीं रहने दिया हालाँकि राकेश का कहना है कि 'सन्देह होना अच्छी बात है। इससे अपनी ईमानदारी पर विश्वास जमता है।' लेकिन यह भी सही है कि इस अस्थिरता से अतिवादी प्रवृत्तियाँ भी पनपीं, रह-रहकर आक्रोश भी और उसे भी स्वयं लगा कि उन्नीस साल की उम्र में वह बहुत विद्रोही हो गया था। 'कल के संस्कार' और 'आज की अनुभूतियों' की टकराहट चलती रहती, 'कैशोर्य के सपने' आज के घोर यथार्थ के आगे टहलते नज़र आते। बीती हुई ज़िन्दगी और सामने दिखायी देती ज़िन्दगी में कोई साम्य नजर न आता। लाहौर के ओरिएंटल कालेज में उच्चतर शिक्षा हुई—शास्त्री की उपाधि ली, संस्कृत में एम० ए० किया, पर पढ़ते हुए एक जड़ता, एक आतंक, उदासी मन को छापे रहती। अपने जिये हुए जीवन के प्रति मन में तीव्र वितृष्णा जागती थी।' हर वक्त एक टेंशन और उसका मन एक ऐसी गति की कल्पना करने लगा, जिसमें प्रवृत्ति तो होगी, पर साथ ही प्रवृत्ति की मजबूरी नहीं।' विवशता को भोगा था इसलिए अब वह किसी 'विवशता' के लिए तैयार नहीं था। निरन्तर चलते जाने की धुन, रास्ता बनाते जाने का आग्रह और विद्रोह निश्चय और उत्साह लेकिन साथ ही साथ हमेशा एक प्रश्न, द्वन्द्व और उलझन भी और उस समय भी उसके मन में कितने ही विचार उलझा करते। वह सोचता एक जागरूक की तरह कि 'आर्थिक क्रान्ति के साथ-साथ सारी दुनियाँ में एक और क्रान्ति का होना अनिवार्य है। यह क्रान्ति होगी मानवीय सम्बन्धों में, हमारी सामाजिक संस्थाओं में धर्म, नैतिकता और संस्कृति' सम्बन्धी हमारे संस्कार जिस सभ्यंता की देन हैं, वह अब खोखली पड़ चुकी है।'[1] क्यों खोखली पड़ चुकी है, इसका कोई उत्तर उसके पास नहीं था लेकिन इसे वह महसूस करता था। अपने को शांत करने के लिए फिर वह कॉफीहाउस या रेस्तराँ में बैठा होता, बिना मतलब बहस करता, वातावरण को हिलानेवाली हँसी में हँस रहा होता, ह्विस्की का गिलास हाथ में लिए वैदिक ऋचाओं की व्याख्या कर रहा होता, शाम को कॉलेज-हाल में नाटक की रिहर्सल करते हुए कई-कई पात्रों का अभिनय करते हुए अलग-अलग भूमिकाओं में जीकर अपने को—अपने असली रूप को—पहचानना चाहता, या नारे लगाता, चिल्लाता स्टुडेंट्स यूनियन की मीटिंग या किसी जलूस में शामिल हो जाता, रात को दॉस्तोएव्स्की का कोई उपन्यास पढ़ता। बार-बार लिखकर, फाड़कर, फिर लिखकर अपने से मुक्त होना चाहता लेकिन मुक्ति इतनी आसान नहीं थी। इसी समय दो दुर्घटनायें एक साथ हुईं जिन्होंने उसके भावुक मन को झकझोर डाला—देश का विभाजन लाहौर में रहकर आँखों से देखा और उसी के आस-पास किसी अत्यन्त 'प्रिय' की मृत्यु। 'पहली ने परिवेश से उखाड़कर फेंक दिया, दूसरी ने उखड़ने की एहसास को बहुत गहरा बना दिया।' लाहौर की भूमि से ही वह एकदम उखड़ गया क्योंकि उस भयंकर विस्फोट, अग्निकांड, हत्या, लूटपाट, पाशविक बलात्कार में उसे जीवन और भी विरूप

1. **परिवेश : पृ० 18।**

लगा—पिता की मृत्यु की घटना के बाद इस नृशंस दृश्य ने उसे अंदर तक दहला दिया। विभाजन के बाद उसका परिवार जालंधर आकर बस गया जहाँ उसने एम० ए० हिन्दी से प्रथम श्रेणी में पास किया। साहित्यिक अभिरुचि पनपती रही। लेकिन घटनाओं ने मिलकर बाइस साल की युवावस्था में ही इसे बुजुर्ग बना डाला। अपनी सारी कटुता को निकालने का रास्ता उसे कागजों में मिलने लगा—लिखने, फाड़ने, जलाने का एक क्रम। तब से निरन्तर राकेश के अन्दर की तपिश कभी बुझ नहीं पायी बल्कि वही उसकी रचनात्मकता की प्राण बनी रही। भटक-भटककर नयी पगडंडियों की तलाश उसका लक्ष्य बन गया। जीवन और साहित्य दोनों में ठहराव और स्थिरता से चिढ़ हो गयी, 'अनिवार्यता' जैसे शब्द से एकदम भड़क उठने वाला व्यक्तित्व! अनिश्चित गन्तव्य का एक आकर्षण। 'अनिश्चित की भावना का हर क्षण जो पुलक देता है, वह बँधे जीवन की सम्पूर्ण निश्चितता कहाँ दे पाती है?'[1] भटकता हुआ वह अमृतसर पहुँचा। वहाँ से दिल्ली, दिल्ली से बम्बई—बेकार आजीविका की खोज; कई महीने भूखे रहकर फुटपाथ पर सोते बीत गए।

लगता है राकेश ने बम्बई में 1945 के आस-पास किसी फिल्म कम्पनी में कहानीकार के पद पर काम करना शुरू किया था लेकिन 'किन्हीं विशिष्ट तथा अव्याख्येय कारणों से उस पद' से इस्तीफा दे दिया—'अपने जीवन के लाभों को भविष्य की सुनहरी आशाओं की वेदी पर न्यौछावर' न कर सकने के कारण। 'अनिवार्य बन्धन' आ जाने पर गहरे सोच में पड़कर सर झटककर एकदम घबराकर कहीं और कुछ ढूँढ़ना—अपने मन के अनुकूल! कृष्णचन्दर से हुई अपनी बातचीत के दौरान वह कहते भी हैं—'जिस तरह तुम फिल्मों के लिए लिख लेते हो, मैं नहीं क सकता कैसे तुम ऐसी फिल्मों के लिए लिख लेते हो?... मैं दो खाने नहीं बना सकता। मेरा सारा वजूद एक खाना है।[2] इसी आन्तरिक विवशता ने राकेश को एक जगह नहीं टिकने दिया। अचानक कहीं गायब! सम्मानपूर्ण जीविकोपार्जन के साधन की खोज शुरू की तो 1947 ई० में बम्बई विश्वविद्यालय के एलफिंस्टन कालेज में हिन्दी के अतिरिक्त भाषा के रूप में शिक्षण के लिए प्रो० एम० एम० राकेश की नियुक्ति हुई—वर्षा के भीगे दिन से एक शुरुआत लेकिन यह नौकरी ज्यादा दिन नहीं चली, सन् 49 में छिन गई—'कारण था आँखों का निर्धारित सीमा से अधिक कमजोर होना' फिर बेरोजगारी के दिन दिल्ली में रहकर काटे। बाद में जालंधर के डी० ए० वी० कालेज में प्राध्यापक पद पर नियुक्ति हुई। छ: महीने बाद ही बिना कन्फर्म किये नौकरी से हटा दिया गया क्योंकि राकेश ने यहाँ टीचर्स यूनियन की गतिविधियों में सक्रिय भाग लिया और अधिकारियों की दमन नीति का बराबर विरोध किया। जिन मित्रों के विश्वास पर यह लड़ाई लड़ी थी, वही अन्त में धोखा दे गए। उसी समय की लिखी हुई कहानी 'लड़ाई' इन सारे कटु अनुभवों और संघर्ष की साक्षी है, वह राकेश द्वारा 'निरंतर सत्य-

1. परिवेश : यात्रा का रोमांस : पृ० 71।
2. सारिका, मार्च 1973, पृ० 74।

केन्द्रित निर्णय' लेने का 'उसकी प्रतीति और प्रत्यक्षता का रचनामूलक प्रमाण है।' बेकारी की मार का आतंक फिर सर पर आ गया। काफी दौड़ धूप करके शिमला में मिशनरी स्कूल में नौकरी कर ली। अनुभव तब भी बदले नहीं, मन:स्थिति तब भी सहज नहीं रह पायी। ज़िन्दगी के रुटीन से यह शख़्स बहुत घबड़ाता था। 'बहुत कोफ्त होती है इस ज़िन्दगी से.....वही रोज की ज़िन्दगी—अनचाही। अनमने ढंग से किया काम। ...एक लम्बे सिलसिले की एक-सी कड़ियाँ, एक-से ढंग से रोज-रोज जोड़ते जाना... जैसे यह ज़िन्दगी नहीं, फक्त एक ज़िन्दगीनुमा खेल है।[1] शिमला की नौकरी के समय अपने को दोहराते जाने की, वक्त पर पहुँचने की दौड़ की कसक हमेशा राकेश के मन में बनी रहती—बहुत से सवाल, बहुत सी उलझनें—'प्रभु ईसा को कभी नौकरी नहीं करनी पड़ी, वरना सारा टैस्टामेंट ही बदल गया होता... एक-एक करके सात पीरियड! पढ़ा सकते थे ईसामसीह इतने पीरियड? इससे कहीं आसान था क्रास कंधे पर लेकर चलना।[2] रह-रहकर यह एहसास उसे तकलीफ पहुँचाता कि मैं 'कहाँ हूँ?' मास्टर और उसका काला चोगा? हँसी भी, उलझन भी, उस चोगे को उतार फेंकने की छटपटाहट भी। बरामदों में ड्यूटी देते समय भी वह यही सोचता है—'क्लासें पढ़ाने के लिए ही नहीं, शाम को ड्यूटी देने के लिए भी चोगा पहनो। क्यों? क्योंकि तुम मास्टर हो। मतलब जो ड्यूटी दे रहा है, वह मास्टर है— तुम जाओ भाड़ में!'[3] यह 'मैं' का एहसास ही है कि वह अपने को किसी 'उत्तरदायित्व' से बाँध नहीं पाता, कहीं भी अपने को 'स्पेयर पार्ट' नहीं बना पाता— मास्टर की बँधी-बँधाई, क्रमबद्ध ज़िन्दगी उसे 'मास्टर नाम का यन्त्र' लगती—और डूबते सूरत की लाली में बहुत अकेला—उदास नजर आते स्कूल की घंटी के पीतल से उसके मन का तादात्म्य हो जाता क्या 'मैं' कुछ भी नहीं? इस पीतल की अपनी चमक कुछ भी नहीं? क्या वह चोट किये जाने पर गूँज पैदा करने ही के लिए है? उस गूँज को प्रकट करने के लिए प्रतीक्षा? और फिर हर वक्त एक बेचैनी—किसी एक जगह न टिकने की, कहीं और जाकर, किसी और तरह, कुछ और करते हुए ज़िन्दगी बिताने की। नतीजा यह कि पहली बार ठर्रा चढ़ाया, बड़ी चहलकदमी की, सड़क के चक्कर लगाए, नींद नहीं आयी और सन् 52 तक आते-आते त्यागपत्र! निश्चय किया केवल लेखन और कम से कम साधनों में गुजारा करके अपनी स्वतन्त्रता को बनाये रखने का, लेकिन मन इस स्थिति से लड़ नहीं सका। जालंधर के उसी कालेज से विभागाध्यक्ष पद का जब आफर मिला, उसने स्वीकार कर लिया हालाँकि यह उसे बड़ी 'व्यंग्यात्मक स्थिति' लगी। सन् '50 से '54 तक का समय राकेश के लिए बहुत हलचल का समय रहा है—वैयक्तिक, पारिवारिक, सामाजिक, सभी स्तरों पर। इस बीच उसने कहानियाँ नहीं लिखीं, नयी चुनौतियाँ, नये प्रयत्न, नये आघातों, आकर्षणों-असफलताओं ने उसे

1. सारिका, मई 1968, 'व्यक्तिगत' डायरी, पृ० 19।
2. वही।
3. वही।

घेरे रक्खा। जीवन इतना विशाल लगता, संपर्क इतने चिह्न छोड़ता कि बार-बार अपनी असमर्थता का बोध होता, रचना का प्रयत्न खोखला लगता...खोखले शब्दों को हवा में उछालने की सार्थकता ही क्या थी?' इस आंतरिक असन्तोष और अस्थिरता के बीच केवल यात्रा-विवरण लिखा जो 'आखिरी चट्टान तक' के नाम से प्रकाशित हुआ। फिर काफी लम्बे समय के बाद पहली कहानी 'सौदा' लिखी—एक अत्यन्त महत्त्वपूर्ण शुरुआत, एक मँजते हुए संवेदनशील रचनाकार से साक्षात्कार क्योंकि यहीं से 'उसकी रोटी', 'मलबे का मालिक' जैसी सार्थक कहानियों की रचना का क्रम चल पड़ा। इससे पहले सन् '50 या '52 तक राकेश ने कहानियाँ, रिपोर्ताज, निबन्ध सभी लिखे और वे प्रकाशित भी होते रहे लेकिन इनमें एक तो इस समय तक उनका रचनाकार परम्परा और पृष्ठभूमि से बँधा हुआ दिखायी देता है, दूसरे उसमें आदर्शवादिता का आग्रह भी मिलता है और प्रगतिवादी दौर के सारे साहित्यिक फार्मूले भी। वर्ग-भेद, धर्माडम्बर के प्रति आक्रोश, भावुकता त्रिकोण में बँधा प्रेम—ये सब उसके साहित्य के विषय में यानी एप्रोच कमोवेशी रूढ़िबद्ध था। लेकिन 'आखिरी चट्टान तक' से उसकी रचना-यात्रा में बहुत बड़ा मोड़ आता है। उन्हीं के शब्दों में 'अपने परिवेश से कटे होने की अनुभूति का स्थान एक सर्वथा दूसरी अनुभूति ने ले लिया था और वह थी जुड़े होने की अनिवार्यता की अनुभूति एक तरह की कड़वाहट इस अनुभूति में भी थी वह कड़वाहट निरर्थक और आरोपित नहीं थी।'[1] नौकरी का यह पीरियड कुछ लम्बा रहा और लेखन के लिए शुभ भी लेकिन '57 तक आते-आते यहाँ से भी इस्तीफा दे दिया और इरादा किया कि अब नौकरी नहीं करनी है लेकिन आर्थिक दबाव के कारण दिल्ली विश्वविद्यालय में '60 में लेक्चररशिप ले ही ली जो बहुत जल्दी ही छोड़ भी दी। फिर '62 में नये क्षेत्र में कदम रक्खा अपने को आजमाने के लिए। बम्बई में 'सारिका' के सम्पादक हुए, टाइम्स ऑफ इण्डिया का एयरकंडीशन केबिन, सारी सुविधाएँ, सुख-आराम, फ्लैट, गाड़ी, एयरकंडीशनर। कुछ दिन बड़ा आत्मीय लगा। 'सारिका' को नया रूप-रंग दिया, उसमें प्रकाशित साहित्य को नया मोड़ दिया लेकिन कुछ समय बाद वह भी रास न आया—एक और इस्तीफा! और फिर फ्री लांस राइटर की स्वतन्त्र जिन्दगी शुरू की। बहुत से कष्ट आये लेकिन 'स्वतन्त्र ज़िन्दगी' का यह निर्णय मृत्यु के समय तक नहीं बदला था। सन् '57 से '62 के इस काल में ही दो महत्त्वपूर्ण रचनाएँ लिखी गयीं—एक पहला नाटक 'आषाढ़ का एक दिन', दूसरी 'अँधेरे बन्द कमरे'—बड़ा उपन्यास। दोनों में राकेश के अनुभव, तात्कालिक शर्तों को स्वीकार किये बिना जुड़े रहने के सार्थक संदर्भों की खोज, सारे द्वन्द्व प्रश्न-उलझनें, 'आंतरिकता' की खोज मूर्त हुई है। रचनाशीलता ने इनमें नया ठोस आयाम प्राप्त किया है। बहुत सी कहानियाँ भी इसी दौर में लिखी गयीं—'एक और ज़िन्दगी' (1961) भी। सभी में 'संबंधों की यंत्रणा को अपने अकेलेपन में झेलती मनःस्थितियाँ हैं—व्यक्ति के माध्यम से पूरे परिवेश का अंकन। उसने यहाँ से साहित्य को, रचनाओं को, किसी विधा को,

---

1. सारिका, फरवरी 1973, पृ० 22।

एक निरन्तर विकासशील दृष्टि के रूप में लेना शुरू किया, उसकी 'आंतरिक संभावनाओं' के उजागर होते रहने की निश्चितता आयी। राकेश का लेखन एक बड़ी जटिल प्रक्रिया से गुजरा है। उसने बार-बार लिखा, अपने लिखे को अवास्तविक जानकर नकारा है इसीलिए कभी-कभी उसे लगता है कि 'वह कुछ मेरे अन्दर नहीं है जिससे व्यक्ति सचमुच लिख सकता है, वरना लिखने के लिए क्या पहाड़ खोदने की जरूरत है?'[1] अक्सर लगता रहा है कि कुछ ठीक साँचे में नहीं ढला। शब्द अधूरे हैं, दिमाग में जंग लग गया है लेकिन लिखना उसके लिए 'मस्ट' है क्योंकि वह सामान्य आदमी की तरह केवल देख-सुन-चलकर संतुष्ट नहीं रह सकता। अक्सर अपना खालीपन एक अपराध लगता रहा है। दिक्कत यह है कि इस 'खालीपन' के लिए वह अपने को ही उत्तरदायी नहीं मान पाता। इसमें कोई दो राय नहीं हो सकती कि राकेश के अपने स्वभाव में एक अन्तर्विरोध रहा है—वह अकेलापन भी चाहता है, भीड़ भी चाहता है—माँ और पिता के अलग-अलग स्वभाव की विशेषताएँ एक ही में मिलकर उसके मन में निरन्तर एक युद्धभूमि बनाये रहती हैं। एक ओर अपने कहे और किये पर सन्देह दूसरी ओर अपनी दुर्बलता न स्वीकारने का बाहरी हठ—'सोचता हूँ कहीं मैं एक विभक्त व्यक्तित्व तो नहीं लिये हूँ?' हमेशा यह कचोट कि गुजरता दिन हाथ से निकल गया—दिन यूँ ही बीतते जाने का एहसास और छटपटाहट—हर सुबह से पहले एक नया इरादा। हर शाम को गहरी उदासी। सीधी-साधी, सरल ढर्रे पर चलने वाली ज़िन्दगी में अपने को अभिव्यक्त न कर पाने के कारण अपने 'न होने की' थकान उसे हमेशा तोड़ती रही है। वह स्वयं चाहता रहा है कि उलझनें उसे उलझाती रहें। 'क्यों आज का दिन कल के दिन में ऐसे नहीं उलझ जाता कि सचमुच होने का एहसास हो? गाँठें कुछ इस तरह उलझ जायें कि उन्हें सुलझाने-सुलझाने में उँगलियों के पोर टूटने लगें।...लगे कि होने की वास्तविकता यह है।'[2] सुबह से शाम के बीच इतनी उलझने, दुखने, छटपटाने वाला व्यक्ति ही 'मैं' है, स्लाइस निगलकर ब्लैक बोर्ड पर लकीरें खींचने वाला 'हाऊ फाइन', 'हाऊ आर यू टु डे? क्वाइट वैल, थैंक यू वाला तो मास्टर...है। एक ही व्यक्तित्व के ये दो पहलू हैं कि वह 'आदमी' भी रहना चाहता है और सामान्य से अलग असाधारण और विशिष्ट' भी। मैं कहाँ हूँ? की बेचैनी! जो उसे हर बार एक नयी ज़िन्दगी की शुरुआत के लिए विवश करती रहती है। राकेश स्वयं जानते हैं कि अपनी तरह से, अपनी इच्छा से जीना 'अप्रत्याशित स्थितियों की कामना' करना है लेकिन यह भी उसकी मजबूरी है। जो सामने प्रत्यक्ष नहीं है, ओट में है, उसे उधर जाकर देखने की आकुलता! लक्ष्य मिले या न मिले, भविष्य बने या न बने, यह उसके लिए महत्त्वपूर्ण नहीं है; महत्त्वपूर्ण है निरन्तर कोशिश करते रहना, चलते रहना और चलते रहना। क्या यही कारण नहीं है कि राकेश के नाटकों के पात्र भी किसी लक्ष्य या समाधान तक नहीं पहुँच पाते, द्वन्द्वों, अनिश्चित यात्रा की उलझनों

1. सारिका, अगस्त 1968, पृ० 73।
2. सारिका, मई 1968, पृ० 19।

में फँसे ही दिखायी देते हैं? चाहे वह कालिदास हो, चाहे नन्द, चाहे पुरुष एक। 'आगे इठलाता समुद्र है जिसमें साहिल कहीं भी, कोई भी मिल सकता है, मगर लक्ष्य किसी भी साहित्य को पा लेना नहीं, उस पानी में लगातार चलते रहना है जो इस साहिल से उस साहिल तक...अनेकानेक चुनौतियाँ लिये फैला है और जो अपनी सारी बदलती मुद्राओं के बावजूद सब जगह एक सा गहरा; खारा और तूफानी है।'[1] अनेक चुनौतियों को स्वीकार करने की, बढ़ते जाने की और किसी एक निश्चित मंजिल पर पहुँचने की यह प्रवृत्ति राकेश के सम्पूर्ण साहित्य में मूर्त हो गयी है—द्वन्द्व और गति, उलझन और टकराव ही मुख्य है—चाहे वह 'एक और ज़िन्दगी' कहानी हो, चाहे अंतराल उपन्यास हो चाहे सभी नाटक, यहाँ तक कि 'छतरियाँ' भी। जो नहीं है, उसी को चाहना, उसी को खोजना। मैं उन सब पत्थरों और पत्तों को छूना चाहता हूँ जो मुझसे बहुत दूर है, जो जितने दूर हैं, उन्हें उतनी ही चाहना के साथ। क्या मेरी इस चाहना की, उन-उन पत्थरों और पत्तों पर भी कुछ प्रतिक्रिया होती है,[2] ध्यान देने की बात है कि एक तो जो दूर है उसे उतनी ही चाहना के साथ छूने की ललक, दूसरे यह चिंता भी कि जिसे मैं छुऊँ; उस पर भी कुछ प्रतिक्रिया हुई? 'चाहना' और 'चिंता' इन दोनों ने राकेश के दिल-दिमाग को कभी सहज नहीं रहने दिया। न लम्बी योजनाएँ, न बड़ी-बड़ी भूमिकायें। सहसा जो हो गया, वह हो गया यहाँ तक कि विवाह भी वह स्वयं नहीं जानता कि उसने विवाह क्यों कर डाला? शरीर की भूख मिटाने के लिए? पर...बेघर होने की अनुभूति से बचने के लिए?...या इसलिए कि विवाह करना ही था? शायद यही। वास्तविकता क्या है, वह निश्चित नहीं है उसके बारे में। 'जीवन के उखड़ेपन को समेटने के इरादे से सन् '50 के अन्त में विवाह कर लिया 'जिस पहली लड़की से पत्र-व्यवहार हुआ उसी को विवाह की स्वीकृति भेज दी।' न मन में कोई आग्रह, न हाँ कह देने के बाद इनकार करने का साहस...'तकल्लुफ तकल्लुफ में भाँवरें। कुछ अपनी स्टार्वेशन के कारण और कुछ इन्सानी भलमनसाहत के कारण, किया तो लेकिन मन भाँवरें पड़ते समय भी उदास ही था। उसे महसूस हुआ कि...विवाह के साथ ही सहसा मैंने अपने को रुके हुए पाया, रुके हुए ही नहीं, जड़ और स्तम्भित! मैं जहाँ था, वहाँ अपने को पाने के लिए या यह मानने के लिए कि मैं वहाँ हूँ, तैयार नहीं था। अपने उस अपने के बने हुए चेहरे को कायम रखना चाहता था।'[3] राकेश में एक जबर्दस्त अहं हमेशा रहा है। वह कहीं भी उपेक्षित नहीं रहना चाहता था, चाहे घर में पत्नी के साथ हो, चाहे घर से बाहर, चाहे लेखक के रूप में; अपना हक भुला देना उसके स्वभाव में नहीं था। सेंसेटिव भी इतना ज्यादा कि कोई भी बात बहुत ज्यादा हर्ट कर जाए। ऊपरी सहानुभूति से ही चिढ़ नहीं थी, उस हद तक सहानुभूति से भी जो उसकी अपनी पर्सनेलिटी को दबा दे। जिसे जितना प्यार दें, उससे

---

1. सारिका, अगस्त 1968, 'व्यक्तिगत डायरी', पृ० 67।
2. वही।
3. सारिका, मार्च 1973, पृ० 27।

उतना ही रिस्पांस मिलना चाहिए। कोई आदमी अगर घटिया है तो रग-रग जैसे दुखने लगेगी। यह 'एक्स्ट्राआर्डिनरी' स्वभाव और व्यक्तित्व ही उसका निजी व्यक्तित्व है जिसने वैवाहिक सम्बन्धों को भी हमेशा उलझाया ही वह बार-बार विश्लेषण करता कि विवाह नाम के समझौते का, एडजेस्टमेन्ट का पर अगर दोनों ओर से हो तब न? अगर दोनों ही अपने-अपने ढंग से जीना चाहते हों, दोनों ही अपनी कामना-पूर्ति के लिए एक-दूसरे से कुछ चाहते हों—कुछ ऐसा जो दोनों के पास दे सकने के लिए नहीं है, तो? हालाँकि कभी-कभी 'इस नये वातावरण के नये असर' की अनुभूति तन-मन को भर देती और जीने और काम करने की कामना को उससे उकसाहट भी मिलती लेकिन यह अनुभूति भी उसके साथ स्थायी नहीं रह पाती। तनाव के, उलझनों के क्षण बार-बार आते रहते। 'मैं' का प्रश्न, अपने अस्तित्व का प्रश्न, स्वतन्त्र होकर लेखन की छटपटाहट निरन्तर बढ़ती जाती। 'तुम जो हो, वह भी बनी रहना चाहो और अतिरिक्त भी लेना चाहो, वह क्योंकर होगा?...किसी दूसरे को उपादान के रूप में कभी मत ग्रहण करो, पुरुष हो, भावना हो या पत्थर। अपने से बाहर उसके स्वतंत्र अस्तित्व को स्वीकारो, फिर उसे छुओ...देना भी एक उपलब्धि है, उसमें भी सार्थकता है।'[1] लगता है इन्हीं द्वन्द्वों के आसपास 'आषाढ़ का एक दिन' नाटक का कथानक बुना गया है। मल्लिका के समर्पित, लेकिन स्वतंत्र और सार्थक व्यक्तित्व में क्या इसी की परिणिति है? यूँ भी उपादान न बनने की चेतनता और उससे उत्पन्न द्वंद्व उसके लगभग सभी पात्रों में है—क्या कालिदास, क्या नन्द, क्या सुन्दरी, क्या सावित्री और क्या पुरुष एक। सब जैसे अपने-अपने व्यक्तित्व के लिए जूझ रहे हैं। अँधेरे बन्द कमरे, के मधुसूदन का जीवन भी राकेश का प्रतिबिम्ब है। वह भी कभी गलियों में, कभी सड़कों पर, कभी कस्साबपुरा की बस्ती में, कभी कनॉट प्लेस में भटकता है—टूटकर जीने की स्थिति उसे स्वीकार नहीं है, समझौते के स्तर पर वह जी नहीं सकता, इसी लिए भटकता-छटपटाता है। किसी भी परिस्थिति में 'जीने' के प्रति अपनी ईमानदारी का आग्रह आज की षड्यन्त्र भरी दुनियाँ से हमेशा एक टकराहट पैदा करता है। यह टकराहट, द्वन्द्व और पूरी सम्बद्धता की खोज उसके नाटकों—पूरे साहित्य में मौजूद है। राकेश और राकेश के पात्रों के लिए 'जीव की तटस्थता' कुछ नहीं है। जिधर प्रवृत्ति है, उधर बढ़े हुए चरण में ही 'जीवन की सार्थकता'। अगर वह सम्भव नहीं हो रहा है तो वही द्वन्द्व है, संघर्ष और तनाव है। ऊपरी नैतिक बन्धनों, सामाजिक नियमों, 'पवित्रतावादी दृष्टि' के प्रति राकेश का दृष्टिकोण हमेशा विद्रोहात्मक रहा है। वह स्पष्ट कहता है कि 'निवृत्ति का कोई भी दर्शन मन को नहीं बाँधता।'[2] अगर सृष्टि की निरन्तर गतिशीलता का आधार एक आंतरिक प्रवृत्ति ही है तो क्यों मनुष्य के लिए नहीं? 'प्रवृत्ति के तिरस्कार का अर्थ है मृत्यु'—और सचमुच जब उसे लगता है कि दो व्यक्तियों में कोई परस्पर आकर्षण न होने पर उसे ढोते जाना कितना निरर्थक है, तो

---

1. सारिका, मार्च 1973, पृ० 61।
2. सारिका, नवम्बर 1968, पृ० 64।

वह अपने को उस परिस्थिति से मुक्त कर लेता है। यद्यपि यह उलझाव और मुक्ति राकेश का स्वभाव है लेकिन यह भी सही है कि विवाह संस्था को लेकर या विवाह को एक सामाजिक नियम के रूप में लेकर वह अपने को बहुत आश्वस्त नहीं कर पाता था। सन् 1947 के सरस्वती के जून अंक में प्रकाशित उसका निबन्ध 'ब्याह कर ही लूँ?' उसके विचारों को स्पष्ट करता है—'ब्याह कम्बख्त तो होकर बीतने वाली चीज नहीं...'ब्याह मानवीय असफलता की सीढ़ी है'...'ब्याह देखा-सुना जरूर है पर कभी महसूस नहीं किया। राम जाने, अनुकूल बैठे या न बैठे।' ये विचार तब-तब आये हैं, जब भी घर में विवाह का प्रस्ताव आया है। भारतीय दृष्टि से जिस तरह लड़की पसंद की जाती है, जिस तरह घर वाले लड़की के गुणों के सम्बन्ध में, बहू आने से होने वाले फायदों के सम्बन्ध में कहते हैं, तब-तब यह प्रश्न उठा है कि 'सब किसी न किसी तरह, फ़ायदे में रहेंगे...शायद मुझे भी कोई लाभ हो, पर नहीं।' यानी इन सामान्य बातों में भी राकेश की मनःस्थिति प्रत्यक्ष होती है—मूल व्यक्ति, 'मैं' को भूलाकर कुछ किया जाना उसे एक खिलवाड़, एक कृत्रिम असहज वातावरण लगता है। लेकिन फिर भी एक 'घर', आत्मीयता, प्यार के भरपूर एहसास की खोज में शायद यह व्यक्ति पुनः-पुनः बन्धन लेता गया, तोड़ता गया, और फिर दूसरा विवाह भी हो गया एक जाने-पहचाने परिवार में लेकिन यह भी उसके भाग्य का क्रूर खेल था—'बीते हुए कल का वैराग्य और उगते हुए कल का अनुराग!' विडम्बना ऐसी कि मुकदमा लड़कर तलाक की असफल कोशिश करनी पड़ी। इसी सारे द्वन्द्व के बीच 'एक और जिन्दगी' कहानी लिखी गयी महाबलेश्वर में। यह कहानी वैयक्तिक स्तर पर राकेश के दोनों वैवाहिक सम्बन्धों और उनसे उत्पन्न द्वन्द्व की गहराई तक हमें ले जाने में सहायक होती है। यह अकेली कहानी राकेश के स्वभाव, मानसिक तनाव, उलझनों और आंतरिकता की खोज में व्याकुलता से भरे व्यक्तित्व का, आज के आदमी के द्वन्द्व का प्रतिनिधित्व करती है। इस सारे संघर्ष का अन्त हुआ तब जब अनीता उनके जीवन में आ गयी—अनीता जिसने समझा 'किस कदर वह इन्सान एक घर चाहता रहा अपनी जिन्दगी भर, जब कि दुनियाँ यही जानती थी कि वह कभी घर का होकर नहीं रह सकता था'...'तुम तो मुझे छोड़कर नहीं जाओगी न कभी?'—'लहरों के राजहंस' नाटक की रचना इसी अत्यन्त निजी लगाव के दौरान हो रही थी या लगभग हो चुकी थी; वह पूरा रोमांटिक, प्रणय और सौन्दर्य से भरा-पूरा वातावरण, 'कामोत्सव' इस नाटक में व्याप्त है। धीरे-धीरे एक भटकता व्यक्ति एकदम घरेलू हो गया—आस-पास अपना एक छोटा-सा परिवार! जख़्म भर गए लेकिन राकेश का स्वभाव यहाँ फिर आड़े आया। वह एकदम घरेलू बनकर भी नहीं रह सकता था—'घर में रहकर बहुत-सी शाखों, जड़ों, फल-फूलों का एहसास होता है। लिखना मुश्किल हो जाता है। कमरे का एकान्त तो मिल जाता है, रूह का एकान्त नहीं मिलता।'[1] लिखना राकेश का पहला कमिटमेंट हमेशा रहा। वह अपने 'लेखक' के लिए कुछ भी एकदम झटके से तोड़ सकता था।...'पहले नम्बर पर मेरा

1. सारिका, मार्च 1973, 'एक खाने वाला आदमी', पृ० 65।

लेखन है दूसरे नम्बर पर मेरे दोस्त हैं और तीसरे नम्बर पर तुम हो लेकिन तीनों ही मेरे लिए बहुत जरूरी हैं।'—यह है राकेश का 'ईगो' जो हर प्रसंग में सामने आता है और विरोधी परिस्थितियों में झुकने-दबने नहीं देता। व्यक्ति की दृष्टि से कुछ भी करने का कोई अर्थ नहीं लेकिन लेखक की विवशता एक 'अनिवार्यता' है। सब तरफ से ऊब, ऊब से छुटकारा पाने के लिए शहर से दूसरा शहर, एक ही शहर में बदलते घर, एक ही घर में बदलता माहौल! सचमुच यह अन्तर्विरोध, आन्तरिक आकुलता और अनिश्चय, अस्थिरता राकेश का सहज और निजी स्वभाव है। यह स्वभाव और राकेश की कठिनाइयाँ उसके लेखन में बाधक भी हुईं और उसकी रचनाशीलता में सहायक बल्कि अनिवार्य माँग भी। लेकिन जब वह दूसरों को—अपने मित्र राजेन्द्र यादव को बड़े व्यवस्थित ढंग से सोचते-लिखते देखता है तो आश्चर्य भी होता है, स्पर्धा भी। बँध कर काम करना-लिखना भी—राकेश के लिए संभव नहीं है—जमकर काम करने के लिए अपने मन को उकसाने पर भी 'संकल्प का क्षण' नहीं आता। रह जाता है केवल एक डिप्रेशन। व्यवस्था से उखड़ने वाला व्यवस्थित क्योंकर होगा? राकेश ने अपने व्यक्तित्व, अपने लेखक को, स्वभाव को 'यात्रा का रोमांस' ललित निबन्ध में बहुत अच्छी तरह स्पष्ट किया है। यायावरी वृत्ति ही राकेश की मुख्य वृत्ति है। उसके लिए 'यायावर की खोज उसकी अस्थिरता, अपने में ही एक सिद्धि है क्योंकि गति का हर क्षण उसे रोमांचित करता है।' वह वातावरण और परिस्थितियों के दबाव से नये व्यक्तियों के साथ अस्वाभाविक सम्बन्धों के बीच जीना नहीं चाहता। यात्रा करते रहने में 'व्यक्ति अपनी आंतरिक प्रकृति के अधिक अनुकूल होकर जी सकता है—अधिक उन्मुक्त भाव में अपने को नये अनुभवों के बीच खुला छोड़ सकता है। उस खुलेपन से उसके नैतिकता के मानदंड बदल जाते हैं—वह एक आरोपित नैतिकता में न जीकर अपनी आंतरिक नैतिकता के अनुसार जीने लगता है।' जीने के ऐसे ही क्षणों को वह अधिक सार्थक मानता है। पूरी धरती, पूरे आकाश से आत्मीयता स्थापित करते हुए वह अपने 'सम्बन्धों के विस्तार' को असीमित रखना चाहता है। इस कृत्रिम, झूठी दुनियाँ में वह अपने को फिट नहीं कर पाता—साहित्य-क्षेत्र में चलने वाले हथकंडों, छल-कपट, षड्यंत्रों से उसे खास नफरत है—एक पूरी राजनीति! फैशन के नाम पर अकेलेपन, अजनबीपन, आत्महत्या जैसी बातों से चिढ़ है। उन लोगों को देखकर उसे निराशा होती है जिनका आन्तरिक संस्कार कुछ ऐसे साँचे में ढला है जिसका अपनी जमीन के साथ कोई सम्बन्ध नहीं है। राकेश ने हिन्दी भाषा, भारतीय लेखक और भारतीय साहित्य को हमेश सम्मान दिया—उसको लेकर कोई काम्प्लेक्स उसमें नहीं रहा। उल्टे हिन्दी लेखक को उसने दयनीय स्थिति से मुक्त किया, उसके व्यक्तित्व के प्रति बाह्य और आन्तरिक दोनों के प्रति—सम्मान भाव पैदा किया।

राकेश का पूरा व्यक्तित्व एक जटिलता लिये हुए है। वह आज की परिस्थितियों और परिवेश में आदमी के द्वन्द्व का प्रतीक है। आदमी की सेन्सिटिविटी का एक उदाहरण है। इस व्यक्तित्व ने हिन्दी लेखन को खासकर नाट्य-लेखन को नयी दिशा

दी, अन्तर के सूक्ष्मतम स्तरों तक उसे पहुँचाया। कहीं भी अपनी केवल अपनी और निश्चित जगह बनाने, बनाये रखने की हसरत और कोशिश राकेश के मन में हमेशा रही चाहे वह कॉफी हाउस के कार्नर में अपनी सीट ही क्यों न हो। किसी दिन खाली न मिली तो कॉफी हाउस भी बेगाना लगने लगा। हिन्दी नाटक-क्षेत्र में राकेश का नाटककार अपनी अकेली जगह बनाने की हसरत पूरी कर सका, इसमें कोई सन्देह नहीं। अगर अचानक ही 3 दिसम्बर, 1972 को उनका देहान्त न हो गया होता तो सम्भवत: हिन्दी को उन्होंने और अधिक सशक्त, सर्जनात्मक अनुभव से युक्त नाटक दिये होते। नि:सन्देह हिन्दी रंगमंच और रंग-कर्मियों को एक सम्मान का भाव और महत्त्व उन्हीं के नाटकों के माध्यम से मिला।

राकेश की रचना-दृष्टि और नाटक

कहने की आवश्यकता नहीं कि राकेश का निजी व्यक्तित्व उनके साहित्यिक व्यक्तित्व से अलग नहीं है। उनका पूरा स्वभाव, सोचने का ढंग, कार्य-व्यवहार यानी सम्पूर्ण दृष्टि और गति उनके साहित्य में देखी जा सकती है। साहित्य में भी वह किसी निश्चित विचारधारा को लेकर नहीं चलते, न काल्पनिक सड़कों पर आते-जाते किन्हीं अमूर्त आकृतियों से वह अपना वैचारिक सम्बन्ध स्थापित करते चलते हैं। वह जब यह कहते हैं कि 'किन्हीं बौद्धिक निष्कर्षों या फार्मूलों के आधार पर दो या दो का योग करने से कलाकृति की रचना नहीं होती' तो उनका मतलब बहुत साफ होता है। रचना का सम्बन्ध, उसका जन्म किसी तीव्र अनुभूति से ही होना चाहिए। अपने मन की तरंगों के अनुसार चलते रहने वाला यह 'यायावर' अपने लेखन में भी, साहित्य में भी कहीं प्रतिबद्ध नहीं है, अगर है तो अपने लेखन और उसकी ईमानदारी के प्रति—ईमानदारी जो अनुभवों के विस्तार और गहराई से पैदा होती है। इसके लिए अन्तिम दिन तक ज़िन्दगी से जुड़े रहना एक 'आन्तरिक अनिवार्यता' है ज़िन्दगी उसके लिए एक ऐसी ठोस वास्तविकता है जिससे निरन्तर जूझते रहना और उसमें से रास्ता निकालते रहना साहित्यकार की पहली शर्त है। जीवन को वह उसके रचते बदलते परिवेश में देखना चाहता है, केवल कुछ स्थितियों में ही नहीं और वह भी एक तटस्थ दृष्टि की तरह नहीं। कुछ लेखकों की तरह राकेश को अपने ही किन्हीं मानव मूल्यों से मतलब नहीं है। इसीलिए 'आधुनिकता', 'समकालीन', 'प्रयोगात्मक' जैसे शब्द उसे अस्थायी, सतही लगते हैं। तात्कालिक प्रतिक्रियाओं में उसे विश्वास नहीं है, सत्य को ग्रहण करने और स्वीकार करने में है। अपने को बहुत स्पष्ट करते हुए राकेश ने कहा है[1]—मैं वैयक्तिक और साहित्यिक दोनों स्तरों पर अपने को जिन्दगी से जुड़ा हुआ पाता हूँ—पर जुड़े होने का अर्थ ज़िन्दगी की सब परिस्थितियों को स्वीकार करके चलना नहीं है। ज़िन्दगी में बहुत कुछ है जिसके प्रति विद्रोह और आक्रोश मेरे मन में है पर वह सब ज़िन्दगी के ऐतिहासिक उफ़ान के अन्तर्गत आता है।...इस विद्रोह और आक्रोश की ही कुछ परिस्थितियाँ हैं जिनमें मैं कई बार अपने को अकेला भी पाता हूँ पर यह अकेलापन जूझने की एक स्थिति है, किसी तरह का अलगाव नहीं। यह जिन्दगी से अकेला होना नहीं है, ज़िन्दगी के बीच अकेला पड़कर अपने जुड़े होने का निर्वाह करना है।[2] इसी माने में यह 'अकेलापन' असामाजिक नहीं कहा जा सकता क्योंकि समाज के बीच जीकर इस अकेलेपन को राकेश ने स्वयं चुना है। 'बहुतों में रहने के कारण बहुतों के बीच से पैदा हुआ वह अकेले होने का प्रयत्न बहुतों के साथ अपने

---

1. **परिवेश : अनुभूति से अभिव्यक्ति तक : पृ० 178।**
2. **परिवेश, पृ० 157।**

सम्बन्ध सूत्र की ही तो उपज है—और इसलिए कदापि वह सम्बन्ध सूत्र से मुक्त नहीं।'[1] राकेश की लगभग सभी कहानियाँ, उपन्यास और नाटक भी इसके प्रमाण हैं कि मनुष्य और जीवन-यथार्थ को उसकी सामाजिक परिस्थितियों के परिपार्श्व में परखने-आँकने का आग्रह राकेश में बराबर रहा, भले ही उनका रचना क्षेत्र बहुत व्यापक न हो। एक प्रकार की आयडियालॉजी राकेश की प्रारम्भिक कहानियों में जरूर है जिसे उन्होंने स्वयं ही स्वीकार किया है लेकिन बाद में वह 'आवेश', 'चुभन', 'व्यंग्य', 'भावुकता' कम और समाप्त होती गयी है। उन्हें लगता है कि सामने ज़िन्दगी की किताब खुली हुई है, जिसके पन्ने अपने आप पलटते जा रहे हैं। सचमुच राकेश ने तेजी से बदलती हुई परिस्थितियों, बदलते आदमी, बदलते जीवन मूल्यों को जीवन की नयी धड़कनों को सुना-जाना, मानव सम्बन्धों को इतना बदलते हुए देखा कि उसके विश्लेषण में अपने को सभी तरह की भ्रान्तियों से, 'भावनाओं', 'आदर्शों' से मुक्त किया। जीवन के बदलते मान-मूल्यों ने राकेश को व्यापक यथार्थ दृष्टि दी। उनकी आस्था भी, अनास्था भी इसी यथार्थ-बोध का परिणाम है। अनुभूति के मार्ग में आने वाला छोटे से छोटा क्षण और मनुष्य उन्हें छूता है—कहानियाँ ही नहीं उनकी डायरी के पृष्ठ भी इसका प्रमाण हैं कि हर छोटी से छोटी सामान्य घटना, वस्तु, दृश्य या स्थिति को वह कितनी सूक्ष्मता से पकड़ते हैं और सबमें या सबके आधार पर कुछ सार्थक, मानवीय खोजना चाहते हैं चाहे वह लुधियाना स्टेशन की रात हो चाहे शिमला का मिशनरी स्कूल, चाहे आगरे का ताजमहल, चाहे दिल्ली की उत्तेजित सड़कें, या कॉफीहाउस। राकेश के लिए साहित्य में यथार्थ कोई 'नया' प्रकरण नहीं है, वह जड़ भी नहीं है, गतिशील यथार्थ है जो बदलता रहता है समय के साथ-साथ, इसलिए यथार्थ को पकड़ने के लिए अनुभव की परिधि को फैलाना भी जरूरी है। कृति के लिए अनुभव की सर्वोपरि महत्ता को अज्ञेय की तरह राकेश भी मानते हैं। यथार्थ की प्रतिक्रिया से ही तो अनुभूति पैदा होती है। निराला की अनुभूति उनके भोगे हुए यथार्थ के ही कारण है। पन्त बाह्य परिवेश से, जीवन के व्यापक सन्दर्भों से कटे और अंतर्मुखी हैं इसलिए उनमें वह अनुभूति नहीं है इसलिए यह जानना पड़ेगा कि अनुभूति की व्यापकता और गहराई यथार्थ की व्यापक और गहरी पकड़ पर ही निर्भर करती है। जहाँ अनुभव कम होगा वहाँ यथार्थ केवल 'बौद्धिक' रूप में होगा और लेखन प्रभावहीन और अस्थायी। राकेश में यथार्थ की परख जितनी गहरी होती गयी है, उनकी रचना-दृष्टि में उतनी ही अधिक प्रामाणिकता भी आती गयी है। यथार्थ की इस पकड़ और प्रामाणिकता के कारण क्रमशः उनकी भाषा और अभिव्यक्ति में भी एक परिवर्तन आता गया है—'आषाढ़ का एक दिन' से लेकर 'छतरियाँ' तक यह रचना-दृष्टि स्पष्ट लक्षित होती है। राकेश के लिए कोई भी रचना 'जीवन के परिस्पन्दनों की अभिव्यक्ति है, इसलिए सबसे पहले वह समाज, यथार्थ, पूरा बाहरी परिवेश अपनी चेतना से संपृक्त रखते हैं और किसी न किसी व्यक्ति या चरित्र को अपना माध्यम

1. सारिका, मार्च '73, पृ० 86।

बनाकर उस समूचे सामाजिक यथार्थ को, अपने युग के मानव के अंतर्द्वन्द्व को, पीड़ा को अभिव्यक्त करते हैं। ऐतिहासिक-पौराणिक कथानकों में भी वह इसी दृष्टि को लेकर चले हैं। छोटे से छोटे बीज नाटकों में भी केवल दो पात्रों के माध्यम से केवल स्त्री पुरुष के सम्बन्धों की विडम्बना को ही नहीं, आज के समाज में व्याकुल मनुष्य, टूटते-बिखरते मानवीय सम्बन्धों से उत्पन्न एक कचोट, बिखराव व्यक्त हो सका है। अपने एक निबन्ध में वह कहते हैं कि 'केवल कुछ मूर्त रूपात्मक आकृतियाँ ही यथार्थ नहीं हैं, उन मूर्त रूपात्मक आकृतियों के ह्रास और विकास की प्रक्रियायें भी यथार्थ हैं। ये परिस्थितियाँ भी यथार्थ हैं जो ह्रास और विकास का कारण बनती हैं।' जाहिर है कि यथार्थ को व्यापक दृष्टि से देखा गया है यद्यपि आरंभिक कुछ कहानियों को छोड़कर उन्होंने धीरे-धीरे यथार्थ के चित्रण या परिस्थितियों के चित्रण के आधार पर केवल बाह्य परिवेश और वातावरण को ही मूर्त नहीं करना चाहा बल्कि उस समाज या व्यवस्था में रहने वाले व्यक्ति के संघर्ष को, घुटन को, उसके निरंतर बदलते जाते दृष्टिकोण को अधिक चित्रित किया—उनके सभी नाटक, बल्कि पूरा साहित्य इसी 'अन्तर्निहित यथार्थ' का सांकेतिक चित्र प्रस्तुत करता है। राकेश का साहित्यिक व्यक्तित्व व्यापक संदर्भों की पकड़ और पहिचान में, समाज में रहते व्यक्ति के अन्तर्मन को सही रूप में जानने और संप्रेषित करने में ही महत्त्वपूर्ण है। वह अपने को लेखक रूप में कहीं भी 'दूसरी इकाइयों से स्वतंत्र और निरपेक्ष मानने को तैयार नहीं है'—'चेतना के स्तर पर हर आदमी अपनी जगह 'एक' है। अकेला हालाँकि वहाँ भी नहीं, पर बोध के स्तर पर वह किसी भी तरह 'एक या अकेला' नहीं है। बोध में वह प्रभावों को समेटता है...प्रभाव संदर्भ है और संदर्भों में आते ही व्यक्ति की चेतना उनसे निर्धारित होने लगती है। निर्धारित होना ही उसका वास्तविक समय-बोध है इसलिए कथ्य जो भी है, वह किसी अकेले व्यक्ति का नहीं, हमारे समय का है।[1] इसलिए राकेश के नाटकों में, बल्कि पूरे साहित्य में निश्चित आरंभ अंत, एक खास थीम, कथानक का विभाजन, परिस्थितियों का यथार्थ चित्रण या पात्रों का यथार्थ रूप देखना, उनके साहित्य के प्रति बेईमानी होगी क्योंकि इस तरह के फार्मूलों, वर्गों में वह बाँटा ही नहीं जा सकता। ये सब चीजें बहुत दूसरी हैं। जिस व्यक्ति के लिए वृन्दावन गार्डन की हर चीज का समविभाजित संतुलित होना ही अस्वाभाविक है, उसकी रचना में भी समविभाजन की कल्पना करना निरर्थक होगा। उनके सारे कथा साहित्य और नाटकों में प्रथम चीज है—अनुभव जिसका विस्तार होता गया है। राकेश को भी सूक्ष्म अनुभूतियों, संवेदनाओं का साहित्यकार कहना ज्यादा उचित होगा। समकालीन जीवन के स्वर उनके साहित्य में सुने जा सकते हैं। अनुभूति को काफी साफ करते हुए राकेश ने कहा है—'मेरे लिए अनुभूति का सीधा सम्बन्ध मेरे यथार्थ से है और यथार्थ है मेरा समय और परिवेश—व्यक्ति से परिवार परिवार से राष्ट्र और राष्ट्र से मानव समाज तक का पूरा परिवेश। मैं इनमें से किसी एक से कटकर शेष से जुड़ा नहीं रह सकता—अपने

---

1. **परिवेश : समय और यथार्थ के शिल्प में, पृ० 198।**

पास के संदर्भों से आँख हटाकर दूर के संदर्भों में नहीं जी सकता।[1] चूँकि संदर्भ बदलते रहते हैं, जीवन की संभावनायें बढ़ती रहती हैं इसलिए एक ही लेखक की रचना भी बदलती रहती है, साहित्य की संभावनायें भी बढ़ती रहती हैं। अपने परिवेश में जीने वाला व्यक्ति और उस परिवेश की गतिशीलता को महसूस करने वाला व्यक्ति-लेखक अपने को कभी दोहराएगा नहीं—राकेश के स्वभाव में वैसे 'दोहराना' है ही नहीं। उसके लिए 'खुशियाँ दोहरायी नहीं जा सकतीं।' लेकिन जहाँ तक उनके नाटकों का सम्बन्ध है उनमें अनुभूति और यथार्थ की प्रधानता होते हुए भी ऐसा जरूर लगता है कि उन्होंने अपने हर नाटक में अपने कुछ खास अनुभवों को कुछ हेर-फेर के साथ दोहराया है। यूँ साहित्य में निरन्तर नवीनता, नये प्रयोग, हर बार भिन्न रूप और नया प्रयत्न राकेश की मौलिकता, विशेषता है लेकिन यह नवीनता या प्रयोग या रूप बन्ध कहीं से खोजकर लाया नहीं गया है। लेखकों की भी भिन्न-भिन्न दृष्टियाँ रुचियाँ हुआ करती हैं। कुछ शिल्प को महत्त्व देते हैं, शिल्प के नए-नए प्रयोग ढूँढ़ लाने में ही रचना की सार्थकता समझते हैं, लेकिन कुछ रचना के आंतरिक सौन्दर्य से ही उसके शिल्प को घटित होने देते हैं। राकेश के लिए शिल्प प्रमुख नहीं है। रचना की माँग स्वतः ही उसके फॉर्म को बनाएगी, फॉर्म के आधार पर रचना को गढ़ना नहीं होगा। राकेश के साहित्य को गहराई से पहचानने के लिए यह आवश्यक है कि हम उसकी रचना दृष्टि को समझें। 'अनुभव' और 'अन्तर्निहित यथार्थ' उनके लिए जितना मुख्य है, रचनात्मक दृष्टि सें कलात्मक या रूपात्मक प्रयोग उतने ही गौण हैं। दूसरी बात यह कि कला, शिल्प, अभिव्यक्ति को वह अनुभूति से नहीं मानते। प्रसाद ने माना ही था कि अनुभूति अगर सुन्दर होगी तो अभिव्यक्ति सुन्दर होती है। राकेश का भी कहना है कि 'कला के शिल्प को कला की वस्तु या कलाकार की अनुभूति से अलग करके देखना भी मुझे गलत लगता है...क्योंकि अनुभूति का अपना ही एक शिल्प होता है जिसकी अपने माध्यम की सीमाओं में हर कलाकार खोज करता है। हर युग की वास्तविक कला अपने युगकथ्य को अपने में समेटकर चलती है और उसी के अनुसार अपने अन्दर से अपने शिल्प का विकास करती है। इसलिए शिल्प को तराशने या बदलने की बात सवाल बनकर मेरे सामने नहीं आती... सामने आती है यथार्थ और उसकी अनुभूति को उसके अपने शिल्प में व्यक्त करने की बात...जो कि हर एक के लिए हर बार एक नयी चुनौती हो सकती है।[2] एक लेखक का शिल्प के सम्बन्ध में यह कथन उसके मानसिक विकास, आत्मविश्वास और आंतरिकता की तह तक पहुँचने की कोशिश का उदाहरण है। कलागत मूल्यों को जीवन से अलग मानकर चलना रचना की संभावनाओं को अवरुद्ध कर देना है। यही कारण है कि राकेश ने महज चौंकाने वाले या ध्यान आकर्षित करने वाले या पश्चिमी प्रभाव से आने वाले शिल्प प्रयोग नहीं किये हैं—नाटकों में भी नहीं जैसे कि लक्ष्मीनारायण लाल के नाटकों

---

1. **परिवेश : समय और यथार्थ के शिल्प में, पृ० 203।**
2. **वही, पृ० 203।**

में मिल जाते हैं और न शिल्प का वह दोहराव ही मिलता है जैसा कि प्रसाद के नाटकों में है बल्कि उनका सारा ध्यान रचना के 'आन्तरिक शिल्प' की खोज पर केन्द्रित है। अभिव्यक्ति के खतरे राकेश ने नहीं उठाए हैं। न फॉर्म को, शिल्प को एकदम तोड़ा ही है। हाँ, बदला जरूर है लेकिन बदलने की इच्छा से नहीं, रचना की अनिवार्यता से। पूरी रचना में 'अन्तर्ग्रथन' का ही महत्त्व अधिक है, आरोपित दर्शन, विचारों या मूल्यों का नहीं। जहाँ कहीं राकेश का स्वभावगत अन्तर्विरोध रास्ते में आया है वहाँ यह अन्तर्ग्रथन कुछ शिथिल पड़ गया हो, यह और बात है लेकिन दृष्टि उनकी यही है। अनुभूति के आवेश से पैदा होने वाली नयी और सहज अभिव्यक्ति, सहज शिल्प ही उनके साहित्य का सौन्दर्य है। अनुभूति और अभिव्यक्ति दोनों को सामाजिक प्रक्रियाएँ मानते हुए भी वह अभिव्यक्ति को अनुभूति का ही अनिवार्य परिणाम मानते हैं इसलिए अभिव्यक्ति अनिवार्य होते हुए भी नियंत्रण की मर्यादा की अपेक्षा रखती है। लेखक की सारी कला उस नियंत्रण में ही है लेकिन फिर भी अनुभूति की पूरी तीव्रता में अभिव्यक्ति ही कला की सार्थकता का प्रमाण है। जाहिर है कि अभिव्यक्ति का यह नियंत्रण, कलागत मर्यादा, लेखक की अनुभूति की गहराई और व्यापकता से ही जन्म लेगी। राकेश के सभी नाटकों से यह सत्य उद्घाटित होता है, इसमें कोई सन्देह नहीं, राकेश कहीं भी बहुत वैयक्तिक या प्राइवेट नहीं हैं। अपने विचारों में, चिंतन में, दृष्टि में, अपने आत्मकथनों में, रचनाओं में सभी जगह बहुत स्पष्ट हैं—यहाँ तक कि अपनी अस्थिरता, अनिश्चय और अन्तर्विरोधों में भी हैं। यूँ भी उनके लिए 'नरो वा कुंजरो वा' में जिन्दगी जीना हमेशा असंभव ही रहा—यही नहीं, उनकी 'आंतरिकता आकुलता' ने भी, 'असंतोष' की प्रवृत्ति ने भी उनके साहित्य को एकरस नहीं होने दिया है। कहानी, उपन्यास, नाटकों सभी में उनकी रचनात्मक शक्ति का निरन्तर विकास लक्षित किया जा सकता है—अधिक से अधिक अर्थयुक्त, संदर्भ से जुड़ा, सूक्ष्म संवेदनाओं से युक्त और भाषा को तराशता हुआ, शब्दों में अर्थ-गूँज पैदा करता हुआ।

यह सही है कि राकेश ने कई विधाओं में अपनी रचना-शक्ति को—कला प्रतिभा को आजमाया। सबसे पहले वह अपनी कहानियों से जाने-पहचाने गए। नाटक उन्होंने बहुत बाद में लिखे लेकिन दृश्य तत्व-शब्दों से ही जन्मने वाला दृश्यतत्व उनमें आरम्भ से ही था क्योंकि उनकी 'व्यक्तिगत डायरी' के पन्नों में स्थान-स्थान पर इतने नाटकीय बिम्ब और प्रयोग या चित्र हैं—मन:स्थिति के सारे तनाव, प्रश्न-उलझन, सोच को बड़े संकेत से प्रस्तुत करने वाले कि कहीं-कहीं वे उनके नाटकों से भी अधिक व्यंजक, सार्थक और प्रभावपूर्ण लगते हैं यानी यह चेतना उनमें थी ही कि शब्द और बिम्ब के सर्जनात्मक प्रयोग से सजीव दृश्यात्मकता ला सकें और विविध क्रियायें, भाव-भंगिमाएँ भी। जिससे जाहिर हो जाता है कि नाटक जैसी विधा के अनुकूल मानसिकता, मस्तिष्क और भाषा-अविकार उनके पास था। वैसे भी अपने आरंभिक जीवन से ही अभिनय की रुचि तो थी ही—1945 में अपने निर्देशन में उन्होंने 'वेणीसंहार' नाटक का मंचन भी कराया था। 'आषाढ़ का एक दिन' ने उन्हें हिन्दी के महत्त्वपूर्ण नाटककार के रूप में प्रतिष्ठित किया तब से लेकर तेरह-चौदह वर्ष के

समय में यद्यपि उन्होंने बहुत कम नाटक लिखे जब कि नाटक की एक ऐसी भूमि उनके एक ही नाटक से तैयार हो गयी थी कि उस समय नाट्य-लेखन की प्रेरणा के अवसर अधिक थे लेकिन कुछ तो अपने स्वभाव की जटिलता के कारण, कुछ व्यक्तिगत जीवन के दर्द और संघर्ष के कारण लिखने का मूड बनता ही नहीं था, या जो कहना चाहते थे, कहना मुश्किल या असंभव लगता था क्योंकि अक्सर उन्हें लगा है कि सारी सुन्दरता और सजीवता को अपने में पूरा भर लें या सब तरफ के विस्तार को एक क्षण ही पूरा जी सकें लेकिन ऐसा संभव नहीं होता—'नहीं, हुआ। वह जो चाहा था व्यक्त करना, नहीं हो पाया...... जो बात अचानक मन को छू गयी थी, वह नहीं है...[1] यह एक ऐसी अन्दरूनी विवशता रही है जो लेखन-प्रक्रिया को जटिल बनाती रहती है। अक्सर कुछ न लिख पाने की थकान और उलझन ने राकेश को बेचैन किया है तभी शायद वह कहते हैं—'वे क्षण जब कि आदमी कुछ भी नहीं कर पाता कुछ भी नहीं सोच पाता, कुछ भी नहीं चाह पाता, जब कि अपना आप रुका सा महसूस होता है.... बहते पानी में रहकर भी घने सेवार में उलझा सा, जब कि अपनी शक्तियों पर अपना वश नहीं होता जब कि गति नहीं होती, बहाव नहीं होता, केवल एक कँपकँपी होती है—बेबस कँपकँपी..... शायद यह एक बहुत बड़ा कारण है कि उनके नाटकों के रचना काल में अन्तराल भी ज्यादा है और उन नाटकों की संख्या भी बहुत कम है। एक दूसरा कारण भी है और वह है नाटक और रंगमंच के प्रति बहुत अधिक सतर्क दृष्टि, जागरूक मन:स्थिति, 'नाटक' में बहुत इन्वॉल्व्ड होना! यह कहना बिल्कुल गलत होगा कि उनकी कल्पना-शक्ति में या सर्जनात्मक चेतना में कोई कमी थी क्योंकि उसका प्रमाण तो उनके नाटक स्वयं हैं जिनमें उनकी चिंतन प्रक्रिया को पहचानना मुश्किल नहीं है। 'भविष्य' के प्रति निरन्तर दृष्टि रखने की और उसे अधिक से अधिक सुविधाजनक बनाकर 'विशिष्ट' वर्ग से 'सामान्य' जनसमूह की ओर लाने की कोशिश वह बराबर कर रहे थे। सिद्धान्त भी वह यह मानते थे कि अच्छे साहित्य को लोकप्रिय बनाने के लिए उसका बहुत व्यापक होना, सामान्य जन जीवन के विविध पहलुओं को छूना आवश्यक है। हालाँकि अभी उनके नाटक सामान्य जन जीवन की संवेदनाओं से जुड़ नहीं सके थे लेकिन साथ ही उनके नाटक विशिष्ट और व्यक्तिगत दायरे से बँधे हुए भी नहीं हैं। उनके नये नाट्य प्रयोग इस माने में आश्वस्त करते हैं कि उनका नाटककार अपनी सर्जनात्मक क्षमता को बढ़ाने और उसके लिए कुछ अधिक सार्थक माध्यम खोजने के लिए बेचैन था। हो सकता है इस खोज और बेचैनी ने भी उनके नाटकों के रचनाकाल में इतना लम्बा अन्तराल रक्खा हो। यहाँ यह कहना भी आवश्यक होगा कि राकेश के ये तीनों पूर्ण नाटक (आषाढ़ का एक दिन, लहरों के राजहंस, आधे अधूरे) बहुत बड़ी सर्जनात्मक उपलब्धि हैं, यह बहुत महान नाटक हैं—ऐसा नहीं है ऐसा उनके बड़े से बड़े समर्थकों ने भी नहीं माना है लेकिन इन नाटकों और उनके नाटककार का हिन्दी नाटक के इतिहास-क्रम में निश्चित रूप से

---

1. सारिका, मार्च 73, व्यक्तिगत डायरी, पृ० 86।

बहुत महत्त्व है। यह मानना पड़ेगा कि सही नाटक और रंगमंच के सर्जनात्मक आन्दोलन की भूमिका यहीं से बनीं। नाटक के प्रति पूरा दृष्टिकोण ही राकेश के नाटकों से बदला इसलिए हिन्दी नाटक के संदर्भ में यह शुरुआत विशिष्ट मानी गयी।

यह जानी-पहचानी बात है कि भारतेन्दु हरिश्चन्द्र के बाद हिन्दी नाटक में दूसरा महत्त्वपूर्ण व्यक्तित्व जयशंकर प्रसाद का सामने आया। नाटक के आरम्भिक युग में उनके नाटकों की बहुत बड़ी देन है—नाट्यकला के मानदंड स्थापित करने की दृष्टि से, नाटक को व्यापक युगीन संदर्भों से जोड़ने के कारण युगीन समस्याओं को ध्यान में रखते हुए चरित्र सृष्टि के कारण और नाटक को काव्य के निकट ले आने के कारण, लेकिन साथ ही उनके नाटकों की अपनी सीमायें भी रहीं। नाटक की शिथिलता और व्यावसायिक पक्ष को हटाकर उसे नयी चेतना के धरातल पर लाकर प्रसाद ने नया मोड़ अवश्य दिया पर रंगमंच के अभाव और रंगविरोधी दृष्टि के कारण वह नाटक को जन समाज में अपने पूरे अर्थों में प्रतिष्ठित नहीं कर सके। विशेष रूप से पारसी नाटकों की प्रतिक्रिया के कारण रंगमंच की कोई निश्चित मानसिक परिकल्पना, दृष्टि या चेतना का न होना, बिखराव, उलझाव और विभिन्न कथा-सूत्रों में संगठन का अभाव पात्रों की भीड़-भाड़ के कारण अधिकांश पात्रों का कोई व्यक्तित्व या अस्तित्व न होने के कारण नाटक और रंगमंच के 'जीवन्त' स्वरूप और सत्ता को ठेस पहुँचाना और अपनी जीवन दृष्टि, काव्य भाषा के बोझ से नाट्य विधा को आतंकित किये रहना—इसमें बहुत सी सीमाओं का कारण तो तत्कालीन परिस्थितियाँ भी हैं लेकिन प्रसाद का अपना व्यक्तित्व और जीवन-दर्शन भी। जब कि नाटक चूँकि 'साक्षात्कार' कराता है, दृश्य है इसलिए इस विधा में संयम और अनुशासन की कमी किसी भी अंग में खतरनाक सिद्ध हो सकती है और नाटककार का व्यक्तित्व या कुछ भी अगर आरोपित होगा तो नाटक, रंगमंच और दर्शक एक दूसरे से जुड़ नहीं सकेंगे। प्रसाद की परम्परा वर्षों तक चली और घिसे-पिटे रंगमंचीय फार्मूलों के अतिरिक्त हिन्दी में कोई नाटक सर्जनात्मक दृष्टि से खरा नहीं उतरा—यह आरम्भिक सबसे पहले राकेश के नाटकों में ही हुआ। सामान्यतः राकेश को प्रसाद की परम्परा में विकसित होने वाला नाटककार कहा जाता है क्योंकि ऐतिहासिकता और आधुनिकता, नारी पात्रों की प्रधानता, रोमांटिक वातावरण-काव्यात्मकता, भावुकता और काल्पनिकता, ये कुछ चीजें, दोनों में मौजूद हैं—'आषाढ़ का एक दिन' और 'लहरों के राजहंस' के आधार पर यह कहा जा सकता है। वैसे ही अपने सम्पूर्ण साहित्य में राकेश ने प्रचलित परम्परा को, चले आते हुए फॉर्म को कहीं एकदम तोड़ा नहीं है; कला को विकसित किया है नये रूप में, इसीलिए कहानी में उन्हें प्रेमचंद के आगे का कहानीकार और नाटक में, प्रसाद के आगे का नाटककार कहा जाता है। कुछ हद तक यह सही माना जा सकता है। अब जब उनकी नयी रचनाएँ भी प्रकाश में आ गयी हैं—नाटकों में 'आधे अधूरे', बीज नाटक, पार्श्वनाटक और एकांकी तब उनके कृतित्व की 'मौलिकता' और विस्तार, सार्थक प्रयोग की ओर जाती हुई दृष्टि का पूरा बोध होता है। उनमें नाटकों में परम्परा और व्यक्तित्व दोनों का योग है—यह उनकी दृष्टि में रहता भी है लेकिन यदि परम्परा

व्यक्तित्व को दबा ले तो रचना में वह गुण नहीं आयेगा जो साहित्य में उसे एक विशिष्ट स्थान दे सकता है। व्यक्तित्व का प्रभाव ही उसमें वह गुण ला सकता है और अनुभूति में तीव्रता होने पर यह प्रभाव स्वत: पैदा हो सकता है।[1] हिन्दी नाट्य क्षेत्र में राकेश का ऐतिहासिक दृष्टि से महत्त्व तो है ही क्योंकि प्रसाद के बाद हिन्दी नाटक के एक लम्बे गतिरोध को उन्होंने बड़ी सफलता से तोड़ा। बीच में केवल भुवनेश्वर एक नितान्त आधुनिक और रचनात्मक शक्ति से युक्त नाटककार के रूप में दिखाई दिए लेकिन समय ने उनकी शक्ति और उनके 'जीनियस' रूप को उपेक्षित किया वरना शायद राकेश से पहले ही हिन्दी नाटक किसी नितान्त भिन्न भूमि पर पहुँच गया होता लेकिन मौजूदा स्थिति में राकेश ने ही हिन्दी में नयी नाटक भूमि का निर्माण किया यद्यपि लक्ष्मीनारायण लाल, ज्ञानदेव अग्निहोत्री आदि के नाटक भी साथ-साथ प्रकाशित और मंचित हो रहे थे लेकिन उनमें वे संभावनायें नहीं हैं जो राकेश के नाटकों में हैं। उसके नाटकों की अपनी एक दृढ़ नींव है, नाटक के बदलते मानदंड उनके नाटकों से पहचाने जा सकते हैं—उनके नाटकों में निरन्तर बढ़ती दिखायी देती सर्जनात्मक क्षमता नाटक जैसी विधा को सचमुच एक 'व्यापक, प्रत्यक्ष और रचनात्मक अनुभव' सिद्ध करती है और साथ ही एक संश्लिष्ट जटिल कला भी। इसीलिए उनके नाटकों का अध्ययन करते समय हम चले आते हुए खानों में रचना को बाँट कर नहीं देख सकते। कथानक, चरित्र-चित्रण, भाषा, देशकाल, उद्देश्य, आदि वर्गों में विभक्त करना उनकी समूची नाटक-चेतना को ही, सौंदर्य-दृष्टि को ही टुकड़ों में बिखेर देना होगा। रस-योजना जैसी बातें उठाना भी फिजूल होगा। आज की 'साहित्यिक दृष्टि' ही यह नहीं रह गयी है। उसी तरह रंगमंचीयता दिखाने के लिए उनके नाटकों में दृश्यविधान या पात्रों की संख्या आदि स्थूल चर्चाओं से नाटक के मूल में अन्तर्निहित रंग-चेतना को नहीं पहचाना जा सकता। यह ध्यान रखना होगा कि राकेश ने नाटक को दृश्य काव्य मानते हुए भी रंगमंच को मूलत: 'श्रव्य माध्यम' कहा है यानी शब्दों और शब्दों के संयोजन से ही, लय और ध्वनि से ही दृश्यत्व पैदा हो न कि बाह्य और स्थूल उपकरणों से। नाटकीय शब्द की इसी खोज के फलस्वरूप उनके नाटकों में धीरे-धीरे बाह्य उपकरण या दृश्यविधान जैसी चीजें नगण्य होती गयी हैं—यही उनकी 'आन्तरिक शिल्प' की खोज है। रंगमंच की आन्तरिक अपेक्षा को पहचानने-समझने की जितनी कोशिश इस नाटककार में मिलती है वह हिन्दी में दुर्लभ है। यह सही है कि कथानक के स्तर पर उनके नाटक बहुत नया या विशिष्ट या गहन नहीं देते और न उनके सभी नाटकों के अन्दर चरित्र परिकल्पना ही सर्वत्र बहुत या सही मानों में यथार्थ बन पायी है। पात्र जीवन्त होते हुए भी कभी-कभी उलझे व्यक्तित्व वाले लगते हैं लेकिन यह मानना पड़ेगा कि उनका हर नाटक अपने ऐतिहासिक आवरण में भी आधुनिक जीवन की जटिलता, आज के मनुष्य की पीड़ा और अन्तर्द्वन्द्व को ही अभिव्यक्त करता है और 'अनुभव' और यथार्थ को ही मुख्य आधार बनाता है। राकेश की साहित्यिक दृष्टि

1. परिवेश, पृ० 182-83।

संभवत: विषय को किसी कलाकृति में बहुत प्रधानता नहीं देती। विषय के कारण कोई कलाकृति कभी सफल या असफल नहीं होती। पहले के नाटक किसी महत्त्वपूर्ण 'विषय' और लक्ष्य को लेकर चलते थे, उनका सारा ध्यान उस 'विषय' को प्रस्तुत करने, आरंभ, मध्य, विकास, अंत-में या अपने 'लक्ष्य' विशेष तक पहुँचने में केन्द्रित रहता था। इसीलिए उन नाटकों को बँधी हुई दृष्टि से देखना-समझना आसान काम था। राकेश ने 'अनुभूति की न्यूनता, और अभिव्यक्ति की असमर्थता' को ही कलाकृति की असफलता का मुख्य कारण माना है। इससे एक बात तो स्पष्ट होती ही है कि अपने नाटकों में भी 'अनुभूति तत्व' को ही उन्होंने प्रधानता दी है। अनुभूति ही रचना का प्रवाह है। यहीं वह यह भी स्पष्ट करते हैं कि 'एक कलाकृति के आन्तरिक गुण की पहचान यह है कि उसमें सम्प्रेषणीयता कितनी है—वह एक अनुभूति को कितनी तीव्रता और कितनी ईमानदारी के साथ संप्रेषित करने में समर्थ है...मात्र सम्प्रेषणीयता ही कसौटी नहीं, कसौटी है मर्यादागत सम्प्रेषणीयता।[1] नाट्यविधा के संबंध में 'सम्प्रेषणीयता' का प्रश्न और बड़ा हो जाता है क्योंकि यह साक्षात्कार का प्रत्यक्ष माध्यम है। स्पष्ट है कि राकेश ने अनुभूति को प्रमुख मानते हुए भी उसी अभिव्यक्ति को सार्थक माना है जो अपने नियंत्रण में रहकर अनुभूति को उसकी पूरी तीव्रता में अभिव्यक्त कर सके, वास्तविक प्रभाव को पैदा कर सके और यहीं 'सम्प्रेषण अनुभूति के साथ-साथ सम्प्रेषण' का भी महत्त्व हो जाता है। सफल समर्थ अभिव्यक्ति ही लेखक और पाठक, नाटककार और दर्शक के बीच घनिष्ठ सम्बन्ध स्थापित कर सकती है। इसी प्रकार की घनिष्ठता का आग्रह और गहरी आत्मीयता आज हर विधा की कसौटी है, रचनाकार की ईमानदारी की पहली पहचान है। राकेश के नाटकों का अध्ययन और आलोचना करने से पहले उन्हीं की बात जान लें 'अनुभूति तो स्वाभाविक प्रक्रिया है ही, परन्तु अभिव्यक्ति में स्वाभाविकता लाने के लिए बहुत दक्षता और शिल्प के अधिकार की अपेक्षा है और यह स्वाभाविकता ही शायद एक रचना की सबसे बड़ी परीक्षा है।'[2] राकेश ने शिल्प के नये प्रयोग तो नहीं किए हैं लेकिन रचना की माँग के अनुसार उनका शिल्प बदला जरूर है। इस स्तर पर उनकी अपनी कमजोरियाँ भी अवश्य हैं।

मुझे यह कहने में कोई संकोच नहीं है कि राकेश के नाटकों में उनका अनुभव क्षेत्र बहुत व्यापक नहीं है, न उनके नाटक जनसाधारणोन्मुख कहे जा सकते हैं जैसी कोशिश विजय तेंडुलकर, गिरीश करनाड, उत्पल दत्त या ब० व० कारन्त कर रहे हैं। उनके नाटकों में स्थापित व्यवस्था का विरोध हुआ है लेकिन बहुत खुलकर नहीं, बहुत विद्रोहात्मक रूप में नहीं। पूरे यथार्थ से अधिक उनके नाटक आधुनिक मानव के अन्तर्द्वन्द्व की जटिलता के सूक्ष्म स्तरों तक पहुँचने का सार्थक प्रयत्न करते हैं। उन्होंने परिस्थितियों से अधिक उनके प्रभाव से दबे हुए उलझे मनुष्य को चित्रित किया है। जो

---

1. परिवेश : पृ० 183।
2. वही।

पक्ष उन्हें विशिष्ट बनाते हैं वह हैं समूचे नाटक में पिरोई हुई रंग-दृष्टि, रंगमंच की सही विस्तृत परिकल्पना और उसका अनिवार्य अंग और कारण नाटकोचित संवाद और सक्रिय सदृश्य भाषा, अभिनय की सूक्ष्मतम स्थितियों का पूरा ध्यान। यहाँ स्थूलता नहीं है, सूक्ष्मता ही है। रंगमंच के लिए सारे उपयोगी तथ्य जैसे उनके मस्तिष्क में स्पष्ट रहते हैं—नाटकीय स्थितियों का चयन, पात्रों की बातचीत का उतार-चढ़ाव, गतियाँ, क्रियाएँ विभिन्न ध्वनि प्रभाव, वातावरण की अनुकूल और प्रभावशाली सृष्टि, दर्शक को बाँधने वाला माहौल, प्रकाश योजना और विभिन्न पद्धतियों और प्रयोग की सम्भावनाएँ। ये नाटक एक ओर साहित्य विधाओं में नाटक के भिन्न मौलिक कलारूप को प्रतिष्ठित करते हैं दूसरी ओर निर्देशक, अभिनेता, दर्शक के व्यक्तित्व की मौलिकता को भी चुनौती देते हैं, अध्ययन और प्रस्तुतिकरण दोनों दृष्टियों से सतर्क उत्सुक करते हैं। नाटक की मूलभूत विशेषताओं और शक्ति का विस्तार हिन्दी में वर्षों बाद यहाँ मिलता है।

परन्तु समस्याएँ ऐसी हैं कि वे प्रश्नचिह्न से आरम्भ होती हैं और जहाँ समाप्त होती हैं वहाँ भी एक प्रश्नचिह्न लगा रहता है।[1] सचमुच राकेश ने किसी स्तर पर कोई निश्चित उत्तर या समाधान नहीं दिया है—शायद यह उनके स्वभाव में ही था। प्रश्न हमेशा उठाए और उन प्रश्नों से उलझते रहकर एक सही स्थिति और संभावना पर अवश्य पहुँचे भी, हिन्दी नाटक और नाटककार को नयी स्थितियों, संभावनाओं तक पहुँचाया भी। नाटक के सम्बन्ध में उसके स्वरूप या तत्वों का आरोपण उन्हें सह्य भी न होता लेकिन इससे हटकर कुछ आवश्यक प्रश्न अवश्य उठाए उदाहरणार्थ नाटककार की सत्ता का प्रश्न! चूँकि प्रसाद काल से नाटककार रंगमंच को हेय दृष्टि से देखता चला आ रहा था और नाटककार और नाटक की रंगमंच प्रक्रिया के साझीदारों में परस्पर कोई सम्बन्ध न था इसलिए नाटककार का अस्तित्व ही मात्र रचना के बाद समाप्त होता गया। राकेश को यह स्थिति स्वीकार्य नहीं थी। पहले के नाटककार की अपेक्षा आज की रंगमंचीय गतिविधियों में उनकी गहरी रुचि थी। उनके दौरान ही उन्होंने महसूस किया कि नाटककार अपने नाटक के मंचीकरण की प्रक्रिया से एकदम कटा हुआ है उसका एक आवश्यक हिस्सा नहीं है क्योंकि हिन्दी में तो संगठित रंगमंच की कमी के कारण यह स्थिति कभी नहीं आ पायी, और इसी वजह से लोगों की मानसिक पृष्ठभूमि भी ऐसी नहीं बन पायी जिसमें नाटककार के एक निश्चित अवयव होने की कल्पना की जा सके। इस प्रकार के महत्त्वपूर्ण प्रश्न इससे पहले लक्ष्मीनारायण लाल ने भी उठाए थे। उन्हीं के नाटक 'रामरानी' की भूमिका इस माने में अपना ऐतिहासिक महत्त्व रखती है लेकिन राकेश के साथ यह बहस ज्यादा सक्रिय रूप में उठी। अपने लेख 'नाटककार और रंगमंच' में राकेश ने अपने विचार यूँ स्पष्ट किये हैं कि रंगमंच का जो स्वरूप हमारे सामने है उसकी पूरी कल्पना परिचालक और उसकी अपेक्षाओं पर निर्भर करती है। नाटककार का प्रतिनिधित्व होता है एक मुद्रित या अमुद्रित

---

1. परिवेश, पृ० 39।

पांडुलिपि द्वारा जिसकी अपनी रचना प्रक्रिया मंचीकरण की प्रक्रिया से अलग नाटककार के अकेले कक्ष और अकेले व्यक्तित्व तक ही सीमित रहती है।[1] नाटककार के रंगमंच से, मंचीकरण की प्रक्रिया से कटे रहने के कारण या तो रंगकर्मियों को नाटककार से शिकायतें रहती हैं या बिना किसी सूचना या विचार शक्ति के संवाद, भाषा यहाँ तक कि पात्र भी बदल दिये जाते हैं या हटा दिये जाते हैं। नाटककार की इस 'अजनबी' और संकट में पड़ी दयनीय स्थिति का राकेश ने कड़ा विरोध किया। उन्होंने कहा कि रंगमंच की पूरी प्रयोग-प्रक्रिया में नाटककार केवल एक अभ्यागत सम्मानित दर्शक या बाहर की इकाई बना रहे, यह स्थिति मुझे स्वीकार्य नहीं लगती।[2] राकेश ने हमेशा इस बात पर बल दिया कि नाटककार की प्रयोगशीलता और क्रियात्मक रंगमंच की प्रयोगशीलता एक दूसरे से जुड़ सके और दोनों को एक दूसरे के निकट लाने के लिए उन्होंने यह बहुत आवश्यक समझा कि 'नाटककार पूरी रंग-प्रक्रिया का एक अनिवार्य अंग बन सके। वह अंग बनने के लिए ही चिन्तित न हो बल्कि उसी से उसकी रचना शक्ति भी विकसित हो सही दशा में। नाटक की रचना-प्रक्रिया और रंगमंच की प्रयोगशीलता के परस्पर जुड़ जाने में वह दोनों ओर की सम्भावनाएँ ज्यादा देखते हैं—रचना की भी, और रंगमंच के विकास की भी। कहना न होगा कि हिन्दी में शायद ही किसी नाटककार ने इतनी दिलचस्पी के साथ इस प्रश्न पर विचार किया हो, स्वयं रंगमंच के अधिक से अधिक निकट आने का प्रयत्न किया हो और नाटक के विकास में अवरोधात्मक स्थितियों का इतना विरोध किया हो। नाटक क्षेत्र में प्रचलित ग्रहों को तोड़ने और सोचने के लिए भूमि तैयार करने में राकेश का, उनके नाटकों का बहुत बड़ा हाथ है। नाटककार और निर्देशक, नाटककार और प्रस्तुतकर्ता, नाटककार और अभिनेता के बीच की गहरी खाई को मिटाकर दोनों के अहं और 'काम्प्लेक्स' को हटाकर व्यवधान को दूर करने में उनके नाटक सहायक हुए हैं। इसका सबसे अच्छा उदाहरण 'लहरों के राजहंस' की लम्बी रचना-प्रक्रिया है। 1963 में लिखा जाकर यह नाटक 1968 में दोबारा लिखा गया। बहुत सी आलोचनाओं, प्रतिक्रियाओं को झेलते हुए, समझते हुए उनका साझीदार होते हुए। 'लहरों के राजहंस' की भूमिका में इस नाटक की रचना-प्रक्रिया का पूरा ब्योरा देते हुए अंत में राकेश ने कहा है कि 'लहरों के राजहंस' के ऊपर उठाई गई आपत्तियों का उत्तर देने के बाद भी लगता था मैं एक अपराधी हूँ, हर आलोचना या आलोचनात्मक पत्र मेरे ऊपर लगाया गया अभियोग है। मुझे जैसे भी हो उस अभियोग का उत्तर देना है।[3] अपनी रचना से लेखक की सम्बद्धता, निर्देशक, अभिनेताओं, दर्शकों और अन्य व्यक्तियों की आलोचनाओं के प्रति इतनी सतर्कता और सक्रियता जहाँ नाट्य-लेखन के प्रति लेखक के दायित्व का बोध कराती है वहाँ उसकी उत्सुक और खुली मानसिकता, साथ ही नाट्य विधा की

---

1. नटरंग अंक 6, 1968, पृ० 10।
2. वही।
3. पृ० 26।

जटिलता और मौलिकता को भी स्पष्ट करती है। 1966 में कलकत्ता की 'अनामिका' संस्था द्वारा श्यामानन्द जालान (निर्देशक और अभिनेता) ने जब इस नाटक को प्रस्तुत करने का विचार किया तब कितनी ही बार लम्बी बहस इस नाटक को लेकर होती रही रात-रात भर! एक ओर अपने व्यक्तित्व के, लेखक के मान का प्रश्न भी कि अपने केन्द्र पर रखा जाय, दृष्टि यही रखनी चाहिए[1] दूसरी ओर रचनाकार की आन्तरिक बेचैनी भी। परिणाम यह कि जब नाटक प्रस्तुत हुआ तो रचनाकार को लग रहा था कि परीक्षा उसी की है। परीक्षक हैं वे सब लोग।[2] और यही नहीं उस रात का अनुभव नाटककार राकेश ने यूँ लिखा—'पहली रात को मैंने नाटक हॉल में बैठकर नहीं देखा। गहरे तनाव की स्थिति में एक पार्श्व में खड़ा मंच की गतिविधियों और खेल में होने वाली प्रतिक्रियाओं को जायजा लेता रहा। नाटक समाप्त होने तक माथे की नसें फड़कती रहीं। उसके चौथे दिन के अन्त तक मन सहज स्थिति में नहीं आ पाया।[3] ये प्रसंग सिर्फ इसलिए उठाए गए क्योंकि इससे रचना-प्रक्रिया और मंचीकरण की प्रक्रिया के जुड़ने का प्रमाण मिलता है। नाटककार को कितना उदार, अधिक सतर्क, गंभीर और उत्साहित रहने की अपेक्षा है, यह राकेश ने अनुभव भी किया और उसका साक्षात् प्रमाण भी दिया। नाटककार और निर्देशक के रचनात्मक सहयोग से कोई नाटक किस प्रकार महत्त्वपूर्ण हो सकता है, किन अर्थों में नाटक को एक सामूहिक कला मानकर ही, उसके साथ न्याय किया जा सकता है? ये सभी बातें हिन्दी नाटक इतिहास में पहली बार राकेश के व्यक्तित्व और नाटकों के साथ उपस्थित हुईं। हिन्दी नाटक और रंगमंच की विकास-दिशा में इनका महत्त्व है। 'लहरों के राजहंस' के नये संस्करण—यानी तृतीय अंक के पुनर्लेखन को लेकर राकेश उस सारे सहयोग का महत्त्व मानते हुए साफ कहते हैं—"मुझे यह स्वीकार करने में संकोच नहीं है कि बिना रात-दिन श्यामानन्द के साथ नाटक के वातावरण में जिये, आधी-आधी रात तक उससे बहस-मुबाहिसे किये और नाटक की पूरी अन्विति में एक-एक शब्द परखे, वह अंश अपने वर्तमान रूप में कदापि नहीं लिखा जा सकता था।....कम से कम हिन्दी नाटक के संदर्भ में शायद पहली बार लेखन और प्रस्तुतिकरण की प्रक्रिया को उस रूप में साथ जोड़ा जा सका था। इसे सम्भव बनाने के लिए जो अनुकूल वातावरण मुझे वहाँ मिला था, मैं समझता हूँ, उसी तरह के वातावरण में रंगमंच की वास्तविक खोज की जा सकती है—लेखन के स्तर पर भी और परिचालना के स्तर पर भी।[4] रंगमंच की वास्तविक खोज मूल प्रेरणा-स्रोत है जिसे सकेश की नाटक-यात्रा के दौरान और उनकी नाटक-भूमि में साफ देखा जा सकता है।

---

1. नटरंग 21, '72, पृ० 14 'डायरी के पन्नों से'।
2. लहरों के राजहंस की भूमिका, पृ० 28।
3. भूमिका पृ० 37।
4. नटरंग 21, 1972, 'नाटककार और रंगमंच' पृ० 17।

...और एक समर्पित नाटक यात्रा

(1) आषाढ़ का एक दिन (1958)

'आषाढ़ का एक दिन' मोहन राकेश का पहला और सर्वोत्तम नाटक ही नहीं, आज के हिन्दी नाटक की पहली महत्त्वपूर्ण उपलब्धि भी है। यह नाटक राकेश को हिन्दी के शीर्षस्थ नाटककारों में प्रतिष्ठित करता है और हिन्दी नाटक और रंगमंच को भारतीय नाटकों और रंगमंच को समकक्ष लाता है। जिस समय हिन्दी में पूर्ण नाटक लुप्तप्राय था, हिन्दी रंगमंच पिछड़ा हुआ, निष्क्रिय दिखाई देता था और अन्य भाषाओं के नाटक ही हिन्दी रंगमंच पर प्रस्तुत होते थे, उस समय इस नाटक ने रंगमंच पर पुनः पूर्ण नाटक की शुरुआत ही नहीं की बल्कि नाटक और रंगमंच आन्दोलन को एक साथ सांस्कृतिक और सर्जनात्मक चेतना से सम्पृक्त करने में अकेला यह नाटक जितना सफल हुआ, आधुनिक युग में अन्य कोई नाटक नहीं। नाटक लेखक के साथ पूरे समूह से समान संवेदनशीलता, सतर्कता, कलात्मक गम्भीरता और पारस्परिक सहयोग की माँग करता है, साथ ही नाटक भी अन्य विधाओं की तरह बल्कि कुछ मानों में उनसे भी अधिक प्रभावशाली ढंग से जीवन की सारी विविधता से गहरा साक्षात्कार करा सकता है 'आषाढ़ का एक दिन' इसका प्रमाण है। हिन्दी नाट्य जगत् और रंग जगत् की सारी जड़ता और प्रचलित रूढ़ियों को तोड़ने वाला यह नाटक राकेश की 'भारतीयता' और 'आधुनिकता' हमारे अपने परिवेश में से ही समस्याओं से उत्पन्न द्वन्द्व को खोज निकालने की आकुलता को प्रत्यक्ष सामने लाती है। अपनी नींव अपनी परम्परा, संस्कार, दृष्टि से एकदम कटकर कुछ बाहरी प्रभावों की चकाचौंध में पड़कर बह जाना, लिख जाना राकेश को कभी मान्य ही नहीं रहा। यहाँ तक कि रंगमंच के विकास के सम्बन्ध में भी वह कृत्रिमता से हटकर भिन्न ढंग से सोचते हैं। भूमिका में उनके विचार उल्लेखनीय हैं,—'हिन्दी रंगमंच के विकास से निस्संदेह यह अभिप्राय नहीं है कि अति आधुनिक सुविधाओं से सम्पन्न रंगशालायें राजकीय या अर्धराजकीय संस्थाओं द्वारा जहाँ तहाँ बनवा दी जायें, जिससे वहाँ हिन्दी नाटकों का प्रदर्शन किया जा सके। प्रश्न केवल आर्थिक सुविधा का ही नहीं, सांस्कृतिक पूर्तियों और आकांक्षाओं का प्रतिनिधित्व करना होगा, रंगों और राशियों के हमारे विवेक को व्यक्त करना होगा। हमारे दैनंदिन जीवन के राग-रंग को प्रस्तुत करने के लिए, हमारे संवेगों और स्पन्दनों को अभिव्यक्त करने के लिए जिस रंगमंच की आवश्यकता है वह पाश्चात्य रंगमंच से कहीं भिन्न होगा। इस रंगमंच का रूपविधान नाटकीय प्रयोगों के अभ्यन्तर से जन्म लेगा और समर्थ अभिनेताओं तथा दिग्दर्शकों के हाथों उसका विकास होगा।[1] यह कथन

---

1. **आषाढ़ का एक दिन : दो शब्द : मोहन राकेश : पृ० 3।**

रंगमंच के सम्बन्ध में राकेश की चिन्तन दिशा दिलचस्पी और जागरूकता को प्रकट करता है जिसकी कमी पिछले नाटककारों में दिखायी देती है। जाहिर है कि 'आषाढ़ का एक दिन' की रचना के दौरान राकेश नाटक को रंगमंच से जोड़ने की ओर और रंगमंच की आन्तरिक अपेक्षा की खोज की ओर प्रवृत्त थे और इस ओर आश्वस्त भी थे कि संभवतः उनका यह नाटक रंगमंचीय संभावनाओं की खोज में काफी हद तक सहायक हो सके। इस समय जब कि नाटक अनेकों बार बड़ी-बड़ी नाट्य संस्थाओं द्वारा विभिन्न निर्देशकों की प्रयोगात्मक कलात्मक दृष्टि के साथ खेला जा चुका है, यह जानी हुई बात है कि एक बार इस नाटक ने विविध रंगमंडलियों को प्रोत्साहित किया, रंगकर्मियों में अधिक कलात्मक कलागांभीर्य, दायित्व-भावना और दृष्टि पैदा की, शिल्पिक साधनों के विकास की ओर ध्यान केन्द्रित किया, रंग शिल्प के सम्बन्ध में ज्ञान प्रसार किया, अच्छे अभिनेताओं का दल तैयार किया, दूसरी ओर अपनी सघनता, तीव्रता में इसने हिन्दी नाटक को अधिक सार्थक रूप दिया, नाटक की भाषा में स्थूल धाराप्रवाह शैली, वक्तव्य या भाषण शैली के स्थान पर सूक्ष्म सांकेतिक, अभिनयोचित सारे गुण लाकर नाट्यभाषा का एक आदर्श प्रस्तुत किया है। और पहली बार नाट्य समीक्षा के सारे मानदंड बदल डालने की आवश्यकता का अनुभव कराया है—नाट्य समीक्षा में अन्तर आया भी। 1958 में ही संगीत नाटक अकादमी द्वारा पुरस्कृत यह नाटक हमेशा एक चुनौती बनकर आया है—नए-नए अर्थों को ध्वनित करते हुए, नए-नए रंग शिल्प का संकेत करते हुए।

प्रत्यक्ष रूप में यह नाटक ऐतिहासिक है लेकिन यह ऐतिहासिक कहने भर को है। असलियत में पूरा नाटक आधुनिक ही नहीं, पूरा यथार्थवादी भी है क्योंकि प्रसाद के ऐतिहासिक नाटकों से इसका रूप सर्वथा भिन्न है। प्रसाद की तरह राकेश ने न तो अतीत के इतिहास का ज्यों का त्यों विवरण प्रस्तुत किया है, न तत्कालीन घटनाएँ दोहरायी गयी हैं, न ऐतिहासिक और काल्पनिक पात्रों का जमघट है, न अतीत के गौरव का मान ही। अतीत के गौरव या सांस्कृतिकता का प्रभाव डालने के उद्देश्य से अतिनाटकीयता या भावुकता का आश्रय भी नहीं लिया गया है क्योंकि प्रसाद के नाटकों की 'सोद्देश्यता' और रसयोजना इसमें नहीं है, यह युग का अन्तर भी कहा जा सकता है। राकेश ने आधुनिक मानव के द्वन्द्व और जटिलता को ही पकड़ना चाहा है इसलिए यहाँ ऐतिहासिकता और आधुनिकता का समन्वय नहीं है, न ऐतिहासिकता की प्रामाणिकता और युगीन समस्याओं के संकेत अलग-अलग दिये गये हैं बल्कि आरम्भ से अन्त तक बहुत अधिक सूक्ष्म स्तर पर यह नाटक आज के यथार्थ को, आधुनिकता को व्यक्त करता चलता है। यहीं राकेश मौलिक और ज्यादा आधुनिक है—सफलता असफलता का प्रश्न अलग है। अपने अगले नाटक 'लहरों के राजहंस' की भूमिका में राकेश जब यह कहते हैं कि 'इतिहास या ऐतिहासिक व्यक्तित्व का आश्रय साहित्य को इतिहास नहीं बना देता। इतिहास तथ्यों का संकलन करता है, एक समय तालिका में प्रस्तुत करता है। साहित्य का ऐसा उद्देश्य कभी नहीं रहा। इतिहास के रिक्त कोष्ठों की पूर्ति

करना भी साहित्य का उपलब्धि-क्षेत्र नहीं है। साहित्य इतिहास के समय से बँधता नहीं समय में इतिहास का विस्तार करता है, युग से युग को अलग नहीं करता, कई-कई युगों को एक साथ जोड़ देता है। इस तरह इतिहास के 'आज और कल', 'आज और कल' नहीं रह जाते समय की असीमता में कुछ ऐसे जुड़े हुए क्षण बन जाते हैं जो जीवन को दिशा-संकेत देने की दृष्टि से अविभाज्य हैं। इस तरह साहित्य में इतिहास अपनी यथा-तथ्य घटनाओं में व्यक्त नहीं होता, घटनाओं को जोड़ने वाली ऐसी कल्पनाओं में व्यक्त होता है जो अपने ही एक नये और अलग रूप में इतिहास का निर्माण करती है।[1] इसलिए जो 'आषाढ़ का एक दिन' नाटक और उसके नायक कालिदास को ऐतिहासिक नाटक और ऐतिहासिक व्यक्तित्व समझकर ही देखेंगे वह उनकी एक नितान्त भ्रामक दृष्टि होगी और उनका नाटक की आत्मा तक, मौलिकता तक पहुँचना भी मुश्किल होगा। एक दृष्टि परिवर्तन का संकेत यहाँ भी है।

'आषाढ़ का एक दिन' कवि कालिदास के जीवन से सम्बन्धित नाटक है लेकिन नाटक कालिदास के कवि रूप में प्रसिद्ध होने के बाद उतना नहीं है जितना एक बनते हुए कवि और प्रसिद्धि के चरम शिखर तक पहुँचने वाले कवि का है जिसमें राकेश का ध्यान अधिक केन्द्रित हुआ है उसकी प्रेयसी मल्लिका पर। मल्लिका गाँव की एक सीधी-सादी भावुक प्रेममयी, समर्पण-भावना से युक्त लड़की है—'भावना में एक भावना का वरण करने वाली, अपनी कोमल, अनश्वर, पवित्र भावना से प्रेम करने वाली और कालिदास से अपने सम्बन्ध को और सब सम्बन्धों से बड़ा मानने वाली जिसकी केवल एक ही आकांक्षा है कालिदास के व्यक्तित्व को अधिक पूर्ण देखने की। अपना सर्वस्व समर्पित करके वह कालिदास को महान् कवि के रूप में देखती है और एक तरह से पूरे नाटक पर उसी का कोमल, समर्पणशील व्यक्तित्व छा जाता है। आरम्भ से अन्त तक छाता चला जाता है और लगता है जैसे यह मल्लिका का नाटक है, कालिदास का नहीं। कालिदास के रचनात्मक व्यक्तित्व की मूल प्रेरणा यही मल्लिका है, उस पूरे परिवेश का वह जीवंत तत्त्व है—वह कश्मीर का शासक बनकर चला तो लेकिन अधिकार, सम्मान सब कुछ मिलने पर भी सुखी नहीं हो पाता बल्कि अपने को खंडित और टूटा हुआ पाता है और अंत में मल्लिका को अपनी सहानुभूति मात्र देकर, अपने आप को स्पष्ट करके चुपके से चला जाता है। इस माने में यह कालिदास और मल्लिका का नाटक है लेकिन वस्तुतः यह आधुनिक मानव की विवशता, उसके अंतर्द्वन्द्व का, उसकी जटिलता का नाटक है। कालिदास के माध्यम से वर्तमान स्थिति पर बल देते हुए राकेश ने दिखाना चाहा है कि एक सृजनशील कलाकार किस तरह व्यवस्था द्वारा कुचल और तोड़ दिया जाता है। आज के मूल्यबोध से युक्त असाधारण कवि या साहित्यकार न व्यवस्था को एकदम छोड़ पाता है और न उससे समझौता करते हुए चल पाता है। कालिदास का अंतर्द्वन्द्व और टूटन आज के साहित्यकार का द्वन्द्व और पीड़ा है। इस संदर्भ में राकेश का एक लेख 'साहित्यकार की समस्याएँ' ध्यान में आ

---

1. **लहरों के राजहंस : भूमिका पृ० 9।**

जाता है जो एक साहित्यिक गोष्ठी (चंडीगढ़) में पढ़ा गया था और जिसमें उन्होंने बड़ी संजीदगी से विचार किया था कि 'एक साहित्यकार की मूल समस्या है साहित्यकार के रूप में अपना व्यक्तित्व बनाये रखने की। साहित्यकार की आर्थिक स्वतन्त्रता और विचारों एवं मान्यताओं की दृष्टि से उसकी स्वतंत्रता एक अहम सवाल है। अगर यह स्वतंत्रता नहीं है तो लेखक का व्यक्तित्व कुंठित होता है क्योंकि 'समझौते अनिवार्य रूप से उसके व्यक्तित्व को तोड़ते हैं।' साहित्यकार को इतनी स्वतन्त्रता तो मिलनी ही चाहिए कि वह राजनीतिज्ञ की गलत स्ट्रेटजी को गलत कह सके, उससे असहमत हो सके 'क्योंकि स्वतन्त्रता ही उसकी रचना को शक्ति देती है।' कहना न होगा कि राकेश ने कालिदास के माध्यम से एक साहित्यकार के इस मानसिक द्वन्द्व को सर्जनशील व्यक्तित्व और परिवेश, कलाकार और राज्य की आपसी टकराहट को व्यक्त करना चाहा है। कालिदास के सामने भी राज्य द्वारा दिये गए सम्मान और राज्याश्रय स्वीकार करने का, उससे अधिक उससे उत्पन्न विरोधी स्थितियों का प्रश्न है; यही नहीं कि उसे राजकीय सम्मान का मोह नहीं है बल्कि प्रश्न उसी स्वतंत्रता का, साहित्यकार के व्यक्तित्व और अधिकार का है—'मैं राजकीय मुद्राओं से क्रीत होने के लिए नहीं हूँ'—यह पंक्ति लेखक के रचना-दायित्व और उसके स्वाभिमान और उसकी स्वतंत्रता की गहरी इच्छा को ही अभिव्यक्त करता है। उसे डर है कि राज्याश्रय और सम्मान स्वीकार करने पर कहीं वह अपने ग्रामप्रान्तर अपनी वास्तविक भूमि से उखड़ न जाये, दूसरे जीवन की अपेक्षाओं से बँध न जाये। अपने लेख में ही राकेश ने बहुत स्पष्ट कहा है कि 'एक लेखक राज्य द्वारा दी गयी सुविधाओं का उपभोग करता हुआ अपने व्यक्तित्व और विचारों की स्वतन्त्रता को बनाये रख सके, और उस पर कोई ऐसा दायित्व न पड़ता हो जिससे लेखक के रूप में उसकी आवाज कमजोर होने लगे तो उसे स्वीकार करने में कोई बाधा नहीं होनी चाहिए, लेकिन चूँकि ऐसा हो नहीं पाता इसलिए निश्चित रूप से सारी प्राप्त सुविधाओं की तुलना में लेखक का व्यक्तित्व ही अधिक महत्त्वपूर्ण है। कालिदास भी अनुभव करता है कि 'एक राज्याधिकारी का कार्यक्षेत्र मेरे कार्य क्षेत्र से भिन्न था' उसे बार-बार लगता है कि प्रभुता और सुविधा के मोह में पड़कर उस क्षेत्र में जैसे उसने अनाधिकार प्रवेश किया है। वर्तमान समय के लेखक और आज के मनुष्य के द्वन्द्व को ही जैसे ध्यान में रक्खा गया है। आज के लेखक के सामने आर्थिक संकट सबसे बड़ी समस्या है—कश्मीर का शासन संभालने में अपने को स्पष्ट करते हुए कालिदास भी कहता है—'अभावपूर्ण जीवन की वह एक स्वाभाविक प्रतिक्रिया थी' साथ ही नाटक के आरम्भ में ही लेखक और व्यवस्था, स्वाभिमान और सत्ता के अधिकारों की टकराहट से उत्पन्न कचोट भी कालिदास में दिखायी है—जैसे उस तरह के सारे उपहास और तिरस्कार का बदला लेने के लिए वह कश्मीर का शासन संभाल लेता है। निक्षेप से प्रथम अंक में ही दो बातें कहलायी गयी हैं, एक 'योग्यता एक चौथाई व्यक्तित्व का निर्माण करती है। शेष पूर्ति प्रतिष्ठा द्वारा होती है।' दूसरी, 'उनके हठ के मूल में कहीं गहरी कटुता की रेखा है।' सत्य यह है कि कालिदास के चरित्र चित्रण में स्वयं राकेश की उनके अपने

व्यक्तित्व की, द्वन्द्वों की, शंकाओं और प्रश्नों की ही अभिव्यक्ति हुई है। उस पर राकेश के निजी व्यक्तित्व की बड़ी गहरी छाप है। एक भावुक, कोमल, रोमांटिक मन भी, आज के लेखक का अपने को बनाने और प्रतिष्ठित करने का संघर्ष भी—जैसे मल्लिका कहती है—'यहाँ ग्राम-प्रान्तर में रहकर तुम्हारी प्रतिभा को विकसित होने का अवसर कहाँ मिलेगा? यहाँ लोग तुम्हें समझ नहीं पाते। वे सामान्य की कसौटी पर तुम्हारी परीक्षा करना चाहते हैं। और सामान्य की कसौटी पर परखा जाना, स्वयं राकेश के लिए असंभव था। निक्षेप भी कहता है—'राजकवि का शासन रिक्त नहीं रहेगा परन्तु कालिदास जो आज हैं जीवन भर वही रहेंगे एक स्थानीय कवि' यह दूसरों की ही दृष्टि नहीं है, यह द्वन्द्व राकेश के मस्तिष्क में भी रहा है और राकेश ने अपने को एक विशिष्ट साहित्यकार के रूप में प्रतिष्ठित करने के लिए संघर्ष किया ही और नाटक क्षेत्र में अपनी मौलिकता और वैशिष्ट्य की छाप छोड़ी ही। राजकीय सम्मान स्वीकार करने से पहले यह चिंता की 'नयी भूमि शिखा भी तो सकती है...फिर भी कई-कई आशंकाएँ उठती हैं।' आगे चलकर 'कमी उस वातावरण में नहीं मुझमें है। मैं अपने को बदल लूँ, तो सुखी हो सकता हूँ परन्तु ऐसा नहीं हुआ।' मैं अपने को आश्वासन देता कि आज नहीं तो कल मैं परिस्थितियों पर वश पा लूँगा, और समान रूप से दोनों क्षेत्रों में अपने को बाँट दूँगा।' क्या ये सब लेखक की आत्म-अभिव्यक्ति नहीं है? राकेश की डायरी के पन्नों में भी यही कुछ है 'दूसरों की अपेक्षाओं के अनुभार अपने को ढालना यह केवल आत्मघात की प्रक्रिया है जो जीवन भर चलती रह सकती है। परन्तु कुछ ऐसा क्रम है रोज की ज़िन्दगी का कि यह सब अनजाने में होता चलता है।[1] अपने को समान रूप से बाँट पाना राकेश के सम्बन्ध में एकदम अविश्वनीय सत्य है। जो छूट गया उसकी कचोट, जो आनेवाला 'कल' है उसकी प्रतीक्षा राकेश का निजी स्वभाव रहा है, वह कालिदास में भी है। जिस कल की मुझे प्रतीक्षा थी वह कल कभी नहीं आया और मैं धीरे-धीरे खंडित होता गया, होता गया। और एक दिन...एक दिन मैंने पाया कि मैं सर्वथा टूट गया हूँ। यह खंडित होता, टूटता हुआ व्यक्तित्व एक सृजनशील साहित्यकार का, राकेश का, आधुनिक मानव का—तीनों स्तरों पर सत्य है। परिस्थितियों के दबाव में तीनों की समान स्थिति होती है। ये सारे प्रश्न, द्वन्द्व इस नाटक को आधुनिक बनाते हैं लेकिन कालिदास के चरित्र को लेकर कई तरह की आपत्तियाँ उठी हैं। कुछ लोग कालिदास और मातृगुप्त को एक ही मानते हैं क्योंकि इसी आधार पर प्रसाद ने स्कन्दगुप्त में कालिदास की कल्पना की है लेकिन कुछ लोग इसे स्वीकार नहीं करते वस्तुतः सत्य तो यह है कि कालिदास के सम्बन्ध में प्रामाणिक तथ्य उपलब्ध नहीं है। अधिकतर सामग्री आनुमानिक है। कुछ लोग कालिदास में उस महान् कालिदास की प्रतिमा ही देखना चाहते हैं और इसलिए उन्हें लगता है कि 'एक चरित्र प्रतिमा को जानबूझकर खंडित करने का प्रयत्न किया है। लेकिन राकेश ने स्वयं भी अपने उत्तरों में स्पष्ट किया है कि न तो इस नाटक को कालिदास का इतिवृत्त या

1. **नटरंग 21, डायरी के पन्नों से, पृ० 14।**

आख्यान मानना ठीक होगा, और न अपनी संस्कारगत भावना के आधार पर कालिदास में 'महाकवि कालिदास' की प्रतिमा को ही देखना उपयुक्त होगा बल्कि 'नाटक की रचना एक समसामायिक परिस्थिति को उसकी अपनी नाटकीयता में अभिव्यक्त करने के लिए हुई है, इसलिए इसे इतिहासगत या संस्कारगत संदर्भ से अलग रखकर इसके साथ न्याय किया जा सकता है।[1] लेकिन दूसरे प्रकार की आपत्तियाँ कालिदास में एक सर्जनशील व्यक्तित्व के अभाव को लेकर है और वह बहुत सही हैं। यद्यपि राकेश ने कहा है कि मेरे लिए कालिदास एक व्यक्ति नहीं, हमारी सर्जनात्मक शक्तियों का प्रतीक है। नाटक में वह प्रतीक उस अन्तर्द्वन्द्व को संकेतित करने के लिए हैं जो किसी भी काल में सृजनशील प्रतिभा को आन्दोलित करता है। व्यक्ति कालिदास को उस अन्तर्द्वन्द्व में से गुजरना पड़ा या नहीं, यह बात गौण है। मुख्य बात यह है कि हर काल में बहुतों को उसमें से गुजरना पड़ा है, हम भी आज उसमें से गुजर रहे हैं।[2] लेकिन कालिदास को अगर विश्वप्रसिद्ध सर्जनात्मक व्यक्तित्व के रूप में देखें तो निराशा होती है। निस्सन्देह पूरे नाटक में कालिदास एक बहुत ही आत्मकेन्द्रित, भावुक, खंडित, दुर्बल मन:स्थिति वाले और बड़ी ही स्वार्थदृष्टि वाले व्यक्ति के रूप में सामने आता है अगर सचमुच राकेश उसके द्वारा समस्त भारतीय सर्जनात्मक प्रतिभा को किसी गहराई से प्रस्तुत करना चाहते थे और एक असाधारण सर्जनात्मक व्यक्तित्व के अन्तर्द्वन्द्व को दिखाना चाहते थे तो उतना तीव्र संघर्ष कालिदास में कहीं दिखायी नहीं देता और न ही कालिदास एक असाधारण सर्जनशील व्यक्तित्व के रूप में प्रभावित कर पाता है। इसके कई कारण हैं। कालिदास, नाटक के आरम्भ में अपने प्रवेश के साथ प्रभावित करता है—उसकी सहृदयता, उदारता, भावुकता, संवेदनशीलता, कवि-हृदय की कोमलता लेकिन आत्माभिमान की चमक और दृढ़ता और साथ-साथ बड़ा तीव्र द्वन्द्व! लेकिन इस अंक के अन्त में ये सारे प्रभाव फीके पड़ जाते हैं। कालिदास का आन्तरिक संघर्ष भी नहीं उभरने पाता और न उसके चरित्र के ही सबल पक्ष सामने आ पाते हैं बल्कि राजकीय सम्मान और राज्याश्रय प्राप्त होने पर न चाहते हुए भी वह उज्जैनी चला जाता है—केवल भावुक क्षणों में कुछ कहकर और भीगी आँखों से मल्लिका से विदा लेकर जब कि यहाँ बहुत अवसर थे कालिदास-साहित्यकार-के भीतर के विरोधी संघर्षों की पूरी तीव्रता के साथ दिखाने के, परिणाम यह होता है कि मल्लिका अपने त्याग और समर्पण में महान् लगने लगती है और कालिदास जैसा व्यक्ति उसकी तुलना में बहुत साधारण। आगे भी काश्मीर का शासक बनने पर कालिदास जब ग्रामप्रान्तर आता है तो मल्लिका से मिलने नहीं आता केवल इसलिए कि कहीं यह प्रदेश, यहाँ की पर्वत-शृंखलाएँ और उपत्यकाएँ एक मूक प्रश्न न उपस्थित कर दें और एक भय यह भी कि कहीं मल्लिका की आँखें मन को अस्थिर न कर दें। बिना यह सोचे कि मल्लिका पर इसकी क्या प्रतिक्रिया होगी, गाँव के लोग क्या कहेंगे,

---

1. आषाढ़ का एक दिन : भूमिका : पृ० 14।
2. लहरों के राजहंस, भूमिका पृ० 8।

कालिदास का चुपचाप चले जाना उनके मानव पक्ष को दुर्बल बनाता है। अंत में भी जब वह आता है तो जैसे निरन्तर अपने को स्पष्ट करने की कोशिश में लगा हुआ और मल्लिका को अपनी सहानुभूति देता हुआ। अंत में भी उसका चुपके से चला जाना खटकता है। लगता है सामने आने वाली परिस्थितियों को 'फेस' करने से वह कतराता है। आरम्भ से अंत तक देखने पर नाटक में कालिदास की महानता और उसका असाधारण सर्जनात्मक व्यक्तित्व कहीं स्थापित नहीं हो पाता बजाय इसके कि कहीं-कहीं सम्वादों में उसके महान् लेखक का परिचय मिलता हो—उल्टे उसके हीन मानव रूप का दुर्बल इच्छा शक्ति वाले व्यक्ति का रूप ही प्रमुख हो जाता है और उसकी तुलना में अंत में जाकर विलोम कहीं अधिक विश्वसनीय, स्वाभाविक और प्रभावशाली लगता है। विलोम कालिदास के व्यक्तित्व पर निरन्तर हावी लगता है। क्या यह कालिदास के चित्रण की कमजोरी नहीं है? कालिदास के चरित्र के सम्बन्ध में नेमिचन्द्र जैन की इस बात को सही मानना होगा कि 'अंततः नाटक में उद्घाटित उसका व्यक्तित्व न तो किसी मूल्यवान और सार्थक स्तर पर स्थापित ही हो पाता है न इतिहास प्रसिद्ध कवि कालिदास को और इस प्रकार उस माध्यम से समस्त भारतीय सर्जनात्मक प्रतिभा को कोई गहरा विश्वसनीय आयाम ही दे पाता है।[1] स्थिति 'एस्केप' कर जाने वाली लगती है। यह जरूरी नहीं है कि महान् लेखक में महान् गुण ही होंगे। दुर्बलताएँ उसमें भी हो सकती हैं लेकिन उन दुर्बल पक्षों में दबकर उसका असाधारण प्रतिभा सम्पन्न व्यक्तित्व खो नहीं जाना चाहिए। कालिदास में ऐसा हुआ है। न तो यह स्पष्ट होता है कि कालिदास की सर्जनात्मक चेतना के मूल स्रोत क्या हैं? राकेश के ग्राम प्रदेश, मल्लिका की प्रेरणा और राजपुरुष दन्तुल से हुई बातचीत से उत्पन्न गहरी कटुता और चुभन को ही मूल स्रोत और द्वन्द्व का कारण दिखाया है लेकिन क्या इन स्रोतों का औचित्य नाटक में अन्त तक सिद्ध हो सकता है? राकेश अगर इसका निर्वाह कर सके होते तो निश्चित रूप से यह नाटक अधिक आधुनिक, अधिक सार्थक और अधिक 'पैना' तीखे यथार्थ वाला नाटक हो सकता लेकिन उस गहराई तक न जाने के कारण नाटक भावुकतापूर्ण लगने लगता है विशेषकर कालिदास की अनिश्चय, द्विविधा की स्थिति को लेकर। मगर मल्लिका मूल स्रोत है जैसे कि अपने उद्घाटन-भाषण में आगे उसने कहा भी है तो उसे मल्लिका से इस प्रकार बचकर क्यों जाना पड़ा? 'जो अभाव वर्षों से मुझे सालते रहे हैं वे आज और बड़े प्रतीत होते हैं' क्या यही उसकी सर्जनपीड़ा को व्यक्त करने के लिए पर्याप्त हैं? 'मुझे वर्षों पहले यहाँ लौट आना चाहिए था ताकि यहाँ वर्षा में भीग-भीगकर लिखता—वह सब जो मैं अब तक नहीं लिख पाया और जो आषाढ़ के मेघों की तरह वर्षों से मेरे अन्दर घुमड़ रहा है।' एक लेखक के अन्दर की इस घुमड़ को ही, इसके स्रोतों—कारणों को ही अगर संयम-संतुलन और गहराई से निभाया गया होता तो नाटक उस भावुकता को छूता हुआ न लगता जो उसमें है। कालिदास के द्वन्द्व, संशय, अनिश्चय राकेश के स्वभाव की देन हैं।

1. नटरंग 21, 'मोहन राकेश के नाटक', पृ० 35।

कालिदास मल्लिका से तो अपेक्षा करता, एक आशा और विश्वास के साथ आता है कि 'सब कुछ वैसा ही होगा, ज्यों का त्यों, यथास्थान। इस सम्बन्ध में निश्चित था कि तुम्हारे मन में कोई वैसा भाव नहीं आयेगा। ऐसा क्यों? अपेक्षाएँ स्वयं उससे भी तो हो सकती हैं। लेकिन उल्टे उसे वहाँ आकर बहुत व्यर्थता का बोध होता है हमारे परिवर्तन को देखकर। 'इच्छा का समय के साथ द्वन्द्व' सूक्ष्म और गहरे स्तर पर नाटक के सामने नहीं आ पाया। जहाँ तक मल्लिका का सम्बन्ध है, उससे सम्बन्धित सारे स्थल निर्विवाद हैं क्योंकि उसके भावनामय व्यक्तित्व के अनुकूल है यद्यपि जितना समर्पण भाव उसमें दिखाया है, उतना ही आत्मविश्वास, दृढ़ता, और स्पष्टवादिता भी। कालिदास को लेकर उसके मन में कोई अपराध भावना नहीं है। विवाह प्रसंग को लेकर भी वह अपने को स्वतंत्र मानती है। उसका जीवन उसकी अपनी सम्पत्ति है आलोचना का अधिकार भी वह किसी को देना नहीं चाहती लेकिन अंत में उसका समर्पित व्यक्तित्व ही प्रधान हो जाता है। अपने वर्तमान से गहरा असंतोष होते हुए भी वह उसमें जीती है। एक ओर उसे लगता है...'परन्तु तुमने वीरांगना का यह रूप भी देखा है? आज तुम मुझे पहचान सकते हो?...मैंने अपने भाव के कोष्ठ को रिक्त नहीं होने दिया परन्तु मेरे अभाव की पीड़ा का अनुमान लगा सकते हो?' वितृष्णा भी, आत्मग्लानि भी, आत्माभिमान भी, टूटन भी और सारी पीड़ा और असंतोष के पीछे छिपा एक संतोष भी, तुम रचना करते रहे और मैं समझती रही कि मैं सार्थक हूँ। मेरे जीवन की भी कुछ उपलब्धि है।' मतलब मल्लिका अपने सारे निर्णयों, उलझनों, भावों में बहुत स्पष्ट है। लगता है मल्लिका राकेश की आकांक्षा है केवल कल्पना नहीं एक ऐसा नारी रूप जो रचनाकार के लिए प्रेरक हो, उसकी रचनात्मक शक्ति का विस्तार करने में सहायक हो, कहीं बाधक न बनता हो।

नाटक में और बहुत सारे स्थल ऐसे हैं जो समकालीन अनुभव को व्यक्त करते हैं और नाटक को आज के यथार्थ के निकट ले आते हैं। कई पात्र हैं जो कथा-शृंखला को जोड़ते, विकसित करते ही नहीं चलते, पूरे नाटक को आधुनिक संदर्भों में महत्त्वपूर्ण बनाते चलते हैं। उदाहरण के लिए पहले अम्बिका को लें—गाँव की वृद्धा स्त्री और मल्लिका की माँ जिसके माध्यम से राकेश ने आज की भौतिकवादी, यथार्थ में विश्वास करने वाली व्यावहारिक दृष्टि को प्रस्तुत किया है। मल्लिका और अंबिका भावना और यथार्थ का द्वन्द्व प्रस्तुत करती हैं। आज के दृष्टि-भेद और द्वन्द्वों की अभिव्यक्ति इन दोनों के संवादों में होती है। जीवन को भावना न मानकर कर्म मानने वाली अम्बिका को मल्लिका की 'भावना' से वितृष्णा होती है, उसे यह सब 'छलना' और आत्मप्रवंचना लगता है। वह नहीं समझ पाती कि 'भावना' से जीवन की आवश्यकता किस तरह पूरी होती है? उसकी यथार्थ दृष्टि से घृणा करती है क्योंकि उसे वह आत्मसीमित लगता है केवल अपने से मोह। यथार्थ से आँख मूँदकर जीने की उसकी अवस्था बीत चुकी है लेकिन साथ ही मल्लिका के प्रति गहरा लगाव उसके मन में है। मातृ हृदय की करुणा, पीड़ा, वात्सल्य, सहानुभूति उसकी सारी कठोरता, आक्रोश और कड़ुवाहट

के बीच में से भी फूटी पड़ती है इसमें कोई शक नहीं कि अम्बिका में व्यवहार कुशलता और यथार्थ जगत की कठोरता और मातृत्व की कोमलता और करुणा का अन्तर्ग्रन्थन बड़ी सफलता से हुआ है लेकिन आज के उभरते द्वन्द्व को नाटक में भरने के लिए ही राकेश ने अम्बिका की व्यावहारिक दृष्टि को विशेष रूप से प्रस्तुत किया है जो मल्लिका के केवल भावनामय, समर्पणमय व्यक्तित्व के विरोध में पड़ता है और आपसी टकराहट से नाटक में तीखापन और द्वन्द्व पैदा करता है। इस रूप में अम्बिका का चरित्र नाटक को और ही नया सौन्दर्य नये अर्थ प्रदान करता है और उसे कोरी भावुकता से बचाता है। सत्ता और रचनाकार के द्वन्द्व के अलावा मौलिकवादी और भावनावादी दृष्टि की टकराहट नाटक की अभिव्यक्ति को गंभीर माध्यम बनाती है। स्थूल स्तर पर यह टकराहट मल्लिका और अम्बिका में है पर सूक्ष्म स्तर पर यह कालिदास और विलोम के चरित्रचित्रण में है। इस माने में विलोम भी नाटक का एक महत्त्वपूर्ण भाग है। विलोम की दृष्टि अधिक व्यावहारिक है, भावनाएँ उसे प्रभावित नहीं करतीं लेकिन व्यावहारिक जीवन में वह बड़ा चतुर है और बड़ा संयमित भी। कालिदास से बराबर टकराने वाला और अपने अनाधिकार प्रवेश' को हमेशा सही सिद्ध करने वाला। कालिदास अन्तर्मुखी है, अपने ही द्वन्द्व से पीड़ित और भावनाओं से उद्वेलित, विलोम समय की रग को पकड़कर बड़ी कुशलता से अपने अस्तित्व को बनाये रखने वाला व्यक्ति है। कालिदास, मल्लिका, अम्बिका जब-जब भावना और द्वन्द्व की चरम सीमा पर हैं तब तब वह उन्हें छेड़ता है, अपनी उपस्थिति का पूरा एहसास कराता है और अवसर का पूरा फायदा उठाता है—यही आज की व्यावहारिक और यथार्थ दृष्टि है। अपने अन्दर से वह भी कम पराजित, टूटा और दुखी नहीं है लेकिन वह उन पर विजय पाता है। नाटक के प्रथम अंक में ही राकेश ने विलोम से कहलाया है, विलोम क्या है? एक असफल कालिदास। और कालिदास? एक सफल विलोम। हम कहीं एक दूसरे के बहुत निकट पड़ते हैं। नतीजा यह है कि बहुतों को विलोम सामान्य खलनायक जैसा लगता है जब कि न कालिदास आम नायक है न विलोम। इस रूप में देखने में विलोम कालिदास के व्यक्तित्व का ही एक अंश है—देखने की बात है कि जो कालिदास पाना चाहता है वह विलोम को मिलता है और जो विलोम नहीं प्राप्त कर पाया वह कालिदास प्राप्त करता है इसलिए विलोम जैसे पात्र की गढ़न की सार्थकता कालिदास के द्वन्द्व और व्यक्तित्व को अभिव्यक्त करने में है न कि खलनायक बनाने में। राकेश की सूक्ष्म दृष्टि और सांकेतिकता ही नाटक को अधिक सारगर्भित और सूक्ष्मस्तरीय बनाती है। निस्सन्देह इस माने में विलोम का चित्रण कालिदास से कहीं अधिक सफल-स्वाभाविक और आज की अनुभूति के निकट पड़ता है। विलोम बनाता है, उतना कालिदास नहीं। विलोम की चतुरता, वाक्पटुता और व्यावहारिकता के आगे कालिदास कभी-कभी बहुत फीका लगता है, खासतौर से अन्तिम अंक में। ऐसे भी स्थल आते हैं जहाँ विलोम नायक की तरह उभरने लगता है, और कालिदास एक खलनायक जैसी स्थिति में खड़ा दिखाई देता है। दोनों ही असामान्य पात्र हैं यद्यपि दोनों ही मानवीय दुर्बलताओं से युक्त हैं। कालिदास को

उसकी समस्त दुर्बलताओं के साथ चित्रित करके अगर राकेश ने समाज की परम्परागत रूढ़ि को तोड़ने और नाटक के नायक की प्रचलित इमेज को तोड़ने की दिशा में योग दिया है और आधुनिक मानव को प्रतिष्ठित किया है वहाँ विलोम के द्वारा द्वन्द्व और यथार्थ, असफलता और सफलता के बीच जीते हुए आज के मनुष्य के बाहरी प्रयत्नों और व्यवहारवादी दृष्टि को प्रमुखता दी है।

नाटक में आधुनिकता और समकालीन अनुभव के और भी कई आयाम हैं। विभिन्न पात्र उनमें सहायक हुए हैं। मातुल आज की अवसरवादी प्रवृत्ति को स्पष्ट करता है। सत्ताधारियों की चाटुकारिता और प्राप्त अवसर के अनुकूल अपने को बदल लेना उसकी प्रवृत्ति है। भौतिक लाभ ही उसका मुख्य लक्ष्य है इसीलिए कालिदास द्वारा राजकीय सम्मान को स्वीकार न करने की बात सुनकर वह आगबबूला हो जाता है—'मेरी समझ में नहीं आता कि इसमें क्रय-विक्रय की क्या बात है। सम्मान मिलता है ग्रहण करो। नहीं कविता का मूल्य ही क्या है?' उसकी भौतिक दृष्टि कविता को, कवि को महत्त्व नहीं देती, महत्त्व देती है—सत्ता को, राज्य को, राजकीय सम्मान को। कालिदास की कविता से उसे वितृष्णा है क्योंकि वह लोकनीति को ही समझता है। घर में वह बहुत तेज है लेकिन प्रियंगु के आगे बड़ा विनम्र, पक्का चाटुकार। गुप्तवंश के साथ संबंध उसके लिये बहुत बड़ी चीज है। उसके लिए अब पशुओं की देख रेख एक बड़ी साधारण हेय बात है। लेकिन राकेश इस भौतिक दृष्टि के बहुत समर्थक नहीं हैं। अन्तिम अंक में मातुल के संवादों में कृत्रिम जीवन से वितृष्णा और ऊपरी चमक से भरे जीवन का खोखलापन ही दिखाया गया है—आन्तरिकता और आत्मीयता का, अपनी मिट्टी की सोंधी गंध का अभाव ही जैसे उसे तोड़ देता है। मातुल के यहाँ के संवादों में सभ्यता, शिष्टता में छिपी बनावट को ही खोला गया है। भौतिक और अवसरवादी दृष्टि जो कुछ समझ पाती है, वह सदा झूठ होता है यानी सत्य सदा उसके विपरीत होता है। अवसरवादिता और बाह्य जीवन का आकर्षण आज के मनुष्य की मनोवृत्ति है जो मनुष्य को कुछ स्थायी नहीं देती—देती है केवल एक क्षणिक सुख। आरंभिक अंकों में वह बड़ी तेज गतिवाला, बड़ा नाटकीय, सक्रिय है लेकिन अंत में उसकी टूटन, झल्लाहट और उसके पीछे छिपे तीखे अनुभव अधिक स्पष्ट होते हैं।

अन्य पात्रों में दन्तुल है—एक राजपुरुष—सत्ता वर्ग का प्रतिनिधि। उसका साधिकार प्रवेश; हिंसक वृत्ति, कठोर हृदय, कठोर वचन, अहंकार, अधिकार की लिप्सा और असंयमित भाषा उस वर्ग की मनोवृत्ति का ही बड़ा सफल उदाहरण है। यहीं से नाटक के मूल द्वन्द्व की—कालिदास के आन्तरिक संघर्ष की शुरुआत होती है। प्रियंगु—कालिदास की राजमहिषी भी उसी सत्ता वर्ग का प्रतिनिधित्व करती है। प्रियंगु के व्यक्तित्व में आभिजात्य वर्ग के दर्प, संस्कार, विनम्रता कुशलता; व्यावहारिक शिष्टता भी है और एक स्त्री या पत्नी के रूप में मल्लिका के आगे हीनता, ईर्ष्या और घबराहट भी। जगह-जगह अपनी हीन भावना को, घबराहट को वह झूठे दर्प से दबा लेती है। निरन्तर अपना महत्त्व दिखाते हुए अपना प्रयोजन सिद्ध कर लेना चाहती है

और अन्त में ग्रामीण सादगी और अनन्यता के आगे पराजित होकर एक खिसियाहट के साथ अपने झूठे महत्त्व को बनाए रखते हुए चली जाती है। सत्ताधारियों की अल्पज्ञता और स्थूल दृष्टि का संकेत भी प्रियंगु के माध्यम से दिया गया है...इस प्रदेश के कुछ वातावरण अपने साथ ले जाऊँ आदि में यही संकेत है। नाटक को आधुनिक संदर्भ देने वाले पात्रों में रंगिणी और अनुस्वार अनुनासिक भी मुख्य है। समसामयिक व्यंग्य और राकेश का व्यक्तित्व इन सब में साकार हुआ है। समाज का सत्ता-सम्पन्न वर्ग हर उपलब्धि के पीछे असामान्य की कल्पना करता है—ग्राम उनके लिए अजूबा है—इसका चित्र रंगिणी-संगिणी में खूब उभरा है, इस प्रदेश ने कालिदास जैसी असाधारण प्रतिभा का जन्म दिया है। 'यहाँ की तो प्रत्येक वस्तु असाधारण होनी चाहिए' जैसी बात और ग्राम की छोटी-छोटी चीजों के प्रति अतिरिक्त उत्साह और उत्सुकता जहाँ उनकी अज्ञानता का सूचक है वहाँ इस वर्ग की कृत्रिमता, संवेदनहीनता का भी। साथ ही आज की उस अध्ययन दृष्टि या शोध वृत्ति पर भी व्यंग्य है जो केवल बाह्य उपकरण एकत्रित करती रह जाती है, आत्मा में प्रवेश नहीं कर पाती लेकिन मिथ्या दम्भ से भरी रहती है। अनुस्वार-अनुनासिक नाटक के अनिवार्य अंग हैं। और विषयांतर की दृष्टि से—नाटक के बोझिल वातावरण को सजीव, मनोरंजक बनाने की दृष्टि से उनकी उपस्थिति बड़ी महत्त्वपूर्ण है। दोनों राजकर्मचारी एक वर्ग विशेष के संदिग्ध, असंदिग्ध, औचित्य, अनौचित्य के विवाद में उलझे मत वैभिन्न्य से उपजे दिमागी दिवालियेपन के द्योतक हैं। चलते-फिरते ढंग से इनके छोटे-छोटे वाक्यों में बड़ी गंभीर बातें कह दी गयीं—और यह राकेश की 'अनुभूति' और 'अभिव्यक्ति' के अनुशासन का बड़ा अच्छा उदाहरण है, अर्थ संदर्भ की दृष्टि से भी और नाटकीय परिकल्पना की दृष्टि से भी। इस नाटक की सारी पात्र योजना देखकर एक यह सत्य भी सामने आता है कि पहली बार हिन्दी नाटक में किसी नाटककार ने छोटे-छोटे पात्रों को भी उनका सम्पूर्ण व्यक्तित्व दिया है, उनकी उपस्थिति नाटक में अनिवार्य और महत्त्वपूर्ण बना दी है और नाटकीय अर्थ और रंगमंचीय अर्थ गरिमा से उन्हें संयुक्त कर दिया है। ये मंच पर एकरसता को तोड़कर विविधता भी लाते हैं, नाटककार की कल्पनाशीलता और सर्जन क्षमता को स्थापित भी करते हैं, आधुनिक संदर्भों की गहराई से अभिव्यक्ति भी करते हैं और नाटक की मंचीय संभावनाओं में वृद्धि भी। यहाँ पात्रों का चित्रण कथानक की आवश्यकता और गठन के अनुसार नहीं हुआ है बल्कि पात्रों से ही कथानक की माँग पूरी हुई है, गठन सशक्त और अर्थ गंभीर। उनका कोई पात्र केवल कथासूत्र जोड़ने या बढ़ाने के लिए सायास लाया गया प्रतीत नहीं होता। निक्षेप से यह काम लिया गया है लेकिन आत्मीयता और संवेदनशीलता उसमें भी है। कहीं भी वह निर्जीव या निरर्थक सृष्टि नहीं लगता। हिन्दी पाठक को मैं राकेश की यह बड़ी देन मानती हूँ कि उन्होंने कहीं कथानक गढ़ा नहीं है, चरित्र सृष्टि से अभिव्यक्त किया है, स्थूल स्तर पर नहीं सूक्ष्म स्तर पर, इसलिए उनके नाटकों में उनका अपना व्यक्तित्व, दर्शन या चिंतन कहीं भी आरोपित नहीं है—जैसा कि प्रसाद के नाटकों में है बल्कि उनके नाटकों में उनके पात्र ही जीते हैं—अपने अस्तित्व और व्यक्तित्व के

साथ। कम से कम 'आषाढ़ का एक दिन' नाटक का सारा महत्त्व उसके विविध पात्रीय होने में, विविध अर्थ संदर्भ देने में है। इस नाटक का बहुपक्षीय महत्त्व होने में कोई सन्देह नहीं है। इसी अर्थ में यह पूर्ण यथार्थवादी नाटक लगता है। नेमिचन्द्र जैन जब यह कहते हैं कि 'नाट्य रूप की दृष्टि से 'आषाढ़ का एक दिन' संगठित यथार्थवादी नाटक है जिसमें बाह्य ब्योरे की बातों से अधिक परिस्थिति के काव्य को अभिव्यक्त करने का प्रयास है। इस दृष्टि से शायद हिन्दी का यह पहला यथार्थवादी नाटक है जो बाह्य और आंतरिक यथार्थ को उनकी समन्विति में उनके अंतर्द्वन्द्व में देखता और प्रस्तुत करता है।[1] तब निश्चित रूप से वह उसे अन्य हिन्दी नाटकों से अलग करते हैं। पहले ही कहा गया है कि 'अन्तर्निहित यथार्थ' की खोज राकेश के साहित्य में ज्यादा है। पात्रों के अन्तर्द्वन्द्व और विभिन्न संकेतों से ही वह आज के यथार्थ को प्रस्तुत करते हैं।

कलागत उपलब्धि की दृष्टि से 'आषाढ़ का एक दिन' बड़ी ही गठी हुई बुनावट का नाटक है। लेखक की एकाग्रता और तीव्रता निरन्तर महसूस की जा सकती है। भाव और स्थिति की गहराई में जाने का प्रयास जितना किया गया है, शिल्प की बनावट का उतना नहीं। शिल्प उसके अन्दर से स्वभावतः बना और विकसित हुआ है। शिल्प को राकेश ने कभी बहुत महत्त्व दिया भी नहीं। सहजता ही को—अनुभूति के आवेग की नयी और सहज अभिव्यक्ति ही को जो शिल्प मानता हो, उसकी रचना को शास्त्रीय परिभाषाओं के आधार पर परखना नयी नाट्य समीक्षा दृष्टि को भुलाना ही होगा। वस्तुतः 'आषाढ़ का एक दिन' नाटक की परिभाषा को फिर से गठित करने का संकट पैदा करता है इसीलिए वह नया नाटक है। अपने एक निबन्ध में राकेश ने कहा है कि एक रचना के प्रभाव का क्षेत्र विस्तृत हो, उसके लिए अभिव्यक्ति में एक और गुण अपेक्षित है और वह है लेखक और पाठक के बीच घनिष्ठता स्थापित करने की योग्यता।[2] कला और जीवन की विभाजन 'रेखा' भुला देने वाले इस लेखक के इस नाटक में अभिव्यक्ति में घनिष्ठता का आग्रह, आत्मीयता और परिचित वातावरण की गन्ध अवश्य है। नाटक पढ़ जाइए या देख जाइए कुछ बातें एकदम ध्यान आकर्षित करती हैं—(1) कार्य-संयोजन में तीव्रता और गतिशीलता (2) कार्य व्यापार में, पात्रों में विविधता (3) नाटकीय स्थितियों का चयन और सार्थक दृश्य-श्रव्य बिम्ब प्रयोग (4) संवादों की सहज, नाटकीय गठन और लय की विविधतां (5) सांकेतिकता। नाटक के प्रथम दोनों अंक तीव्रता और वैविध्य से युक्त हैं। मल्लिका के प्रवेश के साथ ही अनुकूल नाटकीय वातावरण पैदा होता है। मल्लिका और अम्बिका का आपसी टकराव, दृष्टिभेद, फिर कालिदास और दन्तुल की बातचीत से पैदा होने वाला तनाव, मातुल की बातचीत, गति, व्यवहार सबसे उत्पन्न तीव्रता और फिर विलोम का आना ये सब नाटक को बड़ी तेजी से बढ़ाते भी हैं और बढ़ते हुए तनाव का आभास भी कराते हैं, साथ ही रंगमंच को पूरा जीवन भी देते हैं। राकेश की सारी कुशलता पात्रों को

---

1. नटरंग 21, मोहन राकेश के नाटक, पृ० 35।
2. परिवेश, 'अनुभूति से अभिव्यक्ति तक' पृ० 183।

आमने-सामने रखने में कालिदास और दन्तुल, मल्लिका और अम्बिका, मातुल और निक्षेप, अम्बिका, कालिदास और विलोम, कालिदास और मल्लिका इन पात्रों के परस्पर संवाद ही नाटकीय प्रभाव पैदा करने में पर्याप्त कारण हैं। अन्य बाह्य तत्वों की आवश्यकता ही पैदा नहीं होती। इस प्रकार दूसरे अंक में नये पात्र रंगिणी-संगिणी, अनुस्वार-अनुनासिक, प्रियंगुमंजरी आकर नाटक को सजीव बनाते हैं। 'बातचीत, व्यवहार, गति, हाव-भाव सबके द्वारा बड़ी आसानी से नागरिक सभ्यता की कृत्रिमता और ग्रामीण सादगी, स्वाभाविकता का आपसी विरोध दिखाया गया है—दूसरी ओर मल्लिका और प्रियंगु को आमने सामने लाकर दो नारी व्यक्तियों का अन्तर, संघर्ष, द्वन्द्व दिखाकर नाटकीयता पैदा की गयी है। प्रियंगु के जाने के बाद मल्लिका और अम्बिका का उत्तेजनापूर्ण संवाद भी नाटकीय संघर्ष की सृष्टि करता है। अनुस्वार-अनुनासिक के संवादों और गतियों, क्रियाओं, भाव-मुद्राओं में भी वैविध्य और गत्यात्मकता है जो उस ग्रामीण घर और वातावरण में एकदम विरोधी बनावटी लगता है। ये विरोधात्मक स्थितियाँ, पात्रों, भावों, स्थितियों की विविधता ही 'आंतरिक शिल्प' का प्रमाण हैं, राकेश की इस खोज का परिणाम है कि रंगमंच को बाह्य उपकरणों पर आश्रित न होना पड़े। पात्रों की संक्षिप्त उपस्थिति भी नाटक में जान डालती है। लगता है कि पहली बार हिन्दी नाटककार के सामने नाटक की, रंगमंच की समूची परिकल्पना थी। जिसने दर्शकों की रुचि, मनोरंजन, समसामयिकता, सार्थक व्यंग्य सबको एक साथ पकड़ा है। इसलिए राकेश के नाटकों में आकर्षण तत्त्व भी है, हास्य व्यंग्य भी लेकिन ऊपर नहीं और न नाटक की आत्मा से अलग वरन् उसी में गुँथा हुआ। यद्यपि तीसरे अंक में उतनी गतिशीलता और तीव्रता नहीं रह पायी है एक मल्लिका के लम्बे स्वगत भाषण के कारण, दूसरे अंक में कालिदास के लम्बे भाषण के कारण। इस अंक में कालिदास का प्रवेश बड़ा ही नाटकीय और प्रभावोत्पादक है लेकिन बहुत देर तक उसका निरंतर बोलते जाना, अपने को स्पष्ट करते जाना और मल्लिका का निष्क्रिय बैठे रहना पूरे नाटक में निहित तीव्रता को कम करता है। यह इसलिए भी खटकता है कि वह नाटक का चरम बिंदु है जहाँ तीव्रता में बाधा नहीं आनी चाहिए। इस अंक का दूसरा प्रभावशाली स्थल है विलोम का द्वार खटखटाना और प्रवेश। तब से अन्त तक नाटक जिस दुर्दम्य गति से चलता चला जाता है और चरम परिणति तक पहुँच जाता है वह अप्रतिम है। बहुतों को यह राकेश की अतिनाटकीयता और फिल्मी शैली लगती है। वस्तुतः यह दोष केवल कालिदास के चरित्र-चित्रण की कमजोरी के कारण लगता है अन्यथा नाटक में तीव्रता, सघनता और रंगमंचीय द्वन्द्व का वह श्रेष्ठ उदाहरण है।

'आषाढ़ का एक दिन' के संवाद नाटकीय संवादों के संबंध में प्रचलित अवधारणा के आधार पर नहीं देखे जा सकते हैं। संवाद अभिनयात्मक हैं, संक्षिप्त हैं, चुस्त हैं या प्रवाहशील हैं बल्कि इन संवादों की सुन्दरता उनके उस रचाव में हैं जहाँ नाटककार की आत्मीयता और पात्रों की आत्मीयता एक साथ दिखाई देती है। यह ध्यान देने की बात है कि आद्यन्त इस नाटक के संवाद पात्रों के व्यक्तित्व के भिन्न स्तरों से अभिन्न रूप

में जुड़े हैं इसीलिए कहीं तेजी है, कहीं ठहराव, कहीं भावुकता है, कहीं कठोरता, कहीं द्वन्द्व है तो कहीं यथार्थ का स्वर। मल्लिका के संवादों में निरन्तर समान गति, काव्यात्मकता का पुट और भावुकता भरी शब्दावली मिलेगी तो अम्बिका के संवादों में एक स्थिर सधा हुआ तीव्र स्वर और मातृहृदय की पीड़ा से उत्पन्न कम्पन, कठोरता, वितृष्णा, व्यथा, चिंता, जड़ता का मिश्रित रूप। रंगिणी-संगिणी के संवाद, उनका स्वभाव-सुलभ चांचल्य और कलाकार के हावभाव लिए है, तो प्रियंगु के संवादों में आभिजात्य वर्ग के संस्कारों की शालीनता के साथ-साथ एक सी लय कम उतार-चढ़ाव है जैसा कि उसकी गतियों और एक्शन में भी। उसके संवादों में शारीरिक क्रियाओं की गुंजाइश कम है, गतियाँ और भावप्रदर्शन के अवसर ज्यादा हैं कालिदास की कोमलता, संवेदनशीलता, द्वंद्व, उसके संवादों से पूरी तरह अभिव्यक्त होता है। हरिण शावक को दुलराते हुए उसका बोलना छोटे-छोटे प्रश्नात्मक वाक्यों में है जो उसके अनुकूल एक्शन और भावप्रदर्शन की पूरी छूट देता है लेकिन अंतिम अंक में उसके संवाद इतने लम्बे होने पर भी बड़े अभिनयात्मक हैं। शिथिलता, पुनरावृत्ति, अनाटकीय, स्थिरता, जड़ता का कहीं नाम भी नहीं है। दूसरी ओर विलोम जब भी बोलता है तो उसके संवादों में एक खास तरह का लहजा है, समयानुकूल रंग बदलने वाली व्यावहारिक दृष्टि के अनुकूल परिवर्तन और उतार-चढ़ाव है, रुकना झटका, तेजी से बोल जाना ये सब उसे स्पष्ट करते हैं। प्रथम अंक में वह अपने अनधिकार प्रवेश की योजना और कोशिश के अनुरूप बात करता है तो अंतिम अंक में आन्तरिक रूप से पराजित होने पर भी वह अपने साधिकार प्रवेश के टोन में बात करता है, उसकी पराजय और विजय का मिश्रित रूप उसके अट्टहास और लड़खड़ाहट, एक्शन और संवादों की लय से एक साथ उभरता है। जितने लय परिवर्तन, भाव परिवर्तन, टोन का बदलना, अभिनय शैली की विविधता और कठिनता विलोम के संवादों में है उतनी अन्य पात्रों के संवादों में नहीं। यह सत्य उसके व्यक्तित्व का, आज की व्यावहारिकता का है जिसे संवादों में मूर्त कर दिया गया है। कालिदास और विलोम के संवादों में दो व्यक्तियों, दो दृष्टियों का अंतर साफ दिखायी देता है साथ ही दोनों का एक दूसरे से सम्बन्ध भी। अक्सर ऐसा लगता है जो कालिदास स्पष्ट नहीं कह पा रहा है उसे विलोम कह रहा हो। मातुल के संवाद प्रथम अंक में मल्लिका और अंबिका के धीमी गति के संवादों के बीच में एकदम भिन्न वातावरण की सृष्टि करते हैं। तेज आवाज, तेज गति, झल्लाहट, शारीरिक क्रियाओं की संभावना ज्यादा, हाव भाव की कम क्योंकि उस जैसा चाटुकार और अवसरवादी व्यक्ति भावना और द्वन्द्व से बहुत दूर है। प्रत्यक्ष और भौतिक सत्य में विश्वास करने वाला हाथ-पैर ज्यादा चलाएगा। एक अलग दृष्टिकोण अपनी पूरी सजीवता और क्रियात्मकता के साथ संवादों की उपयुक्त रचना के कारण मंच पर अलग उभरता है। राकेश के संवादों का सौन्दर्य और वैशिष्ट्य तब-तब बहुत प्रभावित करता है जब विरोधी मन:स्थितियों वाले पात्र परस्पर टकराते हैं। खास तौर से कालिदास, विलोम और कालिदास, दन्तुल। राकेश की संवाद रचना में कुछ चीजें और ध्यान आकर्षित करती हैं जैसे संवाद से संवाद, शब्द को पकड़कर निकलते जाना अपनी पूरी

अर्थगरिमा और अभिनयात्मकता में। जहाँ तेजी और तीखापन लाना है, परस्पर विरोध दिखाना है, वहाँ यह युक्ति ज्यादा काम में लायी गयी है। कहना न होगा कि संवादों की यह स्वाभाविकता और वैशिष्ट्य न अनायास आया है न सायास, यह पात्रों के अन्तर्मन तक उनके सम्पूर्ण व्यक्तित्व की आन्तरिकता तथा राकेश की पहुँच का स्वाभाविक परिणाम है, यह भाषा शक्ति की पहचान और शब्दों की आन्तरिकता की खोज है और यह नाटक की मौलिकता और आत्मा में प्रवेश और रंगमंच के यथार्थ की पकड़ का सफल परिणाम है। बिना 'अंतर्दृष्टि' के ऐसे लगाव के साथ संरचना सम्भव नहीं हो सकती है। अब तक हिंदी नाटकों में संवाद पात्रों के व्यक्तित्व का परिचय मात्र ही अधिक कराते थे या कथानक का विकास करते थे—राकेश के संवादपात्रों के व्यक्तित्व से गहरी आत्मीयता स्थापित करते हैं, उनके आंतरिक सूत्रों की पकड़ से विविधता पैदा करते हैं और साथ ही यह सम्भावना भी कि ऊपरी अभिनय शैली या वेशभूषा से ही पात्रों को एक दूसरे से पृथक् न करना पड़े। उनके संवाद ही उनकी विशेषता और पारस्परिक अन्तर को पूरी गहराई से अभिव्यक्त कर सकते हैं। क्या कारण है कि अनुस्वार अनुनासिक के संवाद सबसे अलग, छोटे बहुत छोटे, एक सी शब्दावली, पुनरावृत्ति लिए हुए हैं? यह सकारण है। नया नाटककार आज की मनोवृत्ति को भाषा और संवाद रचना से स्पष्ट करने की सामर्थ्य रखता है। पुनरावृत्ति यहाँ सार्थक कही जायगी क्योंकि ये दोनों राजकर्मचारी उस वर्ग के प्रतिनिधि हैं जो बार-बार कहता बहुत है, करता कुछ नहीं, उस वर्ग की निष्क्रियता और जड़ता को बखूबी इनके संवादों में भर दिया गया है। सांकेतिकता इनका बहुत बड़ा लक्षण है। यह अर्थ शक्ति, ध्वनि और क्रिया का सामंजस्य हिन्दी नाटक की उपलब्धि है। इसमें अभिनय और निर्देशन क्षेत्र की बहुत सी सम्भावनाएँ भी हैं। अनुस्वार अनुनासिक के ये संवाद अपनी आंतरिक लय में मौलिक और अर्थवत्ता से पूर्ण हैं। अगर उस आन्तरिक लय का ध्यान न दिया जाय तो यह नितान्त सपाट भी लगेंगे और इनकी अर्थवत्ता भी समाप्त हो जायगी। निश्चित रूप से राकेश की संवाद योजना कहीं भी सतही, अस्वाभाविक या भाषा जाल प्रतीत नहीं होती। इतने बड़े नाटक में एक भी पंक्ति शून्य, जड़ या अपाठ्य नहीं कही जा सकती, इसीलिए इन संवादों की 'व्याख्या' नहीं की जा सकती। उन्हें नाटकीय संरचना का अभिन्न अंग मानकर और रंगमंचीय यथार्थ की सृष्टि मानकर अनुभव करना होगा क्योंकि इनमें अलग से कुछ भी कहा, समझाया या विश्लेषित नहीं किया गया है। इन्हें गहन अनुभूति और रंग-दृष्टि से रचा गया है 'आषाढ़ का एक दिन' में और चाहे कोई भी कमजोरी हो लेकिन उसके संवाद अपनी नवीनता, विविधता और विशिष्टता में अप्रतिम हैं। राकेश की नाट्यभाषा इसमें बड़ी सहायक हुई है क्योंकि अंततः भाषा का रचाव ही संवाद के रचाव का अनिवार्य हिस्सा है। भाषा के सम्बन्ध में—नाट्यभाषा के सम्बन्ध में राकेश ने नये सिरे से सोचा है और पहली बार साहित्यिक हिन्दी को सार्थक नाट्यभाषा का रूप इस नाटक में दिया[1] जैसा कि नेमिचंद्र

---

1. **देखिए अध्याय—मोहन राकेश की नाट्यभाषा।**

जैन कहते हैं कि...'उसमें शब्दों की अपूर्व मितव्ययिता भी है और भाषा में ऐसा नाटकीय काव्य है जो हिंदी नाटकीय गद्य के लिए एकदम अभूतपूर्व है और अचानक ही हिन्दी नाटक का वयस्क होना सूचित करता है।[1]

बिम्ब प्रयोग इस नाटक को और प्रभावशाली बनाते हैं। 'वर्षा' इस नाटक का, इसके वातावरण का, भावाभिव्यक्ति का अभिन्न अंग है। राकेश ने आत्मकथा में लिखा भी है कि 'मुझे वर्षा बहुत प्रिय है और मैं किसी वर्षा के दिन से ही अपने जीवन की कहानी आरम्भ करना चाहता हूँ[2] कालिदास और मल्लिका वर्षा से ही बँधे हुए हैं। बहुत दिनों बाद वर्षा में भीगकर कालिदास अपने तन मन की थकान मिटने का सुख पाता है। वर्षा का सम्बन्ध दोनों के अन्तर्मन से, भावना से, भावना के द्वन्द्व से है।

अम्बिका का छाज में धान फटकना, धान निकालना-रखना, दूध बनाना, देना सब उस 'कर्म का संकेत हैं जो उसकी दृष्टि है, तो हरिणशावक उस कवि-सुलभ कोमलता, मानवीय संवेदना को, संवेदनशील हृदय को व्यक्त करता है जो कालिदास में है, राजपुरुष में नहीं है। प्रथम अंक में विलोम के आने के साथ अंधकार बादलों का ही नहीं है, अम्बिका के मन का भी, उन परिस्थितियों का भी है जिनमें पात्र घिरे हुए हैं। अग्निकाण्ड का प्रकाश जहाँ नाटकीय प्रभाव पैदा करता है, वहाँ विलोम की सायास चेष्टा को भी व्यक्त करता है, प्रथम अंक के बाद द्वितीय अंक और तृतीय अंक के वर्षों के अन्तराल को बड़ी स्वाभाविकता, रोचक तीव्रता के साथ प्रस्तुत किया है। प्रकोष्ठ की बदली हुई स्थिति, कम बरतन, कुम्भों पर जमी काई, रस्सी पर टँगे वस्त्र, टूटा मोढ़ा, आदि सब मल्लिका और उसके परिवेश का संकेत करते हैं। प्रथम अंक में दीपक अगर दो हैं तो अंतिम अंक में केवल एक जो अम्बिका की मृत्यु और परिस्थितियों से जन्मे मल्लिका के एकाकीपन और विवशता का ही सूचक नहीं है, उसकी अकेली जलन का—आत्मदाह का भी सूचक है। मल्लिका की परिणति उसके लम्बे काल में है, कालिदास भी प्रवेश करते ही उसके विघटनकारी रूप का अनुभव करता है। वह भी अपने को अन्दर से अपने परिवेश से टूटा हुआ महसूस करने लगता है। रेशमी वस्त्र में लिपटा रक्खा भोजपत्र मल्लिका की भावना का प्रतीक है तो मैले कपड़ों के नीचे दबा रक्खा ग्रन्थ और उस पर पड़ी धूल उसकी विवशता और भावना, उसकी अपनी परिणति का भी। घोड़ों की टापों के निरंतर निकट आने और दूर जाने के स्वर से मल्लिका का सारा अन्तर्द्वन्द्व विलोम और अम्बिका की सारी क्रियात्मकता और जड़ता को व्यक्त ही नहीं किया गया, नाटकीय संघर्ष को तीव्र प्रभाव भी दिया गया है। नाटक इस तरह के नाटकीय प्रभावों, संकेतों, दृश्य और श्रव्य बिम्बों से भरा पड़ा है जो नाटकीय युक्तियों के रूप में नहीं नाटक की अनिवार्य माँग और भाग के रूप में आये हैं

---

1. नटरंग 21, मोहन राकेश के नाटक : पृ० 35-36।
2. सारिका, मार्च 73, आत्मकथा पृ० 74।

और जो तीव्र भावोद्दीपन ही नहीं करते भाषा का, बल्कि उससे भी कहीं अधिक सार्थक कार्य करते हैं। ये बिम्ब प्रयोग 'डेकोरेशन' के रूप में नहीं 'अनिवार्यता' के अर्थ में आये हैं अभिव्यक्ति का एक सही माध्यम बनकर।

इसीलिए यह नाटक अपने मंचन में हमेशा एक नयी चुनौती बनकर आता रहा है और एक माने में नाट्य प्रशिक्षण का काम करता रहा है क्योंकि इस नाटक में अभिनय पद्धति या अभिनय शैली इसी के अन्दर से खोजी जा सकती है और नये से नये प्रयोग किये जा सकते हैं। जो लोग इस नाटक को 'सतही विलाप' से आगे की चीज नहीं मानते वह कालिदास की चारित्रिक दुर्बलता और सतहीपन का संकेत करते हैं। कालिदास के इस दुर्बल पक्ष से किसी को भी इनकार नहीं हो सकता कि उसके द्वारा राज्य के साथ कलाकार के सम्बन्ध की समकालीन अनुभूति का विश्लेषण पूरी सच्चाई के साथ पेश नहीं किया गया लेकिन यह कहना कि 'चरित्र-चित्रण, नाटकीय भाषा, संगठन और नाटकीय अनुभव के लिहाज से इनमें कोई नयी या ताजा या मौलिक बात नहीं है[1] यह भी पूर्वाग्रह ही है। यह नहीं भूलना चाहिए कि राकेश ने एकदम क्रान्ति नहीं पैदा की है। लेकिन हिन्दी में नाट्यविधा जिस स्थिति में थी, उसे एक ही नाटक से इतनी समर्थ, सशक्त विधा बना देना उन्हीं का काम है। हिन्दी नाटक के परिप्रेक्ष्य में 'आषाढ़ का एक दिन' और उसके रचनाकार के महत्त्व को देखना जरूरी होगा। इस एक नाटक से हिन्दी में सब तरफ जो नाट्य दृष्टि बढ़ती है, और हिन्दी नाटक के सम्बन्ध में जो दृष्टि परिवर्तन हुआ है वह जानी हुई बात है और यहीं मुझे 'नवीनता' और 'मौलिकता' के सम्बन्ध में राकेश के विचार याद आ जाते हैं। उनका कहना है कि 'नयी स्थितियों में जीवन की प्रतिक्रियाओं का चित्रण नवीनता का एक क्षेत्र है। ...मौलिकता का सम्बन्ध उतना अनुभूति से नहीं जितना अभिव्यक्ति से है। अभिव्यक्ति से ही लेखक के अपने व्यक्तित्व की छाप आ जाती है। वह छाप रचना से ताजगी ले आती है।[2] नवीनता और मौलिकता, राकेश के व्यक्तित्व की छाप इस नाटक में देखी जा सकती है। यह 'नवीनता' और अधिक सार्थक होती अगर कालिदास को समकालीन अनुभव और तीव्र संघर्ष से जोड़ने में राकेश उतने ही सफल हुए होते जितने कि अन्य पात्रों के चित्रण में और 'मर्यादित अभिव्यक्ति' में हुए हैं।

(2) लहरों के राजहंस

[प्रथम संस्करण 1963
नया संस्करण 1968]

'लहरों के राजहंस' राकेश का अगला नाटक है और इसे 'आषाढ़ का एक दिन' के विकास क्रम में देखा जा सकता है। यद्यपि इस नाटक में परिवेश को उतना नहीं लिया

---

1. **अनिल सारी : प्रतिपक्ष, 14 जनवरी, '73, पृ० 14।**
2. **परिवेश : अनुभूति से अभिव्यक्ति तक, पृ० 182।**

गया है जितना आधुनिक मानव मन की जटिलता और अन्तर्द्वन्द्व को। उतनी विविधता भी नहीं है न पात्रों के स्तर पर और न भाव और स्थितियों के स्तर पर। नाटकीय गठन में उस जैसी सघनता भी नहीं है लेकिन फिर भी यह नाटक राकेश के संवेदनशील नाटककार व्यक्तित्व को—उनकी नाट्यभाषा की शक्ति को और रंगमंच के समूचे वातावरण और शिल्प को अभिव्यक्त और स्थापित करता है। दोनों नाटकों में जो बातें समान लगती हैं वह है ऐतिहासिक कथानक, आधुनिक संदर्भ, भाषा में नाटकीय काव्य और एक पूरा रोमांटिक वातावरण। राकेश के व्यक्तिगत स्वभाव की परतें, उलझनें इस नाटक में भी जैसे खुलती जाती हैं! उनके किसी भी नाटक में समसामयिक परिस्थितियों समस्याओं का यथार्थ चित्रण मुख्य नहीं है बल्कि उनके बीच उलझते-टूटते, बिखरते आज के मनुष्य की पीड़ा और मानसिक द्वंद्व ही मुख्य हैं जो शायद राकेश के स्वभाव और मन के ज्यादा निकट हैं। जैसा कि कहा गया है कि इस नाटक का आधार भी ऐतिहासिक है लेकिन रूढ़िगत अर्थ में नहीं। उसी अर्थ में जिस अर्थ में 'आषाढ़ का एक दिन' का है। ऐतिहासिक और सुदूर अतीत के कथानक को राकेश ने अपनी सार्थक कल्पना और गहरी अनुभूति से उठाया है। नाटक की कथा अश्वघोष के ('सौन्दरनन्द') काव्य पर आधारित है। यह मूल काव्य भी अपने में पूरा ऐतिहासिक नहीं है, कल्पना का आश्रय अश्वघोष ने भी लिया है। संस्कृत और पालि साहित्य में उपलब्ध कथा का अश्वघोष ने विस्तार दिया है राकेश ने भी ऐतिहासिक तथ्यों पर मूलतः ध्यान न देकर काल्पनिक अन्विति से उसे विस्तार दिया है। कथानक मूलतः नन्द और सुन्दरी पर केन्द्रित है। नन्द और सुन्दरी ऐतिहासिक पात्र होते हुए भी आज के संदर्भ में नितान्त आधुनिक हैं क्योंकि उनके द्वारा आज के मानव की बेचैनी, विवशता और आन्तरिक संघर्ष प्रेषित किया गया है। स्वयं राकेश कहते हैं कि 'नन्द और सुन्दरी की कथा एक आश्रय मात्र है, क्योंकि मुझे लगा कि इसे समय में परिक्षेपित किया जा सकता है। नाटक का मूल अन्तर्द्वन्द्व उस अर्थ में यहाँ भी आधुनिक है जिस अर्थ में 'आषाढ़ का एक दिन' के अन्तर्गत है।[1] लेकिन इस नाटक की बड़ी लम्बी रचना-प्रक्रिया है जो इस सत्य से साक्षात्कार कराती है कि लेखन के समय एक रचनाकार की मानसिक स्थिति कितने-कितने अनुभवों में से रास्ता तय करती है कि एक रचना कितनी जटिल प्रक्रियाओं से होकर गुजरती है और लेखक को किस तरह अपनी रचना से पूरा सन्तोष नहीं मिलता। बहुत समय पहले से मन में उमड़ते-घुमड़ते इसके कथानक और एक बिम्ब के सम्बन्ध में राकेश ने स्वयं कहा है—बहुत पहले से एक बिम्ब मन में था। दो दीपाधार! एक ऊँचा शिखर! उस पर पुरुष मूर्ति, बाँहें फैली हुईं तथा आँखें आकाश की ओर उठी हुईं। दूसरे छोटा शिखर, पर नारी मूर्ति, बाँहें सिमटी हुईं तथा आँखें धरती की ओर झुकी हुईं।' पहले पहल 'सौन्दरनन्द' काव्य को पढ़ते हुए यह बिम्ब उनके हृदय में बनने लगा था। इसे कहानी के रूप में 1946-47 में लिखा था। इस कहानी में नाटक के चार पात्र नन्द, सुन्दरी, अलका और मैत्रेय थे।

---

1. **लहरों के राजहंस : भूमिका : पृ० 10।**

नाटक में सुन्दरी कहती है 'नारी का आकर्षण पुरुष को पुरुष बनाता है तो उसका अपकर्षण उसे गौतम बुद्ध बना देता है' यह कथन भी उस कहानी में था लेकिन राकेश को यह कहानी इतनी अधूरी लगती रही कि प्रकाशित नहीं हुई। बाद में इसी कहानी को 'सुन्दरी' नाम से रेडियो नाटक के रूप में लिख डाला। रेडियो पर यह नाटक प्रस्तुत भी हुआ लेकिन राकेश का साहित्यकार मन सन्तुष्ट नहीं था। रचना पड़ी रही, मन में घुमड़ती रही। सात-आठ वर्षों के बाद जालन्धर रेडियो के लिए इसी को 'रात बीतने तक' शीर्षक से राकेश ने पुन: लिखा लेकिन उस समय भी उन्हें लगता रहा कि जैसे चरित्रों में संतुलन नहीं है और संवादों की गठन, बनावट अधूरी है। अन्त में 1963 में 'लहरों के राजहंस' नाटक के नाम से यह सर्वथा नये रूप में प्रकाशित हुआ किस तरह तनावपूर्ण स्थिति में ग्यारह दिनों के अन्दर ही यह नाटक पूरा हुआ, राकेश ने भूमिका में उसका बड़े विस्तार से उल्लेख किया है। लगता है नाट्य-विधा की मौलिकता उसकी शक्ति, नाट्य भाषा की जीवंतता और सर्जनात्मकता के प्रति वह इतने सतर्क थे और नाटक उनके लिए हमेशा एक चुनौती लेकर आता था साथ ही अन्य लेखकों के नियमबद्ध व्यवस्थित लेखन की तुलना में राकेश के लिए लेखन अनिवार्य होते हुए भी उतना सहज नहीं था। 'मैं क्या लिखना चाहता हूँ, यह कभी मन में स्पष्ट नहीं होता जो कुछ लिखा जाता है वह सब अधूरा या अतिरिक्त लगता है। एक असन्तोष, एक आन्तरिक बेचैनी कि मन को अचानक गहरे छूने वाली अनुभूति ज्यों की त्यों क्यों नहीं शब्दों में आ पा रही है।' 'उधर से आती हवा से खम्भे की रोशनी बार-बार काँप जाती है। मेरा जिस्म भी काँप जाता है। क्या इस कँपकँपी को मैं किसी तरह कागज पर उतार सकता हूँ? इस तरह कि जो इसे पढ़े, उसे भी इतनी ठंड महसूस हो।' 'लहरों के राजहंस' राकेश की इसी बेचैनी और नाट्य लेखन के प्रति उनके उत्तरदायित्व का उदाहरण है। नाटक से अब भी लेखक मन पूरा सन्तुष्ट नहीं था। उस पर प्रतिक्रियाएँ भी खूब हुईं क्योंकि रूपबन्ध की दृष्टि से इसका तीसरा अंक शिथिल और उलझा हुआ है। नाटकीय तीव्रता और सघनता में उससे बाधा पहुँचती है। साथ ही नाटक की बोझिल प्रतीकात्मकता को लेकर भी काफी मतभेद उठ खड़ा हुआ। आखिरकार तृतीय अंक को फिर से लिखा, नाटक को फिर से संशोधित किया और तब अपने रूप में यह 1968 में प्रकाशित हुआ। नाट्यशिल्प की कुछ कमजोरियाँ अवश्य दूर हुईं लेकिन नाटक में फिर भी उतना सघन प्रभाव पैदा नहीं हो सका। सम्भवत: कोई भी रचना ऐसी नहीं होती कि उसके रूप को अन्तिम और निश्चित माना जा सके।

ऐतिहासिक पात्रों को अनैतिहासिक और युगीन बना देना और उनका बड़ी एकाग्रता और गहराई ने चरित्रांकन करना अगर इस नाटक की विशेषता है तो ऐतिहासिक अन्तर्द्वन्द्व को बिल्कुल आधुनिक अर्थव्यंजना प्रदान करना भी। ऐतिहासिक नाटकों में पात्रों की एकदम नयी सर्जनाएँ और उनका बड़ा तीव्र चरित्रांकन इतनी सफलता से हिन्दी नाटक में पहली बार हुआ क्योंकि यहाँ वही प्रमुख है, कथा की प्रामाणिकता और वर्तमान समस्याएँ नहीं। पहले के ऐतिहासिक नाटक नाट्यविधा को आन्तरिकता

में नहीं ले जाते, वे एक 'पाठ्य पुस्तक' की माँग पूरी करते हैं दर्शकों और रंगमंच से इतना तादात्म्य उनका नहीं हो पाता। 'स्कन्दगुप्त', 'ध्रुवस्वामिनी', 'अन्धा युग' और 'आषाढ़ का एक दिन' के बाद यह एक श्रेष्ठ नाट्यकृति है भाव और स्थिति के स्तर पर ज्यादा रूपबन्ध के स्तर पर कम। तीन अंकीय नाटक में कपिलवस्तु के राजकुमार नन्द के बौद्ध भिक्षु बनने और उसकी पत्नी सुन्दरी के रूप-गर्व और यौवन-आकर्षण के दर्प की कथा है। इस सामान्य कथानक में द्वंद्व का दो स्तरों पर संचरण होता है—नन्द और सुन्दरी उसके केन्द्र हैं। सुन्दरी एक अनन्त सौन्दर्य सम्पन्न, आत्माभिमान से भरी, अनन्य विश्वास से युक्त नारी है। चाहती है कि नन्द को पुरुष को, अपने सौन्दर्य आकर्षण से, प्रणय के बन्धन से बाँध रक्खे। दूसरे की असफलता से अपनी सफलता का संकेत करते हुए वह कहती है—देवी यशोधरा का आकर्षण यदि राजकुमार सिद्धार्थ को बाँध सकता तो क्या आज भी वे राजकुमार सिद्धार्थ ही न होते? ...नारी का आकर्षण पुरुष को पुरुष बनाता है तो उसका अपकर्षण उसे गौतम बुद्ध बना देता है। यह उसके व्यक्तित्व की दृढ़ता आत्मविश्वास और गर्व है कि नन्द उसके रूपपाश में बँध ही जाएगा और फिर मुक्त होकर संन्यासी नहीं बनेगा। कामोत्सव का आयोजन उसके व्यक्तित्व को, उसकी कामना, विश्वास और दर्प को व्यक्त करता है। स्वाभिमान उसके हाव-भाव, गतियों में ही नहीं उसके कथनों में भी है। वह सोच ही नहीं पाती कि 'भरा पूरा यौवन और हृदय में धूल भरा आकाश' इनमें मेल ही क्या है? वह यह भी नहीं समझ पाती कि कामनाओं को जीता कैसे जा सकता है? और यह कामना किसी के मन में जागती ही क्यों है? 'राजहंसों के जोड़ों की किलोल' के आगे उसे गौतम बुद्ध का निर्वाण और अमरत्व सारहीन, निरर्थक लगता है लेकिन उसका विश्वास कुछ टूटता है यह जानकर कि बहुत से अतिथि कामोत्सव में नहीं आयेंगे। स्वाभिमान भी उभरता है—'आपका स्वयं लोगों के यहाँ जाना...विशेष रूप से यह कहने के लिए यह क्या अपमान का विषय नहीं है?' ...'मेरे उत्सव में लोग अनुरोध करने से आयें, इससे उनका न आना ही अच्छा है।' यह जानते हुए भी कि देवी यशोधरा भिक्षुणी के शिविर में जाने वाली हैं और आज सबसे मिलेंगी, वह कामोत्सव के आयोजन को टालना नहीं चाहती, यह उसके व्यक्तित्व का प्रश्न है। मैत्रेय से वह कहती भी है—'कामोत्सव कामना का उत्सव है—आर्य मैत्रेय। मैं अपनी आज की कामना कल के लिए टाल रखूँ...क्यों? मेरी कामना मेरे अन्तर की है। अन्तर में ही उसकी पूर्ति भी हो सकती है। बाहर का आयोजन उसके लिए उतना महत्त्व नहीं रखता जितना कुछ लोग समझ रहे हैं।' विश्वास और गर्व के पीछे अन्तर की पीड़ा और द्वंद्व है जो प्रकट नहीं होना चाहता लेकिन अन्तर में निरन्तर बढ़ता जाता है—

'मैं अव्यवस्थित नहीं हूँ। किसी का कोई षड्यंत्र
मुझे अव्यवस्थित नहीं कर सकता।'

....

अपने उद्वेग का वास्तविक कारण मैं स्वयं हूँ और किसी को यह अधिकार मैं नहीं देती कि वह मेरे उद्वेग का कारण बन सके।'

इस तरह पहले अंक में सुन्दरी का गर्वमय व्यक्तित्व ही नाटक का मूल प्रतीत होता है। उसके आगे नन्द का व्यक्तित्व साधारण लगता है बल्कि वह सुन्दरी के सौन्दर्य पर मुग्ध और एक संयमित संतुलित पति, पुरुष लगता है, इसी चेष्टा में संलग्न कि सुन्दरी के उत्साह में कहीं बाधा न पड़े। दूसरे अंक में नन्द के ही आन्तरिक संघर्ष पर जैसे पूरा ध्यान केन्द्रित है! हर दृष्टि से यह अंक इस नाटक का बड़ा सघन भावोद्दीपक, नाटकीय वातावरण से युक्त, चारित्रिक संघर्ष के तनाव से भरा हुआ अंक है, निराशा के बाद की निद्रा में डूबी, सुन्दरी, नेपथ्य से श्यामांग का ज्वर प्रलाप और साथ ही एक दूसरे के स्वर को काटते हुए नन्द के स्वगत। इसके बाद सुन्दरी के जागने से लेकर अंत तक पूरा अंक बड़ा ही भावमय है। गहरी निराशा और पराजय के बाद भी पुनः नन्द को अपने रूप जाल और प्रणय-पाश में बाँध रखने के लिए आकुल और तत्पर सुन्दरी का समूचा व्यक्तित्व साकार हो उठता है। दूसरी ओर नेपथ्य से 'धम्मं शरणं गच्छामि' का समवेत स्वर नन्द के हाथ में हिलते हुए और फिर गिरकर टूटते हुए दर्पण द्वारा नन्द के सारे अन्तर्द्वन्द्व को बड़ी सफलता से मूर्त कर दिया है। असमंजस और अनिश्चय की स्थिति में खड़े नन्द को सुन्दरी अन्तिम क्षण तक अपनी विविध चेष्टाओं, हाव-भावों से मोहाविष्ट करती है और चला जाने देती है। एक विश्वास के साथ। तीसरे अंक में नन्द लौटता तो है लेकिन क्षत-विक्षत, केश कटाए हुए। सुन्दरी का समस्त विश्वास और प्रयत्न यहाँ बिखर जाता है और वह एक आहत अभिमान के साथ चीख पड़ती है—कि 'नहीं—लौटकर वे नहीं आये। जो आया वह व्यक्ति कोई दूसरा ही है।' विश्वास दोनों का खंडित होता है। नन्द स्तब्ध और आहत भाव से जाता है तो सुन्दरी सिसकती रह जाती है अपने खंडित विश्वास और भाव के साथ। मतलब अपने कथ्य में बहुत व्यापक न होते हुए पूरा नाटक जैसे कहना चाहता है कि प्रत्येक व्यक्ति अपने जीवन का, अपनी मुक्ति का पथ स्वयं ही खोजता है। दूसरों के द्वारा खोजा गया पथ अपने आप में विशिष्ट होते हुए भी अधूरा और निरर्थक लग सकता है। गौतम बुद्ध द्वारा खोजा गया पथ महत्त्वपूर्ण होते हुए भी नन्द के संवेदनशील हृदय का आश्वस्त नहीं कर पाता। 'अन्तर की व्याकुलता दीक्षा लेने से शान्त नहीं होगी लेकिन इतना जानते हुए भी बुद्ध का भिक्षुत्व जब आरोपित हो जाता है तो 'बिना विश्वास एक विश्वास का अपने ऊपर लादा जाना उसके मन को विद्रोह से भर देता है 'मैं तुम्हारा या किसी और का विश्वास ओढ़कर नहीं जी सकता, नहीं जीना चाहता। अपने कटे हुए केश देखकर अनेक अनेक प्रश्न उसके सामने आते चले जाते हैं कि 'उन्होंने केश कटवा दिये, तो क्या व्यक्ति रूप में मैं अधिक सत्य हो गया? जिह्वा कटवा देते, हाथ पैर कटवा देते तो और अधिक सत्य हो जाता?' आधुनिक मन का यह द्वन्द्व कोरे सिद्धान्तों के स्थायित्व और सत्य को स्वीकार नहीं कर पाता 'कौन कह सकता कि भ्रान्ति वस्तुतः किसे है, उन्हें या मुझे? उसकी तुलना में जिये जाने का क्षण, स्पन्दन, पल भर की अकुलाहट ही

उसे जीवन का पूरा अर्थ और पुरस्कार लगती है। और वह अपने अस्तित्व को अपने व्यक्ति रूप को मुख्य मानते हुए सुन्दरी के प्रेम में अगाध विश्वास रखते हुए सोचना चाहता है कि 'कटवा ही दिये तो उससे अन्तर क्या पड़ता है। कुछ ही दिनों में फिर नहीं उग आयेंगे? अन्तर पड़ता यदि मेरा हृदय बदल जाता, आँखें बदल जातीं। मेरे हृदय में तुम्हारे लिए अब भी वही अनुराग है, आँखों में तुम्हारे रूप की अब भी वही छाया है।' लेकिन सुन्दरी की चीख के साथ वह अपने को अपने आप से भी अकेला महसूस करता है। नहीं समझ पाता कि थोड़ा-सा अपरूप होने से ही वह दूसरा व्यक्ति कैसे हो गया? 'जिस सामर्थ्य और बल पर जी रहा था, उसी के सामने मुझे असमर्थ और असहाय बनाकर फेंक दिया गया है।' इसीलिए वह सुन्दरी के मोहक घेरे में भी अपने को बाँध नहीं पाता। वह रूप, सौंदर्य, प्रणय पाश भी उसे अधूरा लगता है। आत्मरक्षा और आत्मविनाश दोनों प्रवृत्तियों के बीच एक साथ जीता हुआ वह अपने को 'असहाय' स्थिति में रखने में असमर्थ पाता है। वह जानता है कि वह जहाँ भी है किसी भी प्रभाव या दबाव के कारण नहीं अपनी एक आन्तरिक आवश्यकता के कारण। नियति कुछ और है कोई उसे नहीं समझ पाता वह स्वयं कुछ नहीं है उसका अन्तर्द्वन्द्व कुछ नहीं है। 'मैं केवल इतना सा ही हूँ जितना सा कि तुम्हारी दृष्टि मुझे देखना चाहती है। और उतने से आकार का व्यक्ति यदि जीवन में कोई बिन्दु खोजना चाहे तो कितनी दूर जा सकता है?' यहीं उसे लगता है कि मैं कुछ नहीं हूँ दोनों जगह वह अधूरा है मैं यह भी हूँ मैं वह भी हूँ...इनमें से कोई एक नहीं जैसा कि तुम सब अलग-अलग से विश्वास करना चाहते हो कि मैं हूँ...इसलिए अपनी मुक्ति का मार्ग स्वयं उसे ही रचना है। वस्तुतः उसके लिए, मोहन राकेश के लिए सुन्दरी और बुद्ध दो व्यक्ति नहीं, दो जीवन-दृष्टियाँ हैं, जिनके प्रभाव में नन्द का मन बराबर आन्दोलित रहता है। दूसरी ओर सुन्दरी का सारा क्षोभ केशहीन रूप के कारण नहीं नन्द द्वारा अपना विश्वास खंडित किये जाने के कारण है जो कि नन्द नहीं समझ पाता। वह साफ कहती है वह आकृति एक दुःस्वप्न नहीं...यथार्थ है स्वप्न... मेरा अपना यथार्थ...क्या मैं उसका सामना कर सकती हूँ? उसके पास से जाकर नन्द ने यह सब कैसे हो जाने दिया। क्यों हो जाने दिया। नाटक की चरम परिणति द्वन्द्व की चरम सीमा पर ही होती है, आज के मनुष्य की जीने की इच्छा भी कितने प्रश्नों से एक साथ घिरी हुई है, शान्ति नहीं है, मृत्यु का भय है, मनुष्य की चेतना 'अस्तित्व और अनस्तित्व' के बीच एक प्रश्न चिह्न बनाकर छोड़ दी गयी है। उसे उन प्रश्नों का उत्तर पाना है। द्वंद्व और खोज राकेश की प्रकृति में है। उनके सभी पात्र एक प्रश्नचिह्न, एक बिंदु के साथ खड़े दीखते हैं। नाटक के इस द्वन्द्व, पार्थिव और अपार्थिव मूल्यों के द्वंद्व को स्पष्ट करते हुए राकेश ने स्वयं कहा है कि 'नाटक का मूल द्वंद्व पार्थिव और अपार्थिव मूल्यों का द्वंद्व है। सुन्दरी पृथ्वी के प्रतीक में पुरुष और उसकी चेतना अपने तक बाँधे रखना चाहती है पुरुष बँधना चाहकर भी उससे ऊपर उठना, एक अपार्थिव जिज्ञासा में अपने लिए उपलब्धि ढूँढना चाहता है। बुद्ध पार्थिवता को तिलांजलि देकर उस उपलब्धि की ओर आते हैं—नन्द तिलांजलि नहीं दे पाता, नहीं देना चाहता। (शरीर का—पार्थिवता का

निषेध वैसे भी राकेश को कभी मान्य नहीं था) उसकी खोज है पार्थिवता के अन्दर से अपार्थिव को पाने की। इसलिए वह संशयग्रस्त है, एक प्रश्नचिह्न है।[1] कहने की आवश्यकता नहीं कि वह संशय और प्रश्न राकेश के अपने हैं, नन्द का द्वंद्व राकेश का द्वंद्व है। न होने की थकान, अस्तित्व का द्वंद्व उनका अपना है। अपनी डायरी के पन्नों में एक जगह राकेश ने लिखा है—'जीना हो तो तुम्हें जीना चाहिए सिर्फ जीने की बात सोचते रहने का कोई अर्थ नहीं।'[2] निश्चय ही जीने का अर्थ, पूर्ण जीने का प्रश्न ही कालिदास और नन्द का है। अपने ढंग से जीना राकेश ने भी जाना था। नाटक के पहले रूप में नन्द सुन्दरी से बिना मिले ही चला जाता है। सुन्दरी सिसकती रह जाती है 'बस, इतना ही तो समझ पाते हैं ये लोग' कायर की तरह नन्द का चुपचाप चले जाना विचित्र लगता था और कालिदास की याद दिलाता था। यह पुनरावृत्ति क्यों? इस 'कायर' पक्ष को लेकर तीव्र प्रतिक्रियाएँ थीं क्योंकि यही नहीं कि उससे नन्द का व्यक्तित्व अधिक सार्थक नहीं लगता था बल्कि इसलिए भी कि उसके पलायन की अनिवार्यता नाटक में कहीं नहीं थी। लेकिन नाटक के नए रूप में नन्द अधिक प्रभावशाली है, और द्वन्द्व के साथ-साथ एक दृष्टि भी सामने आती है जो नाटककार की आज की मानवीय स्थिति को स्पष्ट करती है और नाटक को अधिक विश्वसनीय बनाती है, यद्यपि अब भी अंतिम परिणति एक दम अनिवार्य नहीं लगती इसलिए जागरूक नाट्य समीक्षकों को उनके नाटकों का अन्त उतना 'विस्फोटक' नहीं लगता जितना उनके नाटकों में अपेक्षित है। शायद यह भी राकेश के स्वभाव का ही परिणाम है।

गठन की दृष्टि से नाटक के प्रथम और द्वितीय अंक ज्यादा सघन और एकाग्रता लिए हुए हैं। पहला अंक सुन्दरी के व्यक्तित्व के नाटकीय द्वन्द्व को व्यक्त करता है। कार्य-व्यापार और भाव दोनों के स्तर पर दोनों अंक प्रभावशाली हैं। कामोत्सव का आयोजन नाटक में महत्त्वपूर्ण तो है ही नाटक में क्रियात्मकता और तीव्रता भी लाता है। उसकी सफलता-असफलता का प्रश्न सुन्दरी की आशा-निराशा उसके गर्व और पराजय को स्पष्ट करता है। दूसरा अंक सुन्दरी की चरित्र रेखाएँ और स्पष्ट करता है और साथ ही नन्द के आन्तरिक संघर्ष को, आज के मनुष्य की मानसिकता जटिलता को भी व्यक्त करता है, तीसरा अंक अन्त: संघर्ष के अन्तिम बिन्दु पर समाप्त होता है और नन्द और सुन्दरी की मन:स्थिति को, द्वन्द्व के कारण और स्वरूप को प्रकट करता है। कुछ लोग वस्तु विधान की दृष्टि से इस अंक की यह कमजोरी मानते हैं कि नन्द के भिक्षु बनकर आने पर उसका दर्शकों पर एकदम तीव्र और तात्कालिक प्रभाव नहीं पड़ता। अलका और श्वेतांग की बातचीत के माध्यम से नाटककार ने सूचना दी है कि नन्द नदी तट पर तथागत के पास अपनी धृष्टता के लिए क्षमायाचना करने गए हैं और वहाँ जाकर भिक्षु बन गये हैं, अगर यह सारा दृश्य रंगमंच पर प्रत्यक्ष होता, नाटक में

---

1. **लहरों के राजहंस : पृ० 23।**
2. **सारिका, नवम्बर 1968, पृ० 63।**

घटनास्थल नदी तट हो जाता तो शायद नन्द का अन्तर्द्वन्द्व ज्यादा स्वाभाविक, विश्वसनीय और तीव्र हो जाता, यह बात अपने में सही है क्योंकि नन्द के 'उद्घाटन भाषण' में कही गयी बातें उसे उसके मन में जटिल प्रश्नों को सामने तो लाती हैं लेकिन उतनी स्वाभाविकता, तीव्रता नहीं ला पातीं। जाहिर है कि नाटककार के सामने रंगमंच और दृश्यबन्ध की समस्या का प्रश्न रहा होगा, रंगमंच की सुविधा का ध्यान भी राकेश के सामने हमेशा रहा लेकिन राकेश कोई एक तरीका ऐसा जरूर खोज सकते थे जिसके द्वारा यह दृश्य नाटक में प्रत्यक्ष होता। निःसन्देह तब नाटकीय प्रभाव, चारित्रिक संघर्ष से भी नाटक अधिक सफल होता। तीनों अंकों में दृश्यबन्ध वही रहता है लेकिन उसी दृश्यबन्ध का वातावरण बदला-बदला दीखता है। पहले अंक में कामोत्सव के आयोजन का वातावरण। दूसरे में कामोत्सव की असफलता का दृश्य सब कुछ बिखरा अस्त व्यस्त। उस अस्तव्यस्तता को भी सामान्य, स्थूल ढंग से नहीं, बड़ी भावना के साथ देखने-दिखाये जाने की माँग जैसे राकेश की शब्दावली करती हो, आवेश जनित अस्तव्यस्तता जो चीज को यूँ ही बिखेर देने से नहीं आ सकती। फिर तीसरे अंक में सब कुछ व्यवस्थित होते हुए भी और सब दीपकों के जले होने पर भी एक सूनेपन का आभास और निस्तब्धता।

यह नाटक भी राकेश की सूक्ष्म और व्यापक रंग-दृष्टि का, रंग-बोध का सशक्त उदाहरण है। हिन्दी नाटकों में इस तरह की समग्र नाटकीय परिकल्पना का उदाहरण यह भी अकेला है जिसमें उनकी नाट्यभाषा, संवाद सबसे बड़े अस्त्र हैं। रंगमंच का समूचा जीवन्त वातावरण जैसे राकेश के मस्तिष्क में एक मूर्त चित्र की तरह अंकित रहता है और उसी के अनुसार नाटक ढलता चला जाता है। कहीं सप्रयत्न लाई गई रंगमंचीयता उनमें नहीं है जैसी कि पहले के अधिकांश नाटकों में मिलेगी। रंगमंच को माध्यम मानकर नहीं नाटक का अनिवार्य अंग मानकर नाटक रचा है सारी गत्यात्मकता के साथ। नन्द और सुन्दरी के संवादों में अभिनय की पूरी छूट दी गयी है क्योंकि संवाद स्थिर या केवल भाषण शैली जैसे नहीं हैं वे तो सूक्ष्म मनःस्थितियों को कहने वाले हैं सम्पूर्ण हाव भावों के साथ, केवल तथ्य कथन या कथा-विकास उनका लक्ष्य नहीं है। चरित्रों की पकड़ बड़ी मजबूत है। सुन्दरी आभिजात्य वर्ग के दर्प को व्यक्त करने वाले टोन और लय में खास अन्दाज में फिर बहुत उतार-चढ़ाव में बोलती है। नन्द के संवादों में टोन और लय का उतना उतार-चढ़ाव नहीं, वे अधिकतर धीमी लय और एक से स्वर के हैं क्योंकि वह रूप-आकर्षण में बँधा और संशयग्रस्त है। केवल तीसरे अंक में जहाँ उसके द्वंद्व को चरम सीमा तक दिखाया है, वहाँ एक तीव्रता है, लय में भी, स्वर में भी। यही नहीं सुन्दरी अधिकतर अपने को सुलझाती हुई सी, नन्द अपने संवादों में भी आरंभ में या तो द्वंद्व में बँधा उलझा और प्रणय और आकर्षण की ओर खिंचा सा लगता है तो अन्त में अपने को स्पष्ट करता हुआ। संवादों का रूप ही बदल जाता है। छोटे-छोटे असम्बद्ध रुके-रुके टूटते से संवाद इस नाटक में ज्यादा हैं जो जटिलता को, उलझन को संकेत से व्यक्त करते हैं। ऐसे संवादों की गठन में पात्रों के

मुख पर बहुत से भाव, प्रश्न, स्थितियाँ आती चलती हैं। उदाहरणार्थ अलका के सम्बन्ध में सोचती हुई और बोलती हुई सुन्दरी के संवाद (पृ० 41)। कहीं-कहीं बड़ी कन्टीन्यूटी है संवादों में और दो पात्रों के स्वर का परिवर्तन भी जैसे :—

सुन्दरी : इन सबसे कहने जाने की आवश्यकता आपको क्यों हुई? क्या आप पहले से जानते थे कि वे लोग नहीं आयेंगे?

मैत्रेय : इसका उत्तर कुमार दे सकते हैं।

सुन्दरी : तो क्या इन सबने आपको संदेश भेजा था कि ये नहीं आयेंगे!

नन्द : सबने तो नहीं...पर इनमें कई लोगों ने सन्देश भेजा था।

सुन्दरी : और आपने उसकी चर्चा तक मुझसे करना आवश्यक नहीं समझा।

नन्द : मैं तुम्हारे उत्साह में बाधा डालना नहीं चाहता था। सोचता था कि इनमें से अधिकांश लोग एक बार जाकर कहने से...

सुन्दरी : कितना मान होता मेरा कि जाकर कहने से जो लोग आते, उनका मुझे इस घर में स्वागत करना पड़ता। आपने यह नहीं सोचा कि मैं—कि मैं...

राकेश के संवादों में अगर द्वन्द्व की मन्द और तीव्र लय पकड़ी हैं तो प्रणय के क्षणों में रोमांस की लय को भी बड़ी सफलता से छुआ है। नन्द और सुन्दरी जब भी निजी क्षणों में बातचीत करते हैं तो उन संवादों में आत्मीय क्षणों की, आपसी सम्बन्ध की कोमलता, भावमयता और निजीपन है। उनकी भाषा, संवाद योजना, नाटकीय दृष्टि और रंग-चेतना का ही परिणाम है कि दूसरा अंक इतना आकर्षक बन सका है। सुन्दरी का सारा श्रृंगार प्रसंग बड़ा ही कोमल सरस और रंगमंच को क्रियाशील बनाने वाला है जो हिन्दी नाटक साहित्य में नितांत नया है। पहली बार सार्थक रोमांटिक वातावरण की सृष्टि नाट्य में हुई है।

यह विशेष बात है कि इस नाटक में पात्र, घटनाएँ और स्थितियाँ उतनी विविध नहीं हैं जितनी कि 'आषाढ़ का एक दिन' में लेकिन पात्रों की गतियाँ और क्रियाएँ बहुत हैं, पूरे मंच पर पात्र का यहाँ से वहाँ जाना विविध अंग चेष्टाएँ, क्रियाएँ करना इन सब पर बहुत ध्यान दिया गया है। सभी पात्र अपने समय अपने वातावरण में जीते हुए लगते हैं, नाटक में या मंच पर लाये गए नहीं। इस माने में भी पहली बार हिन्दी नाटककार के रंग-निर्देश, अभिनय-संकेत अपने में इतने पूर्ण और सूक्ष्म हैं कि निर्देशक की कल्पना के बिना भी उनका सफल मंचन सम्भव है। संवादों के बीच-बीच में मौन, व्यवधान या शून्य का प्रयोग भी गहरी दृष्टि और सूक्ष्म कल्पना से किया गया है, यह मौन पात्र और परिस्थिति दोनों को स्पष्ट करता है ज्यादा सार्थक ढंग से। तीव्र द्वन्द्व के बाद पलभर का शून्य दर्शक मन को भी गहरे सन्नाटे से भर देता है। आसन को छूकर आगे निकल जाना अधिक व्यंजक हो जाता है, अपेक्षाकृत नन्द द्वारा कहे गये वाक्यों के। इसी प्रकार ध्वनि प्रभावों के सफल प्रयोग भी द्रष्टव्य हैं। वे कहीं भी निरर्थक या

अलंकार बनकर नहीं आए हैं बल्कि नाटक का, चरित्र का अनिवार्य हिस्सा बनकर। उद्यान से हंसों का कलरव और पंखों की फड़फड़ाहट वातावरण की सृष्टि भी करता है और चरित्र के द्वन्द्व और नाटक के अर्थ को भी स्पष्ट करता है। यहाँ तक कि दूसरे अंक में प्रभात की शंख ध्वनि भी केवल प्रातःकाल होने की सूचना ही नहीं देती 'बल्कि आपने सारी रात बिना सोये ही काट दी।' सुन्दरी की निराशा, निद्रा, धुँधली मनःस्थिति और नन्द की रात भर की बेचैनी का, आन्तरिक उद्वेग का भी संकेत कर जाती है। इसी प्रकार सुन्दरी के माथे पर नन्द के विशेषक लगाने की चेष्टा करते ही किवाड़ का खटखटा उठना, हवा का शब्द सुनायी देना, बन्द किवाड़ का धीरे-धीरे खुलना, नन्द का द्वार के पास पहुँचते ही सहसा किवाड़ बन्द हो जाना, खोलते ही कई कबूतरों के शब्द जैसा सुनायी देना, ये सब स्थल दृश्य-श्रव्य का सुन्दर सम्मिश्रण हैं; प्रभाव सृष्टि करते हैं, नन्द के आन्तरिक संघर्ष को संकेतों में स्पष्ट करते हैं—एक चौंकने वाली अस्तव्यस्त मनःस्थिति, प्रयत्न और प्रयत्न की असफलता एक ही व्यक्ति का दो तरफ खिंचा हुआ मन? राकेश की संवेदनशीलता, सूक्ष्मता और कुशलता से यही नहीं इस अंक में दर्पण, चंदन लेप की कटोरी, विशेषक पदार्थ नहीं रह गए हैं न श्रृंगार प्रसाधन में सहायक वस्तुएँ बल्कि नाटकीय द्वन्द्व से जुड़ गए हैं। नंद और सुन्दरी की मनोदशाओं में एकदम संपृक्त होकर महत्त्वपूर्ण हो गए हैं। बिना इनके वातावरण, नाटकीय अर्थ, चरित्र खो जायेगा। दर्पण का हिलना, दर्पण का नन्द की साँस से धुँधला होना, दर्पण का टूट जाना राकेश की सफल नाटकीय बिम्ब योजना का उदाहरण है। नन्द के दुर्बल मन की अस्थिरता और द्वन्द्व को व्यक्त करने का नाटकीय माध्यम। ऐसे कई बिम्बों का प्रयोग राकेश ने किया है जो भावस्थितियों को गहरे सम्प्रेषित करने में सफल है। उनके सुन्दर बिम्बों में घायल हिरन, अपनी ही क्लान्ति से अपनी ही थकान से भरा हुआ मृग नन्द की ही मानसिक स्थिति का, मन की थकान का संकेत करता है। स्वयं अपने पत्रों में राकेश ने स्पष्ट किया है कि 'मृग का प्रकरण एक संकेत के लिए लाया गया है। जीवित रहने के लिए संघर्ष करता हुआ भी वह अपनी ही क्लान्ति से मर जाता है। यह परिणति मृग की नहीं किसी को भी हो सकती है—नन्द की दृष्टि से उसकी भी।[1] इसी तरह व्याघ्र से युद्ध नन्द की संशयग्रस्त मनःस्थिति को चरम अन्तर्द्वन्द्व को प्राणों की गहरी व्याकुलता और तनाव को व्यक्त करता है। दर्पण का टूटना भी नन्द के आंतरिक संघर्ष को व्यक्त करने वाला बिम्ब है। हिन्दी नाटक में ये सब प्रयोग अपनी सार्थकता को सजीवता में नवीन है। यूँ तो पूरा नाटक ही संकेतात्मक है। कामोत्सव का आयोजन सुन्दरी के गर्व, आत्मविश्वास और स्वाभिमान की तीव्रता, नारी आकर्षण की तीव्रता को, यशोधरा के प्रति उनके स्पर्धा भाव को, उसके अहं को व्यक्त करता है तो श्यामांग और अलका का प्रेम स्त्री पुरुष के बीच की भावना के दूसरे स्तर को प्रस्तुत करता है। यह भावना नन्द और सुन्दरी के आवेशपूर्ण वासनात्मक प्रेम से अलग है। साथ ही सारा प्रसाधन प्रसंग, उसमें भी विशेषक लगवाना, उसे सूखने न देना, अंत में

---

1. **लहरों के राजहंस : मोहन राकेश : पृ० 23।**

नन्द का उसे गीला करने का प्रयत्न ये सब नन्द-सुन्दरी की मनोदशा का पूरा संकेत करते हैं बड़े ही काव्यात्मक ढंग से। मदिरा का औंधा पात्र, बिखरी माला, फूल, अस्तव्यस्त बिछावन आदि सभी नाटकीय संकेत हैं जो भीतर के अर्थ की खोज का परिणाम हैं।

इस नाटक की प्रतीकात्मकता को लेकर काफी चर्चा हुई है। श्यामांग को नाटक में एक प्रतीक के रूप में ही प्रस्तुत किया गया है। श्यामांग नन्द की संशयग्रस्त मन:स्थिति को प्रकट करने वाला पात्र है। एक माने में नन्द का आंतरिक जगत श्यामांग की उलझनों और प्रलापों में निहित है—'कोई स्वर नहीं है कोई किरण नहीं है, सब कुछ, सब कुछ इस अन्धकूप में डूब गया है, सब कुछ एक आवर्त्त में घूम रहा है—बिना चाहे मस्तिष्क सोचता रहे तो आदमी क्या कर सकता है?' 'कल प्रात: देवी यशोधरा भिक्षुणी के रूप में दीक्षा ग्रहण करेंगी और यहाँ रात भर नृत्य होगा, आपानक चलेगा।' श्यामांग के ये सारे वाक्य नन्द के मन में उठने वाले प्रश्न हैं, निश्चय ही इस स्तर पर राकेश की यह सूक्ष्म कल्पना है लेकिन नाटक से पहले रूप में श्यामांग का प्रसंग इतना अतिरंजित लगता है, उसके प्रलाप इस तरह बार-बार बीच में दुहराए गए हैं कि नाटकीय एकाग्रता ही नहीं टूटती, बल्कि कहीं-कहीं वह चले आते हुए कथानक से अलग जैसा और उसके स्वाभाविक प्रवाह में बाधक सा लगता है। इसके अतिरिक्त नाटक को उलझाता भी है। प्रतीकों के प्रयोग में यह हमेशा स्मरण रखना होगा कि नाटक किसी एक व्यक्ति या विशिष्ट से ही सम्बद्ध नहीं होता, समूहपरक होता है इसलिए पूरे समूह को एक साथ कलात्मक अनुभूति कराना उसका कर्त्तव्य होता है। दर्शक समूह अधिक प्रतीकों और पात्रों के गूढ़ अस्पष्ट कथनों को समझने की मनोवृत्ति में नहीं होता। श्यामांग के प्रतीक रूप पर बहुत सी प्रतिक्रियाएँ होने पर भी राकेश के पास कोई स्पष्ट उत्तर नहीं था। उनमें अपने मन में ही श्यामांग को लेकर अनेक प्रश्न उठते रहे हैं जैसे नाटक में उसके सम्बन्ध में कोई नियम ही निर्धारित न हो। उसे नाटक से हटाना भी उनके लिए सम्भव नहीं था। आस-पास की सारी व्यवस्था से अलग, सारे परिदृश्य में बाधा डालते हुए भी जैसे वह उस परिदृश्य की सम्पूर्णता के लिए अनिवार्य हो। धीरे-धीरे श्यामांग एक व्यक्ति नहीं रहा एक आभास में बदल गया। नाटक के संशोधित रूप में श्यामांग एक प्रतीक पात्र होते हुए भी उतना बाधक नहीं है। वह नन्द के मन की संकुलता को ही रेखांकित करता चलता है। उसका उन्माद बहुत सोचने वाले मन का सम्भ्रम है।

प्रतीक दृष्टि से राजहंसों का प्रसंग भी नाटक को बोझिल बनाता है। राजहंस नन्द और सुन्दरी को स्पष्ट करते हैं 'ओस से लदे कमलों' के बीच 'राजहंसों के जोड़े की किलोल' सुन्दरी को अपने और नन्द के आकर्षक सम्बन्ध के आनन्द जैसी ही लगती है। कोई गौतम बुद्ध से कहे कि कभी कमलताल के पास आकर इनसे भी वे निर्वाण और अमरत्व की बात कहें। ये चोंच से चोंच मिलाकर एकबार चकित दृष्टि से उनकी ओर देखेंगे फिर काँपती हुई लहरें जिधर ले जायेंगी, उधर को तैर जायेंगे। कहकर

सुन्दरी अपने विश्वास और परस्पर सम्बन्ध का ही संकेत करती है। लेकिन पत्थर फेंकने पर राजहंसों के पंखों की फड़फड़ाहट और आहत क्रन्दन उन्हीं दोनों की मानसिक स्थिति को व्यक्त करता है। एक दूसरे के समान्तर होते हुए भी दोनों मानसिक रूप से अलग-अलग उलझे हुए हैं, द्वन्द्व पीड़ित हैं। लहरें उन दोनों की परिस्थितियाँ हैं। सारे प्रतीक को सुन्दरी के ये वाक्य ही स्वत: स्पष्ट कर देते हैं—'परन्तु राजहंस आहत थे—कम से कम एक उनमें अवश्य आहत था। क्या उनके पंखों में इतनी शक्ति रही होगी कि वे अपनी इच्छा से उड़कर कहीं चले जाते? फिर जिस ताल में इतने दिनों से थे, उसका अभ्यास, उसका आकर्षण, क्या इतनी आसानी से छूट सकता था? निश्चय ही एक आहत राजहंस नन्द को ही स्पष्ट कर रहा है। विश्वास के साथ जिस नन्द को नदी तट पर जाने दिया था, उसी के लौटकर न आने पर वह नहीं सोच पातीं कि 'यह हुआ कैसे... राजहंस स्वयं उड़कर चले गए, इसमें विश्वास नहीं होता...और यह भी मन नहीं मानता कि किसी ने उन्हें...इस प्रकार यह पूरा प्रसंग ही प्रतीकात्मक है। परोक्ष की छाया है जिसके चेतन रूप से नन्द निरन्तर बचना चाहता है, छाया स्वयं छाया की प्रतीक है। वह छाया जो बराबर कमलताल पर पड़ती दीखती है, जिसमें लहरें कमलताल कमलपत्र सब गुम होते जाते दीखते हैं। 'मुझे लगा कि वह छाया धीरे-धीरे उन सबको लील जाएगी, ताल में तैरते हुए राजहंसों के जोड़े को भी, श्यामांग के ये वाक्य चारों ओर की स्थितियों पर, वातावरण पर, नन्द के मन पर सुन्दरी के जीवन पर पड़ते हुए गौतम बुद्ध के दबाव को सांकेतिक रूप में अभिव्यक्त करते हैं। छाया पर पत्थर फेंकना ही नन्द का उस छाया के चेतन रूप से बचने का प्रयत्न है। 'तभी न जाने कैसे उसने राजहंसों को अपने में कस लिया जिससे वे चीत्कार कर उठे। श्यामांग यह कहकर छाया के दबाव से विवश अव्यवस्थित नन्द और सुन्दरी को सामने लाते हैं। 'यह छाया मुझसे नहीं ओढ़ी जाती...यह छाया मेरे ऊपर से हटा दो' सारे संकेत नन्द के अन्तर्द्वन्द्व के हैं कि वह गौतम बुद्ध द्वारा आरोपित मुक्ति पथ को स्वीकारना नहीं चाहता लेकिन स्पष्टत: अस्वीकार भी नहीं कर पाता। इसीलिए उसे चारों तरफ अँधेरा ही अँधेरा लगता है। श्यामांग कहता भी है—'यह घना गुमसुम अँधेरा...यह अँधेरा मुझसे नहीं सहा जाता...'। इस दृष्टि से श्यामांग से लेकर राजहंस और छाया के प्रतीक राकेश की सूक्ष्म कल्पना और अन्तर्मन की पहचान के परिणाम हैं लेकिन नाटक जैसी विधा में शायद अधिक प्रतीकात्मकता उस विधा की अनिवार्य माँग को बाधित करती है। फिर भी हिन्दी नाटक को एक सार्थक सर्जनात्मक अनुभव तक ले आने में यह राकेश के नाटक की अगली कड़ी है और साथ ही तीव्र प्रतिक्रियाओं से पूरी तन्मयता के साथ जूझते हुए नाटककार की ईमानदारी का तत्परता का, उदार मन-मस्तिष्क का अपने में अकेला उदाहरण है।

(3) आधे अधूरी (1969)

यह कहना गलत नहीं होगा कि राकेश की विशेषता नये-नये महत्त्वपूर्ण कथानक व्यापक परिवेश और विविध समस्याओं को देने में उतनी नहीं है जितनी कि आज के

मनुष्य के भीतरी द्वन्द्व को पकड़ने और सामान्य विषयवस्तु के भी कुशल प्रस्तुतिकरण में है। यह नाटकीय, मौलिक, सर्जनात्मक 'प्रस्तुति' ही 'नाटककार' के विकास या, 'आन्तरिक व्याकुलता' की खोज का प्रतीक है, वह उन्हें अपने सभी समकालीन नाटककारों से अलग करती है। 'आधे अधूरे' 'नाटक' के सम्बन्ध में उनके अन्तर में निरन्तर चलती हुई हलचल का परिणाम है। प्रथम दोनों नाटकों के बाद दो दृष्टियों से यह सर्वथा भिन्न प्रकार का नाटक कहा जा सकता है—एक आज के कठोर यथार्थ की सीधे अभिव्यक्ति और दूसरे उसके अनुकूल आम आदमी की भाषा जो बोलचाल की भाषा होते हुए भी बड़ी रचनात्मक सौंदर्य-दृष्टि और आकर्षण-शक्ति लिए हुए है। इस माने में यह नाटक नाट्य-लेखन और रचना-प्रक्रिया के दौरान राकेश की मानसिक चेतना सतर्कता और इस विधा की मौलिकता के प्रति गहरे लगाव का प्रत्यक्ष उदाहरण है। मैं इसे 'आडम्बरहीन नाटक' की संज्ञा देना ही अधिक उचित समझूँगी क्योंकि इसमें आडम्बर न कथानक और घटनाओं का है, न भाषा और अभिव्यक्ति का, न शैली और शिल्प का, न पात्र बहुत हैं, न स्थितियाँ ही बहुत हैं और रंगमंच भी साधारण, सुविधाजनक दृश्य-बन्ध की माँग करता है। यही राकेश चाहते भी हैं कि कम से कम बनावट, प्रयत्न और असुविधाओं के नाटक की भाषा से ही पैदा होते दृश्यत्व और नाटकीयता से नाट्य प्रदर्शन सम्भव हो सके। रंगोपकरणों का अधिक आश्रय उन्हें मान्य नहीं था यद्यपि 'लहरों के राजहंस' का दृश्यबंध इस माने में अधिक प्रयत्न की अपेक्षा करता है। राकेश के नाटकों में से 'आधे अधूरे' संभवत: सबसे ज्यादा चर्चित नाटक हैं। चूँकि इसके अनेक प्रदर्शन हुए और हिन्दी नाटक की प्रचलित धारा से यह इतना अलग था कि प्रतिक्रियाएँ भरपूर हुईं, बहुत तेजी से हुईं। कुछ प्रतिक्रियाओं में उसे बहुत अधिक सराहा गया और बहुत से विदेशी नाटककारों—ब्रेख्त, इब्सन, स्ट्रिंडबर्ग, ओ नील, आर्थर मिलर—के नाटकों के समकक्ष कहा गया, तो दूसरी और प्रतिक्रियाएँ एकदम विरोधी हुईं—पूरे नाटक को भावुकता, व्यावसायिकता से भरा हुआ, सतही और खोखला नाटक कहते हुए। अत्यन्त प्रशंसा और घोर विरोध के दो अन्तिम छोरों को छूती हुई ये प्रतिक्रियाएँ निस्संदेह जल्दबाजी और पूर्वाग्रहों का परिणाम कही जायेंगी बल्कि किसी हद तक ऐसी प्रतिक्रियाएँ कृति का पूरा सही मूल्यांकन नहीं होने देतीं और एक खास ढर्रे की समीक्षा चल पड़ती है।

निस्संदेह 'आधे अधूरे' हिन्दी नाट्य-साहित्य में नितान्त भिन्न प्रकार का महत्त्वपूर्ण नाटक है और आज की समकालीन संवेदना का नाटक है। पहले दोनों नाटकों में ऐतिहासिक आवरण में आधुनिक संवेदना को व्यक्त किया गया था, लेकिन इसमें इतिहास के परिवेश से अपने को मुक्त करके सीधे सामाजिक परिवेश और आज के कटु यथार्थ को नाटक का आधार बनाया गया है। कहा भी गया है कि 'आधे अधूरे' आधुनिक भारतीय मध्यवर्गीय परिवार में बिखराव और संत्रास की कहानी है। अगर कथानक हम ढूँढना ही चाहें (जो कि राकेश के नाटकों में मुख्य नहीं है, मुख्य हैं पात्र, उनका द्वन्द्व और स्थितियाँ) तो 'आधे अधूरे' का कथानक एक मध्य वित्तीय घर के

आस-पास घूमता है जिस घर में एक पुरुष है; महेन्द्रनाथ, एक स्त्री है सावित्री, एक लड़का है अशोक, एक बड़ी लड़की है बिन्नी, एक छोटी लड़की है किन्नी। पाँच लोगों के इस परिवार में कुछ बाहरी व्यक्ति भी आते रहते हैं—सिंघानिया, जुनेजा, जगमोहन। परिवार टूटने की स्थिति में है, सिर्फ आर्थिक समस्या के कारण ही नहीं, शायद अन्य आन्तरिक कारणों से भी। यद्यपि आर्थिक प्रश्न भी बहुत बड़ा है। पुरुष नाकारा है; काफी दिन पहले किसी व्यापार में अपना सारा धन गँवा बैठा है, आत्मविश्वास खो चुका है और घर बैठे स्त्री की कमाई पर आश्रित होकर जी रहा है। आर्थिक रूप से निर्भरता जहाँ उसे अन्दर से दुर्बल कायर बना रही है, वहाँ तीखा और कटु भी। स्त्री के सामने वह कभी अपनापी स्वर में बोलता है, कभी झल्लाहट के स्वर में। गुस्सा आता भी है तो उसे निगल जाता है, कभी जोर से बोल भी पड़ता है तो फिर धीमा पड़कर पराजित भाव से बोलने लगता है और उसका, उसकी बोली का सामना करने के लिए उसे पूरी शक्ति समेटनी पड़ती है—एक 'डिपेन्डेन्ट हस्बैन्ड' जैसी स्थिति। स्त्री नौकरी करके परिवार को, घर को किसी तरह चलाती है। पुरुष और स्त्री दोनों अपने-अपने स्वभाव से भी विवश हैं और बहुत-सी परिस्थितियों ने भी उनका स्वभाव ऐसा बना दिया है, कि दोनों ही एक-दूसरे को सह नहीं पाते बल्कि एक तरह से दोनों परस्पर नफरत करते हैं और एक-साथ रहने के लिए विवश हैं। सावित्री शायद महेन्द्रनाथ से कभी भी संतुष्ट नहीं रही। उसे हमेशा ही वह एक दब्बू, दूसरों पर निर्भर रहनेवाला व्यक्ति लगा, जिसका अपना कोई व्यक्तित्व ही नहीं है। वह कहती भी है 'आदमी होने के लिए क्या यह जरूरी नहीं कि उसमें अपना एक माद्दा, अपनी एक शख़्सियत हो?...जब से मैंने उसे जाना है, हमेशा हर चीज के लिए उसे किसी न किसी का सहारा ढूँढ़ते पाया है। यही नहीं, लगता है वह खुद एक आदमी का आधा-चौथाई भी नहीं है।' एक निरा आधा-अधूरा आदमी है जब कि वह समझती है कि आदमी अपना घर बसाता है अन्दर के अधूरेपन को भरने के लिए। इसीलिए वह अपने पूरे वायदे के साथ एक पूरा आदमी चाहती है जो दूसरों के साँचे के अनुसार न ढलता रहे, दूसरों पर भरोसा करके ही न जिए और हमेशा 'कसौटी' न तलाशे। इस अभावजनित मानसिक असंतोष में वह महेन्द्रनाथ से कटती चली जाती है और अपने निकम्मे, व्यक्तित्वहीन पति के प्रति खीझ से भरी, घर की टूटती-बिखरती ज़िन्दगी से ऊबकर पूरे आदमी की खोज में अन्त तक भटकती है, अलग-अलग अधूरे आदमियों से टकराती है, अपना जीवन अपनी ही जगह से जीने के लिए सिंघानिया, जुनेजा, मनोज, जगमोहन, सभी से आशा करती है और अपनी घुटन को खत्म करने के इरादे से सोचती है—मेरे पास बहुत साल नहीं हैं जीने को। पर जितने हैं, उन्हें मैं इसी तरह निभाते हुए नहीं काटूँगी। मेरे करने से जो कुछ हो सकता था इस घर का, हो चुका आज तक, मेरी तरफ से अब अन्त है उसका—निश्चित अन्त। लेकिन वह 'अधूरापन' उसे हर जगह मिलता है, अपनी कल्पना में स्थित पूरे आदमी का आदर्श उसे इन चारों में से किसी में नहीं मिलता। बल्कि उसे लगता है, सबके सब...सब-के सब...एक-से। बिल्कुल एक-से हैं आप लोग। अलग-अलग मुखौटे, पर चेहरा?...चेहरा सबका एक

ही। और पुरुष चार भी कहता है—'फिर भी तुम्हें लगता रहा है कि तुम चुनाव कर सकती हो लेकिन...क्या सचमुच कोई चुनाव नजर आया है, तुम्हें?' यह असफलता उसके स्वभाव को और अधिक क्रूर, कटु और तीखा बना देती है, बड़ा ही प्रतिक्रियात्मक और कहीं-कहीं बड़ा आक्रामक भी। फिर भी उसे परिवार की आर्थिक समस्या सुलझानी ही है, अपने बेकार बेटे अशोक की नौकरी लगाने के लिए सिंघानिया के आगे गिड़गिड़ाता ही है लेकिन यह सहानुभूति भी उसे नहीं मिल पाती, पति के साथ-साथ बेटा अशोक भी उसका तिरस्कार करता है 'मुझे नहीं चाहिए नौकरी। कम से कम उस आदमी के जरिये हरगिज नहीं!' और उसे लगता है कि 'ये लोग हैं जिनके लिए मैं जानमारी करती हूँ रात-दिन।' और अंत में जगमोहन के साथ नया जीवन बिताने का निश्चय कर लेती है लेकिन सफल नहीं होती घर लौटने पर जुनेजा मिलता है जो उसके स्वार्थ को खोल देता है और यह जानते हुए भी कि 'मुझे भी, अपने पास उस मोहरे की बिल्कुल-बिल्कुल जरूरत नहीं है जो न खुद चलता है, न किसी और को चलने देता है।' वह उसी निकम्मे पति के साथ जीवन बिताने के लिए विवश, हताश भी दिखाई देती है। दूसरी ओर महेन्द्र भी अपने को निरन्तर अपमानित महसूस करता है, जैसे दबकर नहीं रहना चाहता। चाहते हुए भी अपनी तटस्थता बनाये रखने में अपने को असमर्थ पाता है और इसीलिए कभी-कभी एकदम ऊँचे स्वर में कहता है—'कितने साल हो चुके हैं, मुझे ज़िन्दगी का भार ढोते? उनमें से कितने साल बीते हैं मेरे इस परिवार की देख-रेख करते? और उस सबके बाद मैं आज पहुँचा कहाँ हूँ? यहाँ कि जिसे देखो वही मुझसे उल्टे ढंग से बात करता है? जिसे देखो वही मुझसे बदतमीजी से पेश आता है?' और बार-बार उस वातावरण से, पत्नी से भागने के लिए अपने को मजबूर पाता है—'हर मंगल-सनीचर को यही सब होता है यहाँ लेकिन उसके मन की दुर्बलता भी है शायद वह सावित्री को इतना चाहता है, उस पर इतना निर्भर है कि हर बार जाकर वापस लौट आता है। मतलब दोनों ही आधे-अधूरे हैं, क्योंकि दोनों को किसी भिन्न व्यक्ति की तलाश है। मजबूरी यह है कि दोनों में उस तरह का 'एडजस्टमेंट' नहीं है, जो दोनों की अपूर्णता को कम करे बल्कि दोनों का परस्पर व्यवहार उस तल्खी को, उस अधूरेपन के एहसास को और अधिक बढ़ाता रहता है। यही नहीं, दोनों इस सीमा तक अधूरे हैं, विवश हैं कि हर बार प्रयत्न करने पर भी, चाहने पर भी एक-दूसरे से सम्बन्ध-विच्छेद नहीं कर पाते और उसी माहौल में जिन्दगी काटते हैं। नाटक स्त्री की हताशा और पुरुष की आश्रय या आधार की खोज की कामना पर समाप्त होता है।

पति-पत्नी के बीच की यह दरार, घर के वातावरण को भी निरन्तर तोड़ती रहती है। उन दोनों का आपसी व्यवहार, नफरत और कलह बच्चों के मन-मस्तिष्क को बराबर प्रभावित करती है। उनकी मानसिकता, व्यवहार उसी के असर से ढलती जाती है। सब एक-दूसरे से कटे हुए हैं और कटे ही नहीं, एक-दूसरे को सहन कर पाना भी उनके लिए असंभव है, इसीलिए वे हमेशा विषाक्त वाक्य प्रयोग करते हैं, तनाव में

रहते हैं और चिढ़ और कुढ़न में बोलते हैं। बड़ी लड़की बिन्नी अपनी ही माँ के प्रेमी मनोज के साथ घर से भाग जाती है और विवाह कर लेती है लेकिन संतुष्ट नहीं है। लगता है जैसे उन दोनों की छोटी-छोटी बातें अड़चनें बनती जा रही हों और मन के अन्दर एक गुबार-सा भरा रहता हो। ऐसा क्यों है? वह स्वयं नहीं जानती—'वजह सिर्फ वह हवा है जो हम दोनों के बीच से गुजरती है।' विवाहित जीवन में कोई आत्मीयता उसे दिखायी नहीं दी और इसीलिए एक प्रश्न उसके दिमाग में पैदा होता है कि 'ऐसा भी होता है क्या...कि दो आदमी जितना ज्यादा साथ रहें, एक हवा में साँस लें, उतना ही ज्यादा अपने को एक-दूसरे से अजनबी महसूस करें?' सिर्फ इतना वह अवश्य समझती है कि 'मैं इस घर से ही अपने अंदर कुछ ऐसी चीज लेकर गयी हूँ जो किसी भी स्थिति में मुझे स्वाभाविक नहीं रहने देती।' घर किसी को 'घर' नहीं लगता। शायद इस अपने घर की अनुभूति न होने से ही मनोज की सहानुभूति जैसे ही उसे मिली वह निकल भागी हालाँकि वहाँ जाकर भी वह सहज नहीं हो पायी और उसकी ज़िन्दगी भी सवालों, उलझनों और प्रतिक्रियावादी दृष्टि से घिरकर रह गयी। बेटा अशोक अपने पिता की तरह ही बेकार है, नौकरी में, किसी गम्भीर काम में उसका मन नहीं लगता, उन सब लोगों से उसे गहरी वितृष्णा है; चिढ़ है, जिनके जरिये माँ उसे नौकरी दिलाना चाहती है, इसलिए वह कहता है—'तुम्हारा बॉस न होता, तो उस दिन मैंने कान से पकड़ कर घर से निकाल दिया होता।', 'पाँच हजार तनख्वाह पाने वाला बॉस हुआ तो क्या? आदमी तो नहीं लगता। न बैठने का शऊर न बात करने का।' ऐसा भी नहीं है कि जिन्दगी भर वह कुछ भी नहीं करना चाहता लेकिन जिस चीज में अन्दर से उसकी दिलचस्पी नहीं है, वह नहीं कर सकता। इसलिए उसका खाली समय या तो दिन भर ऊँघने में बीतता है या पत्रिकाओं से अभिनेत्रियों की तस्वीर काटने और उन्हें दीवारों पर चिपकाने में। नाटक के शुरू में ही उसकी माँ कहती है—'और अशोक बाबू यह कमाई करते रहे हैं दिन भर?... एलिजाबेथ टेलर...ऑड्रे हेबर्न...शर्ले मैक्लेन। ज़िन्दगी काट रहे हैं इन तस्वीरों के साथ।' वह यही समझता है कि बड़ी बहन बिन्नी ने 'प्रेम' के कारण घर नहीं छोड़ा बल्कि इस बहाने मानों उसने इस घुटन भरे माहौल से छुटकारा पाया है—'तू चली गयी है यहाँ से, मैं तो अभी यहीं रहता हूँ'—घर के दबे-घुटे वातावरण की साक्षी तेरह वर्ष की छोटी लड़की किन्नी बड़ी विद्रोही और व्यवहार में अशिष्ट है—जिद्दी और झगड़ालू भी। पिता, माँ, भाई, बहन किसी से उसे कोई लगाव नहीं। हमेशा एक कड़वाहट 'स्कूल में भूख लगे, तो कोई पैसा नहीं होता पास में। और घर आने पर घंटा-घंटा दूध ही नहीं होता गरम' या 'मेरी बात सुनी नहीं किसी ने? अन्दर मेरे बाल खींच रहा था और बाहर आकर अपनी फ्रेंच कट बता रहा है।' अन्दर जाओ तो बाल खींचे जाते हैं। बाहर आओ, तो किटपिट-किटपिट और खाने को कोयला—अब उधर आकर इनके तमाचे और खाने हैं।' अपने चिड़चिड़े स्वभाव में वह अपनी हर छोटी से छोटी जरूरत की पूर्ति चाहती है और एकदम व्यावहारिक शिष्टता को भुलाकर कैंची की तरह जुबान चलाती है। इतना ही नहीं, अपनी आयु से पहले ही वह यौन क़िस्सों

में, तस्वीरों में, गंदी पुस्तकों में रस लेने लगती है, जिसके लिए अकसर उसे डांट पड़ती है लेकिन उसका व्यवहार और बदमिजाजी बढ़ती ही जाती है क्योंकि बाहर लोग 'बहुत सी बुरी-बुरी बातें कहते हैं पूरे घर को ले लेकर। पिता की बेकारी, भाई की दूसरी दिलचस्पियाँ और बेकारी, माँ का पुरुष-मित्रों के साथ मिलना, बड़ी बहन का घर से भाग जाना—ये सब कारण हैं जो उसे बाहरी लोगों से घृणित बातें सुनवाते हैं और तब वह घर आकर रोती है, लड़ती है। ताव में, गुस्से में बड़ी बहन को भी धकेलती है और विद्रोह भाव से कुर्सी पर जम जाती है, ऐसे में कोई अगर उसे समझाने की कोशिश भी करता है, तो वह और भड़क उठती है—'हाँ...बड़े हो गये हैं हम। पता नहीं किस वक्त बड़े हो जाते हैं।' सचमुच यह नाटक आज के जीवन की मौजूदा विडम्बना को, स्थिति को सामने लाता है। व्यापक दृष्टि से इसे टूटते-बिखरते, बिगड़ते-उलझते मानवीय सम्बन्धों की जटिलता का नाटक कह सकते हैं—जहाँ हर व्यक्ति अपूर्ण हैं, और संपूर्णता की खोज में भटक रहा है, लेकिन उस सम्पूर्णता को और साथ ही उस 'आत्मीयता' को पाना सभी के लिए मुश्किल है क्योंकि बहुत पहले ही कहा जाता रहा है कि संपूर्णता कभी प्राप्त नहीं होती, वह 'आषाढ़ का एक दिन' के कालिदास मल्लिका, विलोम को भी नहीं मिली, 'लहरों के राजहंस' के नन्द और सुन्दरी को भी नहीं और 'आधे-अधूरे' के पात्रों को भी नहीं—संपूर्णता की कामना और तलाश ही इस अधूरे संसार में संभवत: व्यर्थ है।

यूँ अगर इस नाटक की पूरी अर्थवत्ता को पहचानना चाहते हैं तो उसे कई स्तरों पर देखना होगा। सामान्य तौर पर देखें तो यह नाटक स्त्री-पुरुष के आपसी सम्बन्धों का नाटक भी है 'उनके बीच के लगाव और तनाव का दस्तावेज'। महेन्द्रनाथ सावित्री से असंतुष्ट और शायद बहुत से मामलों में असहमत होते हुए भी उसे बहुत प्रेम करता है हालाँकि यह बात नाटक में उसके व्यवहार में कहीं सामने नहीं आती, केवल हर बार घर वापस लौट आने से और अन्त में जुनेजा की बातों से—'फिर भी कहता हूँ कि वह इसे बहुत प्यार करता है।' कोई समझा सकता है, उसे? वह इस औरत को इतना चाहता है, इतना चाहता है अंदर से कि...' सावित्री ने महेन्द्रनाथ को जितना ही निकट से जाना है, उसे वितृष्णा होती गयी है वह उसे 'लिजलिजा, चिपचिपा सा आदमी लगता गया, जिसका जिम्मेदार वह दूसरों को मानती है, महेन्द्र के माता-पिता को, दोस्तों को। उसकी बेकारी से वह और ज्यादा कटु होती चली जाती है। अपनी आन्तरिक आकांक्षा की पूर्ति के लिए वह अलग-अलग पुरुषों के पास जाती है, लेकिन भारतीय समाज में पुरुष स्त्री से सहज सम्बन्ध रख ही नहीं पाता, सबका अपना-अपना स्वार्थ स्त्री को और अधिक तीखा और अन्दर से टूटा हुआ बनाता चलता है। स्त्री-पुरुष के सम्बन्धों के तनाव को दूसरी ओर बिन्नी और मनोज के माध्यम से भी सांकेतिक रूप में दिखाया गया है। बिन्नी और मनोज सावित्री और महेन्द्रनाथ के जीवन की बिडम्बना का ही एक प्रत्यक्ष उदाहरण है। कहना न होगा कि यह ऐसा विषय है जो राकेश के साहित्य में बार-बार आया है। 'अंधेरे बंद कमरे' और 'अन्तराल' उपन्यास में 'आषाढ़ का एक

दिन' से लेकर बीज नाटकों तक स्त्री-पुरुष के परस्पर सम्बन्धों की विषमता और जटिलता स्पष्ट देखी जा सकती है। 'आधे अधूरे' में वह जटिलता बहुत गहन स्तर पर न आ सकी हो, यह बात और है। पति-पत्नी के बीच की ऊब, घुटन, तनाव और बढ़ती जाती दूरी के पूरे संकेत नाटक में मिलते हैं और यह भी कि किस तरह सामाजिक दृष्टि को ध्यान में रखते हुए सम्बन्धों को ढोया जाता है खास कर पति-पत्नी के सम्बन्ध को बाईस साल की लम्बी ज़िन्दगी लड़ते, पिटते-रोते काटी जाती है। दोनों चाहते हुए भी एक-दूसरे से मुक्त नहीं हो पाते—पुरुष अपनी आन्तरिक विवशता के कारण और स्त्री 'उपयुक्त पुरुष' न पाने के कारण या शायद सामाजिक विवशता के कारण। भारतीय समाज की जैसी व्यवस्था है, उसमें स्त्री चाहे भी तो अपने स्वतंत्र, नये जीवन का आरम्भ नहीं कर सकती।

स्त्री-पुरुष और दाम्पत्य सम्बन्धों के इस खोखलेपन के साथ-साथ पारिवारिक विघटन के भी संकेत नाटक में हैं और बहुत सुन्दरता से प्रस्तुत किये गये हैं। पूरा परिवार अभिशाप-ग्रस्त जैसा लगता है। परिवार का हर सदस्य एक-दूसरे से कटा हुआ है, सबके मन के अन्दर ज़हर ही ज़हर है। उसी विषाक्त वातावरण में साँस लेना उनकी मजबूरी है, हर सदस्य एक मौके की खोज में—निकल भागने के अवसर की तलाश में। बच्चों का व्यक्तित्व और दिल-दिमाग उसी वातावरण और व्यवहार के अनुसार बनता जा रहा है। माता-पिता के प्रिय आत्मीय सम्बन्ध न होने पर, उनकी रोज-रोज की गाली-गलौज, मार-पीट, कटुता, अलगाव देखते रहने पर परिवार के अन्य सदस्य बच्चे किस तरह गलत राह पर जाते हैं, उनके स्वभाव, व्यवहार, दृष्टि में कितना परिवर्तन आ जाता है इसका अच्छा चित्र सामने आता है। किसी को भी उस घर में अपने 'घर' की अनुभूति नहीं होती। स्त्री नौकरी के बाद घर में घुसते ही अव्यवस्था, बिखराव, अस्तव्यस्तता और अकेलापन महसूस करती है। बड़ी बेटी बिन्नी कहती है, 'कहाँ छिपी है वह मनहूस चीज़ जो वह कहता है कि मैं इस घर से अपने अन्दर लेकर गयी हूँ?' मैं तो इतनी बेगानी महसूस करती हूँ इस घर में कि...' छोटी बेटी किन्नी भी घर को अकेला पाती है। 'घर पर है भी कोई जिसके पास बैठती यहाँ?' बेटा अशोक भी कड़वाहट से कहता है 'इसे घर कहती हो तुम?... मैं खुद अपने को बेगाना महसूस करता हूँ यहाँ।' इस बेगानेपन के बीच जीना ही सबकी मजबूरी है। राकेश की दृष्टि में यह बेगानापन महसूस होना एक परिवार की नियति नहीं है, यह आज की दुनिया में हर व्यक्ति की अनुभूति है, यही उसकी त्रासदी है जो उसके जीवन को बड़ा कटु और करुण बनाती जा रही है लेकिन आदमी को इस त्रासदी को अंततः झेलना ही है। सारी कटुता और तनाव के बावजूद ज़िन्दगी एक ढर्रे पर चलती रहती है। कई बार कटने पर भी बार-बार फिर वहीं लौट आती है। इस स्तर पर यह नाटक मानवीय स्थिति की क्रूरता को भी सांकेतिक ढंग से चित्रित करता है। 'मानवीय असंतोष अधूरेपन' को रेखांकित करता है। जीवन में जो मनुष्य भी बहुत कुछ प्राप्त करना चाहता है, सफल नहीं होता, संतोष और तृप्ति अपूर्ण रह जाती है,

सावित्री का जीवन इसका उदाहरण है। वह अलग-अलग गुणों के, महत्त्वपूर्ण पद वाले, धनी व्यक्तियों के पास जाती है, हर बार कुछ नया और बहुत कुछ पाने की आशा के साथ, अपने को भरापूरा महसूस करने की कामना के साथ लेकिन अन्ततः उसे सब कुछ अधूरा वही...वही...लगता है और परिणामतः निराशा और गहरी होती है बल्कि घर के सदस्यों के प्रति वह हर असफलता के बाद और ज्यादा कटु विद्रोही होती जाती है क्योंकि व्यक्तियों के नाम अलग-अलग हैं लेकिन वे भिन्न नहीं हैं। एक स्तर पर सब एक से हैं—आधे अधूरे। इन्हीं सब कारणों से इस नाटक को 'जीवन्त सार्थक मुहावरा' की संज्ञा देते हुए निर्देशक के रूप में ओम शिवपुरी ने कहा है, 'एक दिग्दर्शक की दृष्टि से आधे-अधूरे मुझे समकालीन जिन्दगी का पहला सार्थक हिन्दी नाटक लगता है। यह मौजूदा जीवन की बिडम्बना के कुछ सघन बिन्दुओं को रेखांकित करता है। इसके पात्र, स्थितियाँ एवं मन:स्थितियाँ यथार्थपरक तथा विश्वसनीय हैं।...आधे-अधूरे आज के जीवन के एक गहन अनुभव खंड को मूर्त करता है।'[1] बात कुछ हद तक सही है। सचमुच यह आम हिन्दी नाटक से अलग है, आज के जीवन, मानवीय स्थितियों का 'प्रासंगिक नाटकीय अनुभव है, समकालीन सच्चाई की पहली बार नयी तलाश है, लेकिन बहुत से कारण ऐसे भी हैं, जो कई-कई प्रश्न सामने लाते हैं और नाटक पर गम्भीरता से विचार करने को विवश करते हैं।

यह प्रतिक्रियाएँ बहुत पहले हो चुकी हैं कि हिन्दी नाट्य साहित्य और राकेश की नाटक-यात्रा का महत्त्वपूर्ण चरण होते हुए भी 'आधे-अधूरे' हिन्दी नाटक को बहुत सर्जनात्मक स्तर पर या किसी बहुत गहरे अनुभव तक नहीं ले जा सका; यही इसकी कमजोरी है। चाहे किसी स्तर से देखें, सम्बन्धों या चरित्र की बहुत सूक्ष्म और आज के जीवन की बहुत व्यापक पहचान इसमें दिखायी नहीं देती। उदाहरणार्थ महेन्द्रनाथ और सावित्री के संबंध को लें। इन दोनों के माध्यम से न तो स्त्री-पुरुष या पति-पत्नी के संबंधों की, उनके निरन्तर के अनुभवों से उठते रहने वाले प्रश्नों की गहराई सामने आती है और न व्यापक रूप में आज के मनुष्य का संकट, त्रासदी या करुणा। महेन्द्रनाथ सावित्री के प्रति क्यों कटु है? क्यों झगड़ता है और घर छोड़कर चला जाता है और फिर लौट आता है इसका कोई गहन अनुभव या कारण नजर नहीं आता। नाटक के अन्त में सावित्री के लम्बे कथनों से लगता है कि दोस्तों के हाथ की 'चीज़' बनकर महेन्द्र का अपना कोई व्यक्तित्व नहीं रह गया। वह दोस्तों के बीच रहने वाला महेन्द्र ही बना रहना चाहता है, 'और इसके लिए महेन्द्र घर के अन्दर रात-दिन छटपटाता है। दीवारों से सिर पटकता है। बच्चों को पीटता है।' और घर आकर बीबी पर हुक्म चलाता है, उसे अपमानित करता है 'क्यों तुम लोगों के बीच मेरी पोजीशन खराब करती हो? 'बीबी' को जबर्दस्ती अपनी इच्छानुसार चलाना चाहता है! 'वहीं महेन्द्र जो दोस्तों के बीच दब्बू-सा बना हल्के-हल्के मुस्कराता है, घर जाकर एक दरिंदा बन जाता है।'

---

1. **नटरंग 21, मोहन राकेश के नाटक : निर्देशकों की नजर से, पृ० 19।**

पति-पत्नी के बीच झगड़ों, तनाव, मार-पीट की बात का संकेत बिन्नी के संवादों में भी मिलता है—'आप नहीं जानते हमने इन दोनों के बीच क्या-क्या होते देखा है इस घर में।' दूसरी ओर नाटक के आरम्भ में कई जगह ऐसा लगता है कि महेन्द्र को सावित्री के अन्य पुरुषों से सम्बन्ध पसन्द नहीं हैं, मन ही मन जैसे वह उस विरोध से लड़ता रहा हो क्योंकि सिंघानिया, जगमोहन सबके लिए वह एक तीखेपन के साथ बोलता है बल्कि पत्नी के बॉस सिंघानिया के आने के समय घर पर ही नहीं रहता। कहने का मतलब यह कि दोनों के बीच टकराहट क्यों है? तनाव के सही कारण क्या हैं? यह बहुत विश्वसनीय यथार्थ और गहरे ढंग से स्पष्ट नहीं होता, लगता है तो सिर्फ यही कि दोनों को एक-दूसरे की जैसे सही जानकारी न हो और एक गलतफहमी में पड़कर वे निरन्तर लड़ते-झगड़ते हों वही जैसे उनकी नियति हो। यह सही है कि बेकार, निकम्मे व्यक्ति की, पुरुष की, पति की स्थिति, उसकी मन:स्थिति और व्यवहार को बदल देने वाली होगी और कुंठित मन उसके व्यक्तित्व को, व्यवहार को अवश्य प्रभावित करेगा लेकिन फिर भी आपसी संबंधों की जटिलता उतनी सच्चाई-गहराई से नहीं आ पायी। स्त्री-पुरुष या पति-पत्नी के बीच उठते-गिरते प्रश्नों की तह तक पहुँच पाने की शक्ति-सामर्थ्य दिखायी नहीं देती। जबकि आधुनिक समय में स्त्री-पुरुष के बदलते सम्बन्धों को, नितांत बदली हुई जटिल मन:स्थिति को, द्वन्द्व को, उनकी समस्याओं-प्रश्नों को, निरंतर बढ़ते अभाव को अधिक गहराई से अधिक यथार्थ दृष्टि से उठाने के पूरे अवसर नाटक में मौजूद थे। अगर यह मान लें कि महेन्द्रनाथ परपुरुषों से गलत संबंधों के कारण सावित्री से चिढ़ता और झगड़ता है तो जाहिर है कि इससे 'आधे-अधूरे' का सारा नाटकीय अनुभव और संकुचित और सतही हो जायेगा, यही नहीं, सावित्री के जीवन का सारा द्वन्द्व, सख़्ती और त्रासदी भी उतनी प्रभावशाली नहीं रह जायगी।

इसलिए यह कहना गलत न होगा कि 'आषाढ़ का एक दिन' और 'लहरों के राजहंस' में पात्रों का चरित्र-चित्रण जितना सूक्ष्म, साफ-सुथरा और गहरा एवं सच्चा साबित हुआ है, उतना 'आधे-अधूरे' का नहीं। जब कि पात्रों की संख्या अधिक नहीं है और उनके माध्यम से व्यंग्यों, संकेतों की विविधता भी उतनी नहीं है। जहाँ तक बिन्नी, किन्नी और अशोक का सम्बन्ध है, वे मनोवैज्ञानिक दृष्टि से सही और प्रभावित करने वाले हैं, विशेषकर किन्नी जिसके व्यवहार, गतियों, मुद्राओं, हाव-भावों, भाषा, संवाद सबमें बिगड़ी हुई तेरह वर्ष की लड़की का मनोविज्ञान बड़े ही सार्थक ढंग से प्रस्तुत किया गया है। उनके द्वारा एक ओर आज की तरुण और किशोर पीढ़ी की स्थिति दिखायी गयी है, और साथ ही आज के माता-पिता की स्थिति भी कि वे अपने ही बच्चों के सामने कितने उधड़े हुए हैं, और किस तरह बच्चों की प्रतिक्रियाओं का, विरोध आक्रोश का बराबर सामना करते हैं, और कुछ भी कर पाने या समझा पाने में असमर्थ हैं। विशृंखलित परिवार के बच्चों के मानसिक विकारों को, आज की पीढ़ी के बदलते दृष्टिकोण और मानसिकता को भी राकेश प्रस्तुत कर सके हैं। अशिष्टता,

विद्रोह, क्रोध, अपशब्द, जिद्दी स्वभाव, अहंकार, बेकारी—मानवीय सम्बन्धों का टूटना-बिखरना, आदमी का अकेलापन, घुटन-कुढ़न, ऊब, उससे मुक्ति पाने के दूसरे गलत अधूरे रास्ते ढूँढ़ना, अतृप्ति, असंतोष, भटकन—सब आज की देन है और कहा जा सकता है कि इस अर्थ में नाटक यथार्थ से साक्षात्कार करता है और राकेश को 'ज़िन्दगी से जुड़ा हुआ' माना जा सकता है, लेकिन सवाल है कि क्या आज के मनुष्य के खंडित व्यक्तित्व को, मानसिकता को समकालीन संत्रास को वे पूरी सच्चाई और सफाई से प्रस्तुत कर सके हैं? कहना न होगा कि यही इस नाटक की दुर्बलता है। यहाँ नेमिचन्द जैन की कही हुई बात को दोहराना ही काफी होगा कि 'यह नाटक केवल दो व्यक्तियों के बीच गलतफहमी और झगड़े को, या अधिक से अधिक उनकी टकराहट की अनिवार्यता को ही पेश कर पाता है, उसे किसी बुनियादी इन्सानी संकट, पारस्परिक संप्रेषण के असंभव होने की स्थिति, अथवा किसी अन्य व्यापक कारण के साथ नहीं जोड़ पाता, दो इन्सानों या स्त्री-पुरुष मात्र के बीच उठने वाले सवालों की तह तक नहीं पहुँचता। उसमें न सम्बन्धों की सार्विकता स्थापित होती है, न किसी मानवीय स्थिति की अनिवार्यता ही उभरती है। नाटक का पूरा अनुभव-क्षेत्र बहुत ही छोटा, संकुचित और विशेष व्यक्तियों में सीमित है।'[1] इस तरह की तमाम प्रतिक्रियाओं का मुख्य कारण राकेश की चरित्र-परिकल्पना है, वह भी महेन्द्र और सावित्री। यद्यपि सभी पात्र कुंठाओं और अतृप्ति से अभिशप्त हैं और अपने पारिवारिक संबंधों से आशंकित और चिढ़े हुए से हैं लेकिन नाटक का केन्द्रीय पात्र सावित्री है, जो अपने जीवन में, घर में, दूसरे सब में 'संपूर्णता' देखना चाहती है। पूरे नाटक की, घर की बागडोर उसी के हाथ में है। घर उसी के शासन से बँधा है, अव्यवस्थित घर को वही व्यवस्थित करे तो करे। बच्चों की हर समस्या से वही सामना करती है—चाहे वह विवाहित लड़की के बार-बार भाग आने की समस्या हो, चाहे किन्नी की स्थूल से लेकर यौन-किस्मों की समस्या हो, चाहे अशोक की नौकरी की और चाहे पुरुष—बेकार पति—के साथ घर चलाने की समस्या हो। पुरुष को जैसे किसी प्रश्न से मतलब नहीं—अगर उसका विरोध कहीं दीखता है तो सिर्फ सावित्री को लेकर। ऐसा इसीलिए नहीं है कि राकेश ने स्त्री पात्र को प्रधानता दी है, या महेन्द्र दब्बू है बल्कि मुख्य कारण शायद आर्थिक व्यवस्था है, जो स्त्री के हाथ में है। आर्थिक समस्या मानव जीवन का बहुत बड़ा पक्ष है, उससे जूझने वाला, उसे सुलझाने वाला व्यक्ति ही प्रमुख हो जायगा। इसलिए एक ओर स्त्री के हाथ में ही आर्थिक व्यवस्था होने के कारण ऐसा है, दूसरी ओर स्त्री के तेज और अपेक्षाकृत अधिक व्यावहारिक दृष्टिकोण होने के कारण भी। वही जैसे सूत्रधार है लेकिन स्थिति उल्टी है। यहाँ वह नाचती है, सबके लिए मरती है, थकती है लेकिन सब कठपुतले नहीं हैं जो उसके अनुसार चलें। बिन्नी उसी के प्रेमी मनोज के साथ भाग गयी, किन्नी पर उसका कोई वश नहीं, अशोक उसके सारे प्रयत्नों पर पानी फेर देता है, उसे अपमानित भी करता है। यहाँ तक तो ठीक हैं

1. नटरंग 21, पृ० 38।

लेकिन कुछ बातें स्पष्ट नहीं हो पातीं जैसे कि वह महेन्द्र से क्यों असंतुष्ट-अतृप्त है? क्या केवल इसलिए कि वह अधूरा आदमी है, पर-निर्भर है? या इसलिए कि वह उसे अपने अनुसार नहीं चला पाती और अपने को उसके अनुसार नहीं चला पाती। अन्त में वह स्पष्ट कहती है कि दोस्तों के हाथ में खिलौना बना महेन्द्र उसे 'दूसरों के खाली भरने की चीज' लगता था। दोस्तों को जैसे महेन्द्र का घरबार; पत्नी, जब रास नहीं आया, उन्हीं के अनुकूल बने रहने की कोशिश में महेन्द्र 'घर के अन्दर रात-दिन छटपटाता है और दरिन्दा' बन जाता है। 'पता नहीं कब किसे नोंच लेगा, किसे फाड़ खायेगा' और सावित्री को पीटकर कहेगा कि 'बोल, चलेगी उस तरह कि नहीं जैसे मैं चाहता हूँ?' बिना हाड़-मांस के पुतले जैसे इस आदमी से उसे चिढ़ होती जाती है लेकिन सारी कटुता के साथ बाइस साल ज़िन्दगी काटती है उसके साथ। ये बातें स्त्री-पुरुष के बदलते संबंधों का संकेत तो कर देती हैं लेकिन कोई गहरा अनुभव, सही-साफ बात, पूरा सत्य या तनाव के विश्वसनीय कारण सामने नहीं लातीं, साथ ही 'संपूर्णता' की तलाश का गंभीर रूप नहीं आ पाता। जबकि मुख्य लक्ष्य राकेश का यही है। नाटक के आरम्भ में अव्यवस्था से जूझता हुआ उसका चिड़चिड़ा व्यक्तित्व, सम्पूर्ण की खोज के आगे टूटता, पराजित व्यक्तित्व प्रभावित करता है। राकेश ने सावित्री के प्रति सहानुभूति भी पैदा करानी चाही है, स्थितियों से भी और संवादों से भी। माँ के द्वन्द्व को समझने वाली बिन्नी कहती है, 'एक तुम्हीं करने वाली हो, सब कुछ इस घर में। अगर तुम्हीं...' तुम सब कुछ सहकर भी रात-दिन अपने को इस घर के लिए हलाक करती रही हो, और सावित्री टूटती हुई नजर आती है कि 'अब मुझसे नहीं संभलता', 'पर हुआ क्या है, उससे' इस हताशा के बीच-बीच में उसका अस्तित्व प्रकट होना चाहता है कि 'यहाँ पर सब लोग समझते क्या हैं मुझे? एक मशीन जो कि सबके लिए आटा पीस-पीसकर रात को दिन और दिन को रात करती है?' इसी मन:स्थिति में वह अशोक की नौकरी के सिलसिले में सिंघानिया से अपने घर पर व्यावहारिक तौर पर बात करती है लेकिन लड़का उसी का कार्टून बनाता रहता है कागज पर और कहता है कि 'बुलाती क्यों हो ऐसे लोगों को घर पर जिनके आने से हम जितने छोटे हैं, उससे भी छोटे हो जाते हैं अपनी नजर में।' यह एक और प्रहार होता है, उस पर, वह अपने को और अकेला पाते हुए कहती है 'ऐसे में मुझसे भी नहीं निभ सकता। जब और किसी को यहाँ दर्द नहीं किसी चीज का, तो अकेली मैं ही क्यों अपने को चीथती रहूँ रात-दिन? मैं भी क्यों न सुर्खरू होकर बैठ रहूँ अपनी जगह? उससे तो तुममें से कोई छोटा नहीं होता। एक-एक करके सावित्री का द्वन्द्व, उसकी बेबसी स्पष्ट होती है और चरम सीमा पर पहुँचती है जब अशोक साफ कह देता है कि उसे अपने लिए कोई न कोई फैसला जरूर कर लेना चाहिए। 'जब नहीं निभता इनसे यह सब, तो ये क्यों निभाये जाती हैं इसे?' और इन्हीं क्षणों में वह अपनी ज़िन्दगी खुद जीने का निर्णय कर लेती है। यहाँ तक तो वह सहानुभूति अर्जित करती है, और उसकी आन्तरिक व्यथा और संघर्ष के कारण विश्वसनीय भी लगते हैं आगे चलकर भी अपने ढंग से जीने के प्रयत्न की शुरुआत उससे पहले उसका अन्तर्द्वन्द्व और असमंजस सब प्रभावित करता

है। अब तो छूटे हुए घर में भी उसकी छाया मंड़राती रहती है और वह नाटक का केन्द्र लगने लगती है लेकिन अंत में जुनेजा के द्वारा उसकी असलियत को जिस तरह उघाड़ा गया है, वह नाटक में अब तक के स्थापित द्वन्द्व को, सावित्री की चरित्र-परिकल्पना को सतही बना देता है, उदाहरणार्थ 'महेन्द्र को तुम तब भी वह आदमी नहीं समझती थी, जिसके साथ तुम ज़िन्दगी काट सकतीं, तुम इज्जत करती थीं मेरी 'इसलिए नहीं कि एक आदमी के तौर पर मैं महेन्द्र से कुछ बेहतर था तुम्हारी नजर में, बल्कि सिर्फ इसलिए कि मैं जैसा भी था, जो भी था—महेन्द्र नहीं था।' हर दूसरे चौथे साल महेन्द्र से अपने को झटक कर इधर-उधर कोई जरिया ढूँढ़ने की कोशिश—जुनेजा के बाद शिवजीत—'बड़ी डिग्री, बड़े-बड़े शब्द और पूरी दुनियाँ घूमने का अनुभव' फिर जगमोहन—ऊँचे संबंध, टिप-टाप, पैसा, हरएक में कोई न कोई कमी का अनुभव 'महेन्द्र की जगह इनमें से कोई भी आदमी होता तुम्हारी ज़िन्दगी में, तो साल-दो साल बाद तुम यही महसूस करतीं कि तुमने एक ग़लत आदमी से शादी कर ली है।' अन्तिम स्थल नाटक के लक्ष्य और सावित्री की, मानवीय स्थिति की त्रासदी को खंडित करते हैं। लगता यह है कि मानों सावित्री कोई बहुत महत्त्वाकांक्षी स्त्री है, जो बहुत कुछ पाना चाहती है—''तुम्हारे लिए जीने का मतलब रहा है कितना कुछ एक-साथ लेकर, कितना-कुछ एक साथ पाकर और कितना-कुछ एक साथ ओढ़कर जीना।' यहीं सावित्री का व्यक्तित्व किसी गहरी मानवीय स्थिति, इन्सानी संकट को उतना अभिव्यक्त नहीं करता, जितना एक विशिष्ट व्यक्ति की स्थिति को। अधूरापन और संपूर्णता की खोज का द्वन्द्व इस बहुत सर्जनात्मक दृष्टि से लाया नहीं जा सका। जुनेजा की उपर्युक्त सब बातों का सावित्री के पास कोई स्पष्ट उत्तर नहीं है। वह या तो अपने को झुठलाने, बचाने की कोशिश में दिखायी देती है, या खामोश और निरर्थक प्रश्न करती हुई। अन्त में उसका सारा संघर्ष शब्दों का खिलवाड़ जैसा लगता है और उसका सारा जीवन 'अनुरागविहीन प्रक्रियाओं' में खोया हुआ। यह समझ में नहीं आ पाता कि राकेश किस सत्य को स्थापित करना चाहते हैं? जो जुनेजा कहता है, उसे? या जो सावित्री महसूस करती है, उसे? 'बिल्कुल एक-से हैं' आप लोग? क्या इतने-से ही सावित्री की त्रासदी स्पष्ट हो जाती है? सावित्री को लेकर यह भी बहुत साफ नहीं हो पाता कि सभी पुरुषों से उसके सम्बन्ध कैसे हैं? स्वयं उसकी बातों से लगता है कि आर्थिक समस्या सुलझाने के लिए वह खास सम्बन्ध बनाती है, जबकि जुनेजा, महेन्द्र और अशोक की बातों से लगता है कि जैसे उसके सम्बन्ध शारीरिक हैं, समाज-दृष्टि से अनैतिक, घर वालों को असह्य। निस्संदेह इसे राकेश ने संदेह की स्थिति में पड़ा रहने दिया है और इससे नाटक में, सावित्री के चरित्र-चित्रण में विरोधात्मक स्थितियाँ पैदा होती हैं। लगता है जैसे दो चीजें एक साथ लेकर मस्तिष्क में चल रही हैं—विवाह-जीवन से प्राप्त पुरुष से असंतुष्ट, अतृप्त, स्त्री की मानसिक आकांक्षा और दूसरी ओर आर्थिक प्रश्न सुलझाने की चेष्टा। यह दोहराव ही नाटक के पूरे यथार्थ को, चरित्र के यथार्थ को खंडित करता है और नाटककार के साहस पर प्रश्नचिन्ह लगाता है। कहा जाता है कि 'सावित्री के व्यक्तित्व में बेहद एकहरापन है, शुरू से आखिर तक सिर्फ

चिड़चिड़ेपन के सिवाय और कोई रूप उसका नहीं उभरता,[1] इस सम्बन्ध में दो बातें ध्यान देने की हैं—एक तो यह कि अब तक हिन्दी नाटक जहाँ पर खत्म हुआ करते थे, राकेश ने वहाँ से नाटक शुरू किया है। सावित्री बहुत भोग चुकी है, उन तीखे अनुभवों के बाद उसकी सहजता समाप्त हो चुकी है और नाटक एक तल्खी, कड़वाहट और चिड़चिड़ेपन के साथ शुरू होता है, अन्त तक वैसा ही चलता है। मुझे तो उसके स्वभाव का यह ही रूप अधिक स्वाभाविक परिस्थितियों की देन जैसा लगता है। 'भावना' और 'आत्मीय संबंध' उसके लिए मिट चुके हैं। इस नाटक की रिहर्सल के दौरान का एक संकेत सुधा शिवपुरी ने दिया है कि 'वह (राकेशजी) उस औरत को भावुक बिल्कुल नहीं बनाना चाहते थे। कहते थे—बहुत भोगा है उस औरत ने। उसकी घुटन और कड़ुवाहट उसकी ज़िन्दगी से उभरकर आनी चाहिए।' इससे लेखक की दृष्टि का परिचय मिल जाता है। यह दूसरी बात है कि सावित्री के चरित्र-निर्वाह में, उसके पूरे यथार्थ चित्रण में उसे सफलता न मिली हो। क्योंकि यह सचमुच आश्चर्य की बात है कि सावित्री के प्रति लेखक की गहरी सहानुभूति होते हुए भी नाटक में 'दोषी' भी वही लगती है—यह दोष केवल उसका क्यों? क्या परिवेश की जड़ता और मानसिक हताशा के लिए सभी समान रूप से उत्तरदायी नहीं हैं? सावित्री, पत्नी, स्त्री, एक ही व्यक्ति क्यों?

यही स्थिति महेन्द्रनाथ के साथ भी है। यूँ तो सावित्री के आगे उसका चरित्र नितान्त गौण है लेकिन फिर भी नाटक का वह मुख्य पात्र है। उसके व्यक्तित्व का मनोविज्ञान भी बहुत स्पष्ट नहीं है। शुरू में वह बड़ा दब्बू लगता है, पत्नी के पुरुष-मित्रों से चिढ़ा हुआ, जुनेजा पर निर्भर। बेकार होने के कारण घर में उसकी स्थिति दयनीय है। शुरू में पत्नी के आगे डरा-डरा, अपराधी और घर के काम के लिए तैयार लगता है। एक उदाहरण—

पुरुष एक : (गुस्से से उठता) तुम तो ऐसे बात करती हो जैसे—

स्त्री : खड़े क्यों हो गये?

पुरुष एक : क्यों, मैं खड़ा नहीं हो सकता?

स्त्री : (.....) हो तो सकते हो, पर घर के अन्दर ही।

....

पुरुष एक : मैंने सिर्फ पाँच पैसे खर्च किये हैं अपने पर—इस अखबार के।

पत्नी के साथ-साथ बच्चों से भी वह उपेक्षित ही है। केवल अशोक की सहानुभूति उसे मिलती है। लेकिन रह रह कर उसका पुरुषोचित आत्मसम्मान भी जागने लगता है। यह सब सही है पर उसका 'दब्बू और दरिंदा' बन जाने वाला रूप नाटकीय स्थितियों से कहीं उभरता नहीं, केवल अन्त में सावित्री के संवादों से जाहिर होता है जो बहुत उचित तरीका नहीं है। इसके अलावा सावित्री उसकी जो तस्वीर खींचती है, वह एक

---

1. नटरंग 21, नेमिचन्द्र जैन, पृ० 40।

लिजलिजे और क्रूर आदमी की है जो नफरत और वितृष्णा पैदा करती है, दूसरी ओर जुनेजा के लिए 'वह हर आदमी जैसा एक आदमी है' उसकी बातें महेन्द्र के प्रति सहानुभूति पैदा करती हैं। दोनों बातों में संगति नहीं लगती और महेन्द्र भी टुकड़ों में बँटा हुआ लगता है। यह भी खटकता है कि दूसरे उसे एक्सप्लेन कर रहे हैं। स्वयं वही अपना कोई स्पष्ट चित्र पाठक-दर्शक के सामने नहीं ला पा रहा। जैसा कि पहले भी कहा है कि उसकी कुढ़न, चिढ़ सावित्री से क्यों है? क्या वह उसके पर-पुरुषों से गलत सम्बन्ध मानने के कारण? या सिर्फ आत्मसम्मान कुचला जाने के कारण कि कभी वह गृहस्वामी था, आज घर में उपेक्षित-तिरस्कृत है, आश्रित है? निस्संदेह नाटककार ने कोई स्पष्ट संकेत नहीं दिया है और नाटकीय अर्थ और चरित्र के यथार्थ की दृष्टि से यह एक अहम् सवाल है जिसके लिए सावधानी की जरूरत थी।

दो पात्र और हैं जुनेजा, सिंघानिया जिनके सम्बन्ध में भी विरोधात्मक स्थिति आती है : नाटक शुरू से यह संकेत करता चलता है कि जुनेजा एक व्यावसायिक दृष्टि वाला, स्वार्थी मनोवृत्ति का, कोई दुष्ट व्यक्ति है। लेकिन नाटक के अन्त में सावित्री और बिन्नी से बातचीत के दौरान वह बड़ा सुसंस्कृत, समझदार, महेन्द्र का सच्चा दोस्त और उसकी भलाई के लिए प्रयत्न करता हुआ एक भला आदमी लगता है। सिंघानिया में यद्यपि उस वर्ग की बनावट, अहिंसा, मूल्यों, देशहित और आदर्श को बड़ी-बड़ी बातें, बड़े इरादे, अज्ञानता को ऊपरी बातों से छिपाने की कोशिश, यह सब दिखाया गया है उसके संवादों से, तौर-तरीके से लेकिन सचमुच उस समय की स्थिति में, नाटकीय वातावरण में उसे कुछ अतिरिक्त समय और उसके व्यक्तित्व को अधिक महत्त्व दिया गया लगता है और वह नाटक से, पात्रों से अलग—अपने में एक पूरा अभिनय हो जाता है। इसीलिए समीक्षकों ने उसे 'कैरीकेचर' की संज्ञा दी है। यही कुछ कारण हैं जो 'आधे-अधूरे' के चरित्रों को 'पूर्ण' नहीं बनने देते और नाटक की समग्र अन्विति में बाधक होते हैं। इस लिए नेमिचन्द्र जैन की यह बात गलत नहीं है कि 'आधे-अधूरे' के चरित्रों की परिकल्पना में बहुत सूक्ष्मता या सफाई या सर्जनात्मक कल्पनाशीलता कम है, संग्रहवृत्ति बहुत लगती है। स्वभाव और व्यवहार की कई प्रकार की विशेषताएँ एक ही चरित्र में एक साथ इकट्ठी कर दी गयी हैं, जो अलग-अलग दिलचस्प होकर भी रचना की दृष्टि से एक-दूसरे को काटती और तोड़ती हैं।'[1] निश्चय ही इस माने में उनके पहले दोनों नाटकों की चरित्र-सृष्टि ज्यादा सार्थक और सफल है। अगर हम बृजमोहन शाह की बात मान भी लें कि चूँकि सावित्री ही नाटक का केन्द्र है, इसलिए सावित्री की भावनाओं और उसके घर और बाहर के सम्बन्धों के परिप्रेक्ष्य में अन्य चरित्रों का सही मूल्यांकन हो सकता है।'[2] तो भी ऊपर कही गयी सारी बातें और पात्रों के अन्तर्विरोध अपनी जगह रहते हैं, जिन्हें झुठलाया नहीं जा सकता। वैसे इस नाटक के हर चरित्र का अन्तर्द्वन्द्व बड़ा तीखा है—हर पात्र अन्दर से हारा हुआ और

1. नटरंग 21, पृ० 40।
2. नटरंग संयुक्तांक 10-11, पृ० 53।

अन्दर बाहर दोनों से उलझता हुआ। इसलिए ये चरित्र आरम्भ से अन्त तक एक से हैं, उनमें परिवर्तन या विकास नहीं है और वे आज की मानवीय स्थिति को (सीमित अर्थों में ही सही) प्रस्तुत करते हैं। 'ये त्रस्त और पस्त चरित्र भले ही विकासहीन और घटनारहित हैं फिर भी नाटक कथानक और संघटन से बढ़िया है, क्योंकि उसमें पकड़ है, अभिनेता-अभिनेत्रियों के लिए आह्वान है।[1] यह पहले ही कहा जा चुका है कि कथानक से ज्यादा चरित्र राकेश के नाटकों में प्रधान है, कथानक उनके अनुसार चलता है—उन्हीं के द्वन्द्व से कथानक का ताना-बाना बुनता चलता है, वे कथानक के अनुसार अपने को नहीं ढालते। वे नाटक के मूल कथ्य को उभारते हैं और जीवन्त रूप में अपने को स्थापित करते हैं।

चरित्र-सृष्टि की दृष्टि के राकेश कहीं-कहीं बड़ी सूझ-बूझ से काम लेते हैं। नाटक में यह बहुत स्पष्ट हो जाता है कि बिन्नी और किन्नी दोनों सावित्री के व्यक्तित्व का ही भाग हैं, उसी का स्पष्टीकरण हैं। बिन्नी के वैवाहिक सम्बन्ध की असफलता, मानसिक असन्तोष और किन्नी का झगड़ालू, विद्रोही स्वभाव उसी के व्यक्तित्व का अंग है, इसी तरह अशोक की बेकारी और माँ के प्रति क्रोध, चिढ़, घर से भाग जाने की इच्छा महेन्द्र की ज़िन्दगी की ही पुनरावृत्ति है। सावित्री के पुरुष मित्रों का सामना महेन्द्र भी नहीं करता, अशोक भी उस स्थिति से बचना चाहता है और अंत में जगमोहन के सामने पड़ता भी नहीं। सावित्री पर भी महेन्द्र का वश नहीं, अशोक का भी। महेन्द्र भी चाहता है कि इससे तो सावित्री अपना अलग संसार बसा लेती पर कह नहीं पाता, अशोक कह देता है। व्यक्ति के मन की परतों को खोलने का यह प्रयोग राकेश ने तीनों नाटकों में किया है जो नाटकीय दृष्टि से भी उपयोगी है।

नाटक का अन्त भी वाद-विवाद का विषय है। एक तो लेखक के 'परिवेश की जड़ता और मानसिक हताशा के लिए सारा दोष पत्नी को दिया है।' दूसरे महेन्द्र घर से जाकर हमेशा की तरह फिर छड़ी संभाल कर वापस लौट आता है, सावित्री भी जगमोहन के साथ नये जीवन का आरंभ करने की इच्छा से निकलने के बाद हार कर फिर घर लौट आती है और हताश स्थिति में जैसे मौजूदा परिस्थिति को स्वीकार कर लेती है। बौद्धिक वर्ग को यह अन्त कुछ नाटकीयता, और भावुकता लिए हुए लगता है, नाटक का अंत पात्रों को 'विशिष्ट' बना देता है, नाटक को 'स्त्री की रुग्ण निंदा और स्त्री द्वेष बना कर छोड़ देता है, भारतीय समाज का बोध उससे नहीं होता और न सामान्य बुद्धि से सोचने पर ही ठीक लगता है कि स्थितियों का दायित्व एक ही पर हो। इस अन्त से केवल यह लगता है कि जैसे महत्त्वाकांक्षिणी और गलत कदम उठाने वाली स्त्री ने एक परिवार को नष्ट कर दिया हो। यह अन्त ही नाटक को मध्यवर्गीय परिवार तक सीमित करके छोड़ देता है क्योंकि पूरे नाटक में (अन्त को छोड़कर) सावित्री का द्वन्द्व, संघर्ष सही रूप में उभरा है इसलिए नाटककार की ही यह असावधानी कही जा सकती है कि उसने व्यापक नाटकीय अनुभव को अंत में जाकर

1. वही, बृजमोहन शाह, पृ० 54।

सीमित कर दिया और इस तरह की प्रतिक्रियाओं को जन्म दिया कि 'इसमें न तो कोई भविष्य का संकेत है, न मुक्ति की संभावना, न जीवन के लिए प्रेरणाएँ जिनके बिना ट्रैजेडी मात्र 'मेलोड्रामा' होकर रह गयी और मेलोड्रामा की भी रचना नहीं कर पाया क्योंकि बीच में कहीं उसमें समग्र दर्शकों की वर्तमान ज़िन्दगी की सामाजिक विश्वदृष्टि का कथन नहीं हो पाता है।[1] यद्यपि राकेश लेखकीय दृष्टि से यह मानते हैं कि 'सामान्य से हटकर एक विशिष्ट व्यक्तिगत विश्व की अनुभूतियों से उस प्रभाव की (व्यापक और स्थायी प्रभाव की) सृष्टि संभव नहीं।[2] लेकिन जीवन और यथार्थ के बहुत निकट होते हुए स्वयं 'आधे-अधूरे' की पहुँच बहुत व्यापक नहीं। अपने एक निबन्ध में राकेश ने कहा है साहित्य और अन्य कलाकृतियाँ हमें अपने को समझने में सहायता देती हैं। उनके माध्यम से अपने को देखकर हमारी अपने से पहचान घनिष्ठ होती है। इस पहचान को बढ़ाने में जो कलाकृति जितनी सहायक है, उसे उतनी ही महान् कहा जा सकता है। इसके लिए आवश्यक है कि कलाकार की दृष्टि यथार्थ के पूरे पट को देख सकती हो। हर कृति में उस पूरे पट को अंकित करना न तो संभव है और न वांछनीय ही—परन्तु कलाकार के अन्तर में उस पूरी पृष्ठभूमि की चेतना का होना आवश्यक है।[3] 'आधे-अधूरे' नाट्य कृति हमारी अपने से पहचान तो कराती है, इस पहचान को बढ़ाने में सहायक नहीं होती; वह जीवन की वास्तविकता से परिचित तो कराती है, लेकिन उससे झुंझलाहट पैदा नहीं करती, भविष्य के प्रति सचेत नहीं करती, बल्कि कुछ खास स्थितियों में (विशेषकर आर्थिक स्थिति में) मात्र व्यवहार का (विशिष्ट मनुष्यों का) वर्णन करने वाली रचना हो जाती है और स्थायी प्रभाव नहीं डालती। लगता है मुख्य बात लोगों का एक-दूसरे को बहुत कम जानना, और उनका अधूरापन ही लेखक के मस्तिष्क में है और नाटक की संरचना में उसी को ध्यान में रखा गया है, परिणामतः पात्रों और स्थितियों का सही और पूरा निर्वाह नहीं हो पाया। 'गतिशील यथार्थ' की बात और 'उस यथार्थ तक अपने अनुभव की परिधि को फैलाने की बात' राकेश ने प्रायः कही है, वह 'आधे-अधूरे' में क्यों नहीं है? अज्ञेय पर लिखते हुए भी उन्होंने कहा है कि 'बात को 'साइड ट्रैक' करके निकल जाने में निपुणता तो है, परन्तु इन्टेग्रिटी की माँग क्या यह नहीं कि सीधे प्रश्न पर सीधे ढंग से ही विचार प्रस्तुत किये जायें?[4] 'आधे-अधूरे' में 'सीधे प्रश्न' को अन्त में आकर एक 'गलत मोड़' दे दिया है। क्योंकि 'खुलकर जीना गुनाह है क्या?' और 'सब प्रतिक्रियाओं' के लिए मैं अपने को उत्तरदायी क्यों मानूँ? जैसी मनःस्थिति को लेखक उस सच्चाई से सीधे क्यों नहीं जूझता? जो एक बार मन को विश्वास दिलाना चाहता है कि 'विवाह एक संस्था है—सामाजिक नियम उस नियम को तोड़ने की बात सोचना

---

1. **अनिल सारी : प्रतिपक्ष 14 जनवरी, 73, पृ० 14।**
2. **परिवेश : पृ० 180।**
3. **परिवेश : अनुभूति से अभिव्यक्ति तक : पृ० 179।**
4. **सारिका : नवम्बर 1968 : 'व्यक्तिगत डायरी', पृ० 64।**

उच्छृङ्खलता है' लेकिन उनका मन विद्रोह करके कहता है कि 'स्त्री और पुरुष का पारस्परिक आकर्षण, जो कि एक प्राकृतिक नियम का पालन है, सामाजिक दृष्टि से यदि नियम का उल्लंघन हो तो क्यों जीवन भर अपने आप को निषेध करके उस नियम की दासता को निबाहा जाय?' अशोक से राकेश ने कहलाया भी है कि 'जो चीज बरसों' से एक जगह रुकी है वह रुकी ही नहीं रहनी चाहिए, सचमुच चाहता हूँ कि बात किसी एक नतीजे पर पहुँच जाय।' लेकिन जो होना चाहिए, सामाजिक दृष्टि से संभवत: वह उचित नहीं है। सावित्री अंत में वापस लौटी दिखाई देती है लेकिन बिन्नी कहती भी है—'मुझे तेरी बातों से डर लगता है आजकल...पता नहीं...सही भी नहीं लगती हालाँकि।' तो फिर 'आधे-अधूरे' में प्राकृतिक नियम का उल्लंघन क्यों? क्या केवल सामाजिक विवशता के कारण वस्तुत: यह 'क्या हम इस स्थिति को स्वीकार करके इसे बदल नहीं सकते? लेकिन कैसे?'—राकेश के व्यक्तिगत जीवन और अनिश्चय और द्वन्द्व इस नाटक में भी हैं। सावित्री ही दोषी नहीं हो सकती थी, सावित्री घर से हमेशा के लिए जा सकती थी, महेन्द्र से उसका सम्बन्ध विच्छेद भी हो सकता था लेकिन या तो लेखक अधूरेपन में आदमी की मानसिक हताशा ही दिखाना चाहता था, या मध्यवर्गीय जीवन की कुंठा, निराशा, विवशता ही। क्योंकि आरंभ से अंत तक तनाव और निष्फल संघर्ष में जीना आज के आदमी की नियति तो है ही। सारी कोशिशों के बावजूद जहाँ के तहाँ बने रहना उनकी अनिवार्य स्थिति है। 'अँधेरे बन्द कमरे' उपन्यास में हरबंस और नीलिमा भी इसी अनिवार्य स्थिति में जीते हैं। ऊपर कही गयी ये कुछ ऐसी बातें हैं जो इस नाटक की 'सार्थकता' और 'सर्जनात्मकता' पर प्रश्नचिह्न लगाती हैं। फिर भी यह मानना पड़ेगा कि हिन्दी नाटक और स्वयं राकेश की नाटक-यात्रा में इसकी बड़ी अहमियत है, मानवीय संबंधों की नयी और बड़ी सूक्ष्म पहचान न होते हुए भी जीवन का सत्य, यथार्थ इसमें मौजूद है।

इस नाटक की सबसे बड़ी खूबी है इसके ठोस जानदार संवाद, सही नाट्य-भाषा की खोज और एक तेवर, आक्रोश नाटक में बुना हुआ—आज की ज़िन्दगी को आज के ही मुहाविरे में पेश करने की सफल कोशिश। पहले वाक्य में ही नाटक का यह सौन्दर्य सामने आ जाता है। समकालीन जीवन के तनाव को पकड़ सकने की शक्ति पहली बार इस नाटक के संवादों और भाषा में मिलती है जो केवल बोचचाल की भाषा होने के कारण नहीं, शब्दों के चयन, उनके क्रम, संयोजन, ध्वनियों के कारण है जो **पात्रों के मनोविज्ञान को, तल्खी, कड़ुवाहट को उसी तेवर के साथ व्यक्त करता** है—नितान्त सहज, प्रभावशाली भाषा जो अपने लिखित और उच्चरित दोनों रूपों में समान रूप से झकझोरने वाली है। ओम शिवपुरी इस नाटक की भाषा को ही वह मुख्य कारण मानते हैं, 'जिसके कारण यह नाट्य-रचना बंद और खुले, दोनों प्रकार के मंचों पर अपना सम्मोहन बनाये रख सकी।'[1] इस नाटक में हिन्दी भाषा के जीवन्त मुहावरे को पकड़ने की सार्थक कोशिश ही हिन्दी नाटक को कई कदम आगे ले जाती है। 'जो

---

1. नटरंग 21, पृ० 20।

महसूस कर रहा हूँ, उसे शब्दों में नहीं रख पाऊँगा इसलिए नहीं कि साहस नहीं है, बल्कि इसलिए कि उसके लिए ठीक शब्द मिल नहीं पायेंगे।' राकेश की सही शब्द के लिए यह तड़प और कोशिश ही भाषा में इतनी व्यंजना शक्ति, सांकेतिकता और जान ला पायी है। कथाकार कमलेश्वर ने कहा भी है कि 'उसके पास शब्द हैं और समय की सच्चाइयों को वह निर्मम होकर उन्हीं शब्दों से भेदता रहा है। उसने एक भी शब्द खाली नहीं जाने दिया। यही उसका सबसे बड़ा जुर्म है।'[1] यह जुर्म ही 'आधे-अधूरे' का सौन्दर्य है—राकेश के अपने चिंतन से जन्मी भाषा, उधार लिए गये शब्द नहीं, अनुभूत शब्द पूरे अर्थ से सम्पन्न, सजीव और एक-दूसरे से बेहद जुड़े हुए। इसीलिए संवाद अप्रतिम हैं। प्रत्येक संवाद जहाँ पात्रों के मानसिक अभाव, बेचैनी, त्रास, कुंठा और अधूरेपन को अभिव्यक्त करता है, वहाँ उनमें ऐसा उतार-चढ़ाव भी है कि अभिनय की भंगिमाएँ, व्यंग्य और तीव्रता उभरती चलती है। यह बात भी ध्यान देने की है कि जहाँ पहले दोनों नाटकों में संवादों के अतिरिक्त या साथ-साथ पात्रों की गतियों को बहुत स्थान दिया गया था, वहाँ इस नाटक में संवादों की गति को ही ज्यादा महत्त्व दिया गया है—यह विकास का एक लक्षण है। केवल सिंघानिया और जुनेजा के संवादों में ठहराव है, क्योंकि ये पात्र, इनका स्वभाव, व्यक्तित्व ही ऐसा है, अन्यथा नाटक के संवादों में गति ही गति है क्योंकि वह उन सभी पात्रों के मानसिक आक्रोश को अभिव्यक्त करने के लिए जरूरी है और तीखेपन में तेजी और तल्खी स्वाभाविक भी है। इसके अतिरिक्त कहीं संवाद अधूरे अस्फुट हैं' कहीं पूरे-पूरे लम्बे, कहीं एकदम छोटे, कहीं पृष्ठ भर एक ही व्यक्ति बोलता जाता है, कहीं दो पात्रों के संवादों में विरोधात्मक स्थितियाँ हैं, तो कहीं एक-दूसरे से जुड़े-फिसलते संवाद। नाटक के अनुकूल वातावरण की सृष्टि करने में संवादों के अलग-अलग रूप बड़े सहायक हुए हैं। बिन्नी के संवाद उसकी आयु के अनुकूल टोन लिए हैं तो किन्नी और अशोक अपनी-अपनी आयु और स्वभाव के अनुरूप 'टोन' में बोलते हैं जब कि सावित्री बहुत भोगी हुई, बहुत अनुभवी स्त्री के टोन में बात करती है—और पुरुष कभी पत्नी-निर्भर पति के 'टोन' में तो कभी झल्लाहट में। जाहिर है कि संवादों को पात्रों के मनोभावों से आन्तरिक जगत् से जोड़ा गया है, उनके बाह्य रूप, बाहरी व्यक्तित्व से नहीं। आपसी सम्बन्ध से अलग; विद्रोही छोटी लड़की का टोन, भाषा बड़ी स्वाभाविक है—झूठ मूठ? मेरा फाउंटेन पेन तेरी वर्णा के पास नहीं है?...वही उद्योग-सेंटर वाली, जिसके पीछे जूतियाँ चटखाता फिरता है।' इसी तरह बड़ी बहन से भी उसका बोलना चरित्र में आंतरिक पैठ का उदाहरण है—तुम मत बात करो। मिट्टी के लोंदे की तरह हिली ही नहीं यहाँ से जब मैंने...। भाषा और टोन अन्दर की तल्खी सम्बन्धों के बिखराव का स्वाभाविक नमूना है। इसीलिए प्रायः कहा गया है कि 'आधे-अधूरे' संवादों में भावों की पूर्णता, अर्थ की सहज ग्राह्यता और पात्रानुकूलता का जवाब नहीं है।' राकेश के संवादों में निरर्थक प्रसंग, अर्थहीन शब्द, वाक्य की गठन की शिथिलता-लड़खड़ाहट,

---

1. सारिका, अगस्त 1968, पृ० 67।

अस्पष्टता कभी नहीं मिलेगी क्योंकि वे कथा-विकास से अधिक चरित्र से जुड़े हुए हैं, या समूचे रंगमंच से, रंग-चेतना से। हिन्दी नाटकों के संवादों में इस हद तक पात्र और रंगमंच से—उसकी आन्तरिकता से—सूक्ष्म सम्बन्ध दिखायी नहीं देता। 'आधे-अधूरे' के संवाद भी अपनी 'आन्तरिक लय' के कारण विशिष्ट हैं, मौलिक हैं और उनमें पर्याप्त सांकेतिकता, व्यंग्य की चुभन है। जो आक्रामकता चरित्र में है वही भाषा और संवादों में भी। लोगों ने इसी कारण 'आधे-अधूरे' को 'एक आक्रोश की भाषा' कहा है। आक्रोश, आक्रामकता—नाटक के टुकड़ों में नहीं संपूर्ण नाटक में है—वही इस नाटक की जान है और नवीनता भी। कुछ उदाहरण देखे जा सकते हैं—

पुरुष एक : किसे सुना सकता हूँ? कोई है जो सुन सकता है? जिन्हें सुनना चाहिए, वे सब तो एक रबड़ स्टैम्प के सिवा कुछ समझते ही नहीं मुझे। सिर्फ जरूरत पड़ने पर इस स्टैम्प का ठप्पा लगा कर........ मैं इस घर में रबड़ स्टैम्प भी नहीं। सिर्फ एक रबड़ का टुकड़ा हूँ—बार-बार घिसा जाने वाला रबड़ का टुकड़ा। इसके बाद क्या कोई मुझे वजह बता सकता है, एक भी ऐसी वजह, कि क्यों मुझे रहना चाहिए इस घर में?

× × ×

हाँ '...छोटी सी बात ही तो है, यह। अधिकार, रुतबा, इज्जत—यह सब बाहर के लोगों से मिल सकता है इस घर को। इस घर का आज तक कुछ बना है, तो सिर्फ बाहर के लोगों के भरोसे। मेरे भरोसे तो सब कुछ बिगड़ता आया है और आगे बिगड़ ही बिगड़ सकता है। (लड़के की तरफ इशारा करके) यह आज तक बेकार क्यों घूम रहा है? मेरी वजह से। (बड़ी लड़की की तरफ इशारा करके) यह बिना बताये एक रात घर से क्यों भाग गयी थी? मेरी वजह से। (स्त्री के सामने आकर) और तुम भी... तुम भी इतने सालों से क्यों चाहती रही हो कि...?.....

....

अपनी जिन्दगी चौपट करने का जिम्मेदार मैं हूँ। तुम्हारी ज़िन्दगी चौपट करने का जिम्मेदार मैं हूँ। इस सबकी जिन्दगियाँ चौपट करने का जिम्मेदार मैं हूँ। फिर भी मैं इस घर से चिपका हूँ क्योंकि अन्दर से मैं आरामतलब हूँ, घरघुसरा हूँ मेरी हड्डियों में जंग लगा है।'

इसी तरह की आक्रामकता, पैनापन सावित्री, किन्नी, अशोक सबमें है और यह संवाद-सौन्दर्य ही रंगमंच को छा लेता है, बाहरी स्थूल दृश्य-तत्त्व यहाँ भी बहुत गौण हैं, संवाद और भाषा से पैदा होने वाली स्वाभाविक नाटकीयता, दृश्यात्मकता मुख्य है जिसके लिए राकेश हमेश सचेष्ट, सतर्क रहे। एक और बात इस नाटक में भी सामने आती है, कि आक्रोश और द्वन्द्व की मन:स्थिति में राकेश के पात्र अधिकतर प्रश्नवाचक वाक्यों में, संक्षिप्त वाक्यों में बोलते हैं। राकेश की अपनी मन:स्थिति भी हमेशा

उलझन और प्रश्न की रही है। ये प्रश्नवाचक वाक्य नाटक की गति बनाये रखने में और पात्रों की द्वन्द्वात्मक स्थिति को अभिनय में साकार करने में सहायक ही हुए हैं। अभिनय की भंगिमाओं में विविधता तेजी प्रत्यक्ष देखना हो तो यह एक ही उदाहरण काफी है—

> वह? इस घर में खिड़कियों-दरवाजों में? छत में? दीवारों में? तुममें? डैडी में? किन्नी में? अशोक में? कहाँ छिपी है वह मनहूस चीज़ जो वह कहता है मैं इस घर से अपने अन्दर लेकर गयी हूँ? बताओ ममा, क्या है वह चीज़? कहाँ पर है वह इस घर में?'

निश्चय ही पूरा स्थल अपने में बड़ा क्रियात्मक है—एक्शन, सूक्ष्म मनोभावों और क्रियाओं का यह सामंजस्य, संवादों को जड़ता से, स्थूल प्रवाह से मुक्त करके हरकत और पूरी चेतना से भर देने का यह सक्षम प्रयास हिन्दी नाटक में नया है और यूँ भी महत्त्वपूर्ण है जो नाटक में सर्वत्र है। कहीं-कहीं उनके पात्र अपने को व्यक्त करने, समझने-समझाने में अपने को असमर्थ पाते हैं—संवाद भी उसी के अनुरूप ढल जाता है—

बड़ी लड़की : क्योंकि मुझे कहीं लगता है कि...कैसे बताऊँ क्या लगता है? वह जितने विश्वास के साथ यह बात करता है, उसमें...उसमें मुझे अपने से एक अजब-सी चिढ़ होने लगती है। मन करता है... आस-पास को हर चीज को तोड़-फोड़ डालूँ। कुछ ऐसा कर डालूँ जिससे...।

राकेश की तरह उनके पात्रों में भी लगता है जैसे उनके मन में जितना कुछ है, शब्दों में वह पूरा आ नहीं पा रहा, शायद आ ही नहीं सकता, क्योंकि शब्द अधूरा माध्यम है। लेकिन निश्चित रूप से 'आधे-अधूरे' संप्रेषणीय जीवंत भाषा की पूरी सुरक्षा का नाटक है—ध्वनि, क्रिया और शक्ति का समन्वित सौन्दर्य लिये हुए।

सांकेतिकता राकेश के लिए अभिव्यक्ति का बहुत महत्त्वपूर्ण, सार्थक, अधिक प्रभावशाली ढंग है। 'आधे-अधूरे' में सांकेतिकता लेखक की 'भीरुता का बाना' बनकर नहीं, एक अनिवार्य जीवंत तरीका बल्कि नाटकीय अंग बनकर आयी है। कहीं-कहीं ये संकेत बड़े सफल हैं और भाषा की स्थूल बनावट से अधिक कारगर। संकेत कभी संवादों से उभरे हैं, कहीं क्रियाओं, स्थितियों से। आरम्भ में 'घर में घुसते ही' सावित्री को सारी चीजें बिखरी हुई मिलती हैं। तिपाई पर छोटी लड़की का बैग, सोफे पर अशोक की तस्वीरें, पुरुष एक का झूलता पायजामा, टेबिल पर बिखरे चाय के बर्तन ये शुरू में ही संकेत दे जाते हैं जीवन के बिखराव का, एक अव्यवस्थित अनुरागविहीन घर का, परिवार के सदस्यों की परस्पर निरासक्ति का और अकेली स्त्री के सारे दायित्व और उसके बोझ का। सावित्री का बिखरी चीजों को बटोरना भी घर को व्यवस्थित करने, रखने की कोशिश है। पुरुष का बार-बार अखबार पढ़ना भी अपने बेकार समय में किसी तरह अपने को व्यस्त और सभी स्थितियों का सामना करने से अपने को बचाए रखना है। इस घर में पाँच पैसे का वह अखबार ही जैसे उसकी पूँजी,

उसका आधार है। अशोक का फिल्मी अभिनेत्रियों की तस्वीरें काटना, कैंची का कच्-कच् चलाना जहाँ उसकी मानसिक भटकन, अतृप्ति, कुंठाओं का संकेत करता है. वहाँ आज के युग में मानवीय सम्बन्धों का कटते जाना भी, आज के आदमी का अकेलापन और भटकन भी। कहीं-कहीं प्रतीक दूर तक खींचे गये हैं जिससे उसका प्रभाव विस्फोटक नहीं रह सका। उदाहरणार्थ बिन्नी द्वारा चीज़ का टिन का डिब्बा न खुलना। हर आदमी उस बन्द घुटे माहौल के अन्दर और बाहर की उलझनों से मुक्त होना चाहता है, लेकिन नहीं हो पाता 'यह डिब्बा? ...इन टिन-कटर से नहीं खुलेगा। इसकी नोंक इतनी मार चुकी है कि.......' '...हाथ क्यों काँप रहा है तेरा?' ...अभी खुल जाता है यह। तेज औजार चाहिए...एक मिनट नहीं लगेगा और वह घर के अन्दर नहीं खुलता; बाहर ही खुलता है। जिसका कोई प्रयोग नहीं होता—बाहर का प्रयत्न क्षणिक, निरर्थक है। किन्नी का कुंडी बन्द कर लेना भी ऐसा ही है—सब अपनी चहारदीवारी में बन्द। पूरा नाटक बहुत-सी नाटकीय युक्तियों से भरा हुआ है—महेन्द्रनाथ का खीझ-खीझकर जुनेजा की फाइलें झाड़ना, सावित्री का तुतलाकर बोलना, महेन्द्र का अखबार को मोड़ते रहना, जगमोहन द्वारा सिगरेट के छल्ले बनाना, अशोक का पैंट में कीड़ा घुसने का नाटक, अशोक के कार्टून में सावित्री को महेन्द्र की सूरत नजर आना, मोटर की बैटरी डाउन होना, इंजन को धक्का देना, सिंघानिया का जाँघ खुजलाना, सावित्री का गले की माला को उँगली में लपेटना और झटका लगने से माला का टूट जाना। आदि ऐसी युक्तियाँ काम में लाई गई हैं, जो नाटक के अर्थ और क्रिया को तो व्यक्त करती हैं लेकिन कलात्मक अभिव्यक्ति का कोई नया आयाम प्रस्तुत नहीं करतीं बल्कि एक दृष्टि से ये संग्रह-वृत्ति भी लगती है और चलताऊ युक्तियाँ भी लेकिन एक ओर ऐसी घिसी-पिटी रंग-चर्चाओं का सहारा लिया गया है, तो दूसरी ओर कुछ स्थल बड़े ही मार्मिक, सूक्ष्म रंग-बोध और नाटकीय परिकल्पना का, अभिनय और चरित्र की से समझ का उदाहरण है। खास तौर से दो-तीन स्थल देखे जा सकते हैं—एक, जगमोहन के साथ नया जीवन आरम्भ करने के इरादे के समय सावित्री के संकल्प और असमंजस' के द्वन्द्व को दिखाने के लिए सावित्री को छोटे-छोटे स्वगत वाक्य बोलते जाना और ड्राअर खोलना, बन्द करना, चप्पल ढूँढ़ना, ड्रेसिंग टेबिल के सामने असफल कोशिश, इत्यादि जगमोहन के साथ जाते समय पर्स से रूमाल ढूँढ़ना, बार-बार रुकना, अहाते की ओर देखना, उत्तेजना, कमरे पर नजर डालना, यह सब उसके—मध्यवर्गीय स्त्री के असमंजस का संकेत भी करते हैं और अभिनय के अवसर भी देते हैं। दूसरे, सावित्री के चले जाने के बाद कुछ क्षण मंच खाली—फिर बाहर से छोटी लड़की के सिसकने का स्वर—फिर रोती हुई किन्नी का अन्दर आकर सोफे पर औंधा हो जाना, कमरे के खालीपन पर नज़र डालकर रोते-सिसकते अन्दर चले जाना और फिर दो क्षण मंच का खालीपन—उस वातावरण की भयावह स्थिति का बड़ा करुण, दर्दनाक चित्र प्रस्तुत करता है, और लेखक के रंगानुभव का परिचय देता है। चरित्रों की भावनात्मक स्थितियाँ और रंगमंच का तादात्म्य यहाँ संभव हो सका है। राकेश का रंगानुभव और रंग-बिम्बों की प्रकृति की पहचान का आदर्श रूप 'आषाढ़ का

एक दिन' और 'लहरों के राजहंस' में सामने आया था। 'आधे-अधूरे' के सभी रंगबिम्ब उतने सूक्ष्म और पात्रों की संवेदनशीलता के अंग कलात्मक नहीं हैं—शायद नाटक का वक्तव्य बदल जाने के कारण।[1]

राकेश के मस्तिष्क में 'नाटककार की सत्ता' का, 'भूमिका' का प्रश्न और निर्देशक के 'दायित्व' का प्रश्न हमेशा रहा। नाटक निर्देशक की कल्पना से, गलत प्रयोग से बिगड़ न जाए, नाटक की आत्मा पर प्रहार न हो, इस दृष्टि से ही शायद राकेश ने अपने नाटकों में इतने पूर्ण रंग-निर्देश, रंग-चर्याओं का संकेत दिया है कि निर्देशक कभी-कभी गौण लगने लगता है। पात्रों की सारी हरकतों, भाव-प्रदर्शन, गतियों के साथ-साथ प्रकाश और संगीत के भी सारे संकेत नाटक में मौजूद हैं, यहाँ तक कि रंग-निर्देशों के अन्तर्गत प्रतीक भी। इसमें कोई संदेह नहीं कि ये सारे रंग-संकेत हिन्दी नाटककार की रंगमंचीय दृष्टि के परिचायक हैं और एक अच्छी शुरुआत हैं, लेकिन कलाकृति की दृष्टि से रंग-निर्देशों की इतनी पूर्णता विचारणीय हो सकती है। लोगों की प्रतिक्रियाएँ 'आधे-अधूरे' के मंच-निर्देशों को लेकर अलग-अलग हैं। कुछ को लगता है कि 'नाटककार ने शायद यह अतिरिक्त एहसास कराना चाहा है कि अभिव्यक्ति की हर बारीकी को उसने गिरफ्त में ले रखा है।' या इसी तरह यह कि 'तरह-तरह की रंग-युक्तियों के द्वारा निर्देशक और अभिनेता का काम अपने हाथ में लाने की प्रवृत्ति इस नाटक में बहुत ही ज्यादा है। अभिनेता की हर गति और रंगचर्या को नाटककार ने निर्धारित कर देना चाहा है।''[2] या यह भी कि ''यद्यपि अपनी प्रस्तुति में निर्देशक नाटक की लय का पुनर्निर्माण करते समय उसे कुछ सँभाल सकता है, तब भी इस नाटक में वह अपने हाथ काफी दूर तक बँधे हुए पाएगा।''[3] दूसरी ओर निर्देशकों की प्रतिक्रियाएँ इससे भिन्न हैं। उनमें से उदाहरण ले लें—'आधे-अधूरे' ने नाटककार और निर्देशक की साझेदारी को उभारा है। एक निर्देशक को नाटककार की शैली ही गुमराह करती है। नाटक में दिये गये संकेतों से नाट्य-शैली और नाट्य-निर्देशन को इतने निकट ला दिया है, कि दोनों एक-दूसरे से पूरक बन गये हैं। नाटककार द्वारा दिये गये मंच-निर्देशों से निर्देशक की स्वतंत्र कल्पना का विकास होता है।[4] और ऊपर कहे गये दोनों विचार अपनी जगह नहीं हैं। एक ओर श्रेष्ठ नाट्यकृति में नाटककार द्वारा ही सब कुछ निर्धारित होना बहुत अच्छा लक्षण नहीं है—वह अभिनेताओं, निर्देशकों की कल्पना को जितना ही उत्साहित करे, अच्छा है। दूसरी ओर इस सीमा-निर्धारण का मुख्य कारण हिन्दी नाटक और हिन्दी रंगमंच के अधकचरे रूप का पृष्ठभूमि में होना है। जिस रंगमंच पर नाटक का अर्थ से अनर्थ होता रहा हो और नाटक के बारे में

---

1. नटरंग संयुक्तांक 10-11, शोभना भूटानी : पृ० 55।
2. नटरंग 21, 'मोहन राकेश के नाटक' : नेमिचन्द्र जैन : पृ० 39-40।
3. नटरंग संयुक्तांक 10-11, 'रंग आधुनिकता : आयाम की खोज' : कुँवरजी अग्रवाल, पृ० 5।
4. विश्वमानव देवलिया : नटरंग 21 : पृ० 23।

नाट्य-समीक्षक, निर्देशक, अभिनेता सभी की निश्चित, सही मानसिक पृष्ठभूमि न बन पाई हो, वहाँ राकेश का यह कार्य महत्त्वपूर्ण है, कुछ माने रखता है। इसके मूल में कारण हिन्दी नाटक और रंगमंच का पिछड़ापन ही है और साथ-साथ 'नाटककार की अनिवार्य भूमिका' भी अवचेतन में काम कर रही है। यह सत्य भुलाया नहीं जा सकता कि निर्देशक और नाटककार को बहुत करीब लाने की अनवरत कोशिश राकेश और उनके नाटकों में मिलती रही है। इसलिए एक उत्तम कृति के रूप में यह एक 'संकट' उपस्थित करता है—'कलात्मक अभिव्यक्ति का संकट और हिन्दी नाटक और रंगमंच के संदर्भ में दिशा-निर्देश करते हुए नाटक और रंगमंच की आन्तरिक पहचान के लिए उत्प्रेरित करता है। 'आधे-अधूरे' के दृश्यबन्ध का सारा निर्देश इसका उदाहरण है। 'मध्यवित्तीय स्तर से ढहकर निम्न मध्यवित्तीय स्तर पर आया एक घर'। सब रूपों में इस्तेमाल होने वाला घर, घर में व्यतीत स्तर के टूटते अवशेष...किसी न किसी तरह अपने लिए जगह बनाये—अपनी अपेक्षाओं से नहीं, कमरे की सीमाओं के अनुसार, चीजों का आपसी रिश्ता टूटा हुआ, असुविधाओं में सुविधा खोजने की कोशिश, घिसी-फटी-सिली-निरर्थक चीजें, अधटूटा टी सेट, धूल की जमी तह! कोई कह सकता है कि यह नाटक के तनाव भरे अधूरे वातावरण का, अधूरे लोगों का एक पूरा सांकेतिक चित्र नहीं है? क्या यह पूरा दृश्य बताए जाने के बाद भी निर्देशक की सूक्ष्म कल्पना और समझ की माँग नहीं करता? क्योंकि यह ढाँचा स्थूल, ऊपरी नहीं, अपने अन्दर से आज के और नाटक के परिवेश को बताने वाला है...परिवार का हर सदस्य एक दूसरे से कटा हुआ...घर में भी, लोगों के मन में भी अव्यवस्था, स्थायी तल्खी की गंध, सब पात्रों के मन में भी घुटन, कुढ़न, ऊब, विद्रोह, आक्रोश! निश्चय ही पूरे दृश्य-विधान से अलंकरण बिल्कुल नहीं है, वह 'अभिव्यक्ति' का पूरा अंग है; कथानक, चरित्रों, स्थितियों संवादों में निरंतर अभिव्यक्त होता हुआ चलता है। परदा खुलते ही पहले रंगमंच नाटक का, समकालीनता का, बिखराव और टूटन का, संत्रस्त वीरानगी का, एहसास कराता है। इसके अलावा खंडहर की आत्मा को व्यक्त करता संगीत भी, प्रकाश धुँधला फिर अँधेरा, यानी मातमी संगीत मरघट की दम घोंटने वाली मनहूसियत को साकार करते हैं। इन संकेतों से कभी-कभी और आगे सोचने के लिए मस्तिष्क सक्रिय हो जाता है। नाटक में अंक-विधान नहीं है, बल्कि लगातार दो साँझों के घटना-क्रम से यह नाटक निर्मित हुआ है। अंक शब्द का प्रयोग न करके प्रथम भाग के अन्त में 'अन्तराल विकल्प' लिखा गया है। अंतराल दिया भी जा सकता है, नहीं भी। नाटक के मौजूदा रूप में अन्तराल आवश्यक लगता है वैसे निर्देशक की अपनी कल्पनाशीलता विकल्प के बारे में भी सोच सकती है। प्रचलित अंक-विधान की रूढ़ि को तोड़कर राकेश ने सूझ-बूझ का परिचय दिया है। अंक-विधान इस नाटक के स्वाभाविक प्रवाह को, नाटकीय वातावरण के तनाव को खंडित करता है। एक ओर यह नाटक की 'कालान्विति' का अच्छा उदाहरण है, क्योंकि इस तरह राकेश ने दो संध्याओं में ही पूरे काल-प्रसार, विस्तार को समेट लिया है। अनुभूति की सघनता बनाये रखने में यह सहायक है। दूसरी ओर यह अपने आप में एक नाटकीय बिम्ब भी

बन जाता है, क्योंकि जिस दुनियाँ के आदम के जीवन में काल-प्रवाह रुकता नहीं, और किसी तरह ज़िन्दगी चलती रहती है, वहाँ नाटक सम-विभाजित होकर क्यों रहें? समीक्षक कुँवरजी अग्रवाल ने इसीलिए शायद यह कहा है कि "यहाँ नाटककार की उपलब्धि काल-प्रवाह का नाटकीय बिम्ब उपस्थित करने में है।" इस माने में राकेश ने वैधानिक रीति से उतना काम नहीं लिया है, जितना मनोवैज्ञानिक दृष्टि से।

यह नाटक क्रिया-प्रतिक्रियाओं का, तनाव-संघर्ष का नाटक है—आरम्भ से अन्त तक एक-सी लय-रचना इसे सामान्य हिन्दी नाटकों से अलग करती है। स्थितियों का चित्रण उतना नहीं है, जितना स्थितियों में उत्तेजित होते हुए पात्रों की झल्लाहट—जिसका कोई अर्थ नहीं होता। अपने अधूरेपन में सभी का व्यक्तित्व एक-सा है—असंतोष, कड़ुवाहट, विद्रोह, झल्लाहट। परिणामत: अन्य नाटकों जैसा उतार-चढ़ाव, परिवर्तन, कोमल-कठोर क्षण इसमें नहीं हैं, बल्कि सबकी झल्लाहट और तनाव में, स्वर और बोलने के ढंग में भी कोई अन्तर नहीं है। अन्तर पड़ता है केवल सिंघानिया, जगमोहन, जुनेजा से, लेकिन ध्यान से देखा जाय तो ये सब भी परिवार के सदस्यों की क्रिया-प्रतिक्रियाओं को और उत्तेजित करते हैं जिससे वातावरण बदलता नहीं, नहीं आता-रहता है, इसलिए 'पुनरुक्ति', एकरसता और सपाटपन' जैसी बातें कही गयी हैं। लगता यह है कि नाटककार ने जान-बूझकर ऐसा किया है—'आज की मानसिकता और तनाव को दिखाने के लिए ही इस विशिष्ट लय का निर्माण किया है। लेकिन दो बातें सामने आती हैं कि क्या नाटक जैसी विधा में—दर्शक समूह की उपस्थिति से सीधे टकराने वाली विधा में—निरंतर एक से तनाव की लय-रचना होनी चाहिए? 'आषाढ़ का एक दिन' लय-विविधता का बड़ा अच्छा उदाहरण है। 'लहरों के राजहंस' में भी बड़े सार्थक उतार-चढ़ाव हैं। इसलिए जिसने अपने दोनों नाटकों में लय-निर्माण में सावधानी बरती हो, उसने किसी असमर्थता से 'आधे-अधूरे' की रचना की हो, यह सोचना गलता होगा। नाटक और रंगमंच दोनों दृष्टियों से, 'आधे-अधूरे' में तीखापन और मुखरता बराबर चलती है। और वह निस्संदेह सोद्देश्य है—दर्शक-वर्ग के सामने एक प्रयोग भी। यह तीखापन और अधिक उभरता, अगर कहीं-कहीं उसकी विरोधी स्थितियाँ भी आतीं जो नाटक को, पात्रों को सूक्ष्म स्तरों पर ले जातीं। पात्रों की दूसरी मनोदशा भी सामने आती है गहरी करुणा और पीड़ा की, पराजय और निराशा की। समान ताल और लय का नाटक लगते हुए भी इसमें गहरी पकड़ है, दर्शकों को बाँधे रखने की क्षमता है, वही ध्यान देने की बात है। राकेश के नाटक कम से कम दर्शक समूह को उपेक्षित करके नहीं लिखे गये हैं, दर्शकों की संवेदन-क्षमता को महसूस करते हुए नाट्य रचना की गयी है। दर्शकों में ही एक 'झुँझलाहट' पैदा करना लेखक का लक्ष्य हो सकता है। प्रस्तावना के आरम्भ में ही काला सूटवाला कहता भी है "फिर एक बार...फिर से वही शुरुआत—आदमी की चाहना भी उसे अपने चारों ओर के वातावरण से बचा नहीं सकती।" पहले ही कहा गया है कि नाटक में चरित्र ही मुख्य हैं, कथ्य, घटनाएँ, लक्ष्य, कार्य-व्यापारों की विविधता और उनका विकास

नहीं। चरित्र और संवाद नाटककार राकेश की खास पहचान है। एक और पक्ष है नाटक के संघटन का—मुख्यत: उसके आरम्भ का या नाटक की प्रस्तावना का। प्रस्तावना में काला सूट वाला आता है जो नाटक में पुरुष एक, पुरुष दो, पुरुष तीन और पुरुष चार की भूमिकाएँ निभाता है। व्यक्ति वही, केवल वेशभूषा का थोड़ा-सा अंश बदल जाता है, प्रस्तावना में कहा गया है "...समानता आपमें और उसमें, उसमें और उस दूसरे में, उस दूसरे में और मुझमें..." या "जहाँ इस समय मैं खड़ा हूँ वहाँ मेरी जगह आप भी हो सकते हैं।" नाटक के अन्त में जुनेजा कहता है, "पर मेरी नज़र में वह हर आदमी जैसा एक आदमी है।" सावित्री के अनुभव भी यही होते हैं, ऊपरी चमक-दमक, अन्तर होते हुए भी अन्दर से सब समान हैं—अधूरे। "सब के सब एक से!... बिल्कुल एक से हैं आप लोग। अलग-अलग मुखौटे, पर चेहरा?—चेहरा सब का एक ही'—आदमी एक-से हैं, मानवीय अनुभव एक-से हैं—यह दिखाना इस प्रस्तावना का उद्देश्य है। एक ही व्यक्ति के खंडित या विभाजित रूपों को दिखाना नहीं। लेकिन कहीं-कहीं यह भी लगता है कि प्रस्तावना में कही गयी बातों का नाटक से पूरा-पूरा सम्बन्ध नहीं है। जो अन्य बातें कही गयी हैं, वे यह हैं—

सब कुछ अनिश्चित है। नाटक भी अपने में मेरी ही तरह अनिश्चित है। और यही अच्छे नाटक का लक्षण है—अनिश्चित अंत।

अनिश्चित होने का कारण? कारणों की खोज व्यर्थ है क्योंकि कोई न कोई कारण होता तो है, लेकिन कारण सापेक्ष होते हैं। अनिश्चित व्यक्ति निश्चित कारण कैसे बता सकता है?

आदमी नहीं जानता कि वह कौन है? लेकिन किसी को किसी से कोई मतलब नहीं होता। टकराते हैं, अलग हो जाते हैं।

आदमी की कोई निश्चित मानसिकता नहीं होती; वह परिस्थितियों के अनुसार प्रसंगों के अनुसार बदलती रहती हैं।

ऊपर कही गयी सारी बातें नाटक में होते हुए भी पूरी तरह आश्वस्त नहीं करतीं। महेन्द्रनाथ अनिश्चित, व्यक्तित्वहीन आदमी है। बाकी सबके व्यक्तित्व तो निश्चित हैं, सभी निश्चित ढंग से प्रतिक्रियाएँ करते हैं, अगर नहीं तो केवल इस अर्थ में कि **सभी अधूरे हैं। कारणों की खोज नाटक में भी नहीं है। शायद कारण का कोई खास** महत्त्व राकेश की नज़र में है भी नहीं। प्रश्नों को तीव्रता के साथ अनुभव किया जा सकता है, उनका समाहार या पूरा उत्तर संभव है—आधा, अधूरा। इसीलिए नाटक का अंत भी किसी भविष्य के संकेत या समाधान पर नहीं होता। हल न देना नाटक का कोई दोष नहीं है। राकेश के किसी भी नाटक में समाधान दिया भी नहीं गया है—उसकी दृष्टि में सही कारण और हल दोनों ही असंभव हैं—संभव है तो मानवीय द्वन्द्व को अनुभव करना और कराना। नाटक में उनके पात्र ही विघटन का अनुभव करते हैं। पर क्यों का कोई उत्तर उनके पास नहीं है। यह समझते हुए भी कि कोई खास वजह होनी चाहिए। बिन्नी कहती है 'वजह सिर्फ वह हवा है जो हम दोनों के बीच से

गुजरती है। 'पुरुष एक इस 'वजह' पर चौंकता भी है और निराशाभाव से कहता है, यह वजह बतायी है इसने...हवा। या कैसे कहता है यह? मैं सचमुच...सचमुच जानती हूँ क्या मैं?' यानी आदमी समझता है कि कारण कोई न कोई होना चाहिए लेकिन कोई कारण स्पष्ट बता नहीं पाता, बताए गये कारण से संतुष्ट भी नहीं हो पाता। कोई नहीं जानता कि क्या चीज़ है जो इस घर को खाए जा रही है? हर आदमी अपने को नहीं, दूसरे को उत्तरदायी समझता है, सारे संघर्ष का कारण यही है। हम अपेक्षा करते हैं, स्वयं कुछ नहीं करते या कर पाते। करण की खीज बेकार दिखाने के लिए ही (पृ० 69 पर) बिन्नी और अशोक की बातचीत में घर के अन्दर एक 'खास चीज़' के प्रसंग को देर तक दोहराया गया है—'कौन सी चीज़ है वह' का उत्तर स्पष्ट उत्तर कोई नहीं है। बहुत-सी उलझनें अकारण होती रहती हैं—बढ़ती रहती हैं। राकेश का स्वभाव यहाँ प्रतिबिम्बित होता है लेकिन 'मैं कौन हूँ' प्रश्न का सामना महेन्द्रनाथ को छोड़कर दूसरा कोई नहीं करता और न किसी और ने इस प्रश्न का सामना करना छोड़ दिया है। 'परिस्थितयाँ बदल जातीं तो भी मैं यहीं रहता' यह सिद्धांत पूर्णत: सही नहीं है। यह जरूर है कि परिस्थितियाँ बदलने से आदमी में ऊपरी परिवर्तन होता है, जो स्थायी नहीं होता, उसके ऊपरी अनुभव और प्रश्न भी बदलते हैं, नहीं बदलता है तो केवल अन्तर का यह प्रश्न कि 'व्यक्ति कौन है', क्यों है? संसार में अकेला क्यों है? अधूरा क्यों है? बात भावुकता और दार्शनिकता में लिपटी नज़र आने लगती है। जाहिर है कि ये प्रश्न नाटक में उभरे नहीं हैं, बल्कि पारिवारिक समस्या में दबकर रह गये हैं, इसलिए प्रस्तावना महान् लगती है, नाटक उसके आगे छोटा, सीमित कथित बात से उल्टा ही संकेत नाटक देता लगता है कि आर्थिक परिस्थितियाँ सुधरते या भिन्न होते ही जैसे सारे प्रश्न बदल जायेंगे, आदमी भी बदल जायगा, यह नाटक की कमजोरी है जो प्रस्तावना से अंत तक बहुत संगति नहीं बैठा पाती। प्रस्तावना में काला सूटवाला कहता है 'मेरे होने से ही सब कुछ निर्धारित या अनिर्धारित है' जब कि नाटक में क्या ऐसा लगता है? क्या सावित्री ही अंत तक मूल्य का निर्धारित-अनिर्धारित करने वाली नहीं हो जाती?

राकेश ने एक ही अभिनेता से पाँच भूमिकाएँ करने का आग्रह किया है। इससे सैद्धान्तिक-व्यावहारिक कई तरह की बाधाएँ सामने आती हैं। राकेश का इसमें शायद दुहरा लक्ष्य है—एक, हर आदमी एक जैसा दिखना; दूसरा, रंगमंचीय सुविधा का ध्यान। लेकिन ऐसा सफलतापूर्वक निभाया नहीं जा सकता है। नाटक में एक ही आदमी से हमारी भेंट कई बार नहीं होती। चारों पुरुषों का अपना अलग-अलग निश्चित व्यक्तित्व है, अपने प्रयोजन, अपना-अपना पेशा, अपने-अपने मार्ग हैं। वे एक ही व्यक्ति के विभिन्न रूप बनकर नहीं आये हैं। ऐसी स्थिति में नाटकीय संवेदना के संप्रेषण में इस नवीन प्रयोग से विशेष फर्क नहीं पड़ता, बल्कि उससे नाटक के सहज स्वाभाविक विकास में, उसके औचित्य में रुकावट आयी है। नाटक का अंत संभवत: इसी युक्ति के कारण बिगड़ गया। नाटककार ने इसी फेर में पड़कर सावित्री की

महेन्द्रनाथ से सीधी टकराहट नहीं कराई (जो ज्यादा सार्थक, प्रभावपूर्ण होती), जुनेजा के माध्यम से पैदा कराई है। जुनेजा के चरित्र की सार्थकता, महत्ता और अनिवार्यता भी उससे उजागर नहीं होती और प्रत्यक्ष अनुभव के सुख का क्षण भी हाथ से निकल जाता है। उल्टे, सारे नाटक की गति, द्वन्द्व खत्म होता जाता है जैसे ही जुनेजा-सावित्री के बीच सूचनाओं और उद्‌घाटन का क्रम चलता है। चरम बिन्दु पर आकर नाटक जितना तीव्र, तीखा सूक्ष्म अनुभव से जुड़ा होना चाहिए था, उद्‌घाटन प्रक्रिया के कारण उसमें उतना ही ठहराव और सपाटपन आ जाता है, इसलिए नाटक की बुनावट भी बिगड़ती है। यही नहीं, अन्त में जुनेजा का 'संभल कर महेन्द्रनाथ संभल कर' कहते निकल जाना और फिर महेन्द्र बनकर वापस आ जाना भी इतना बनावटी लगता है—साधारण नाटकों की कल्पना जैसा कि प्रबुद्ध दर्शक को झिंझोड़ने वाला यह नाटक सहज अनुभव की सच्चाई से कट जाता है। इसके अलावा इन चारों पुरुषों में से किसी एक को भी निकाल दें, खास कर सिंघानिया और जगमोहन को, तो क्या नाटक के कार्य-व्यापार और दर्शन पर कोई प्रभाव पड़ेगा? नहीं।

तभी यह लगने लगता है कि राकेश ने यह प्रयोग एक नाटकीय युक्ति के रूप में, नये प्रयोग के चक्कर में पड़कर किया है। अगर वे इस प्रस्तावना को नाटकीय अनुभव से जोड़ सके होते और चारों पुरुषों को, एक ही पुरुष द्वारा चारों भूमिकाओं को खेले जाने की एक 'अनिवार्य' स्थिति के रूप में ला सके होते तो उसका औचित्य और नवीनता, मौलिकता की बात समझ में आती। लेकिन सचमुच अगर चार अभिनेता चार पुरुषों का अभिनय करें (और कुछ प्रदर्शनों में यह प्रयोग किया भी गया है—नाटक के प्रश्न पर उससे कोई अन्तर नहीं पड़ा) तो भी नाटक के कथ्य और विचार तत्त्व में, चरित्र-संघर्ष में कोई फर्क नहीं आयेगा। वस्तुतः राकेश के मस्तिष्क में 'आधे-अधूरे' शीर्षक के अनुसार सभी लोगों का अधूरापन समान रूप से विद्यमान था इसलिए ऐसा उन्होंने पूरी सतर्कता से किया है, इसलिए काले सूट वाले आदमी को पूरे प्रकाश में रखा है—पति वाली शक्ल से जानबूझ कर पहचान करायी गयी है हालाँकि उसे काली छाया की तरह अस्पष्ट भी रखा जा सकता था और तब प्रस्तावना नाटक से उतनी अलग न लगती। व्यावहारिक दृष्टि से भी एक ही अभिनेता से कई भूमिकाएँ कराना एक कठिन काम है। हिन्दी रंगमंच की अपनी सीमाएँ भी हैं, देश भर में उतने सक्षम अभिनेता का मिलना भी कठिन है। इस हालत में प्रदर्शन में नाटकीय अर्थ और अधिक सतही हो जाने का डर है। नाटककार के सब कुछ अपने हाथ में लेने की बात इसीलिए कही गयी है और यह भी, कि अच्छा होता यह निर्देशक के ऊपर छोड़ दिया गया होता। प्रस्तावना का एक रंग-युक्ति बनकर रह जाना जहाँ खटकने वाली बात है वहाँ नाटक की सचेतन अनुभूति के लिए दर्शकों को तैयार करने की दृष्टि से इस प्रस्तावना का उद्देश्य निश्चय ही महत्त्वपूर्ण है।'

पहले तो प्रस्तावना के द्वारा नाटक और नाटककार दर्शक-समूह से सीधे टकराता है—नाटक, रंगमंच, रंग-भवन और दर्शक को निकट लाता है—पारस्परिक सम्बन्ध का

भाव पैदा करता है, जैसे दर्शक कोई अलग, अमूर्त, स्थिर इकाई नहीं है, वह भी नाटक का एक जीवन्त हिस्सा है—बराबर का साझीदार—(इसका निर्वाह न हो पाना अलग बात है)। दूसरे, ब्रेख्त के 'निरपेक्षता' सिद्धांत के अनुसार यह प्रस्तावना दर्शक को आलोचनात्मक दृष्टि देने की एक ऐसी कोशिश भी है कि दर्शक कहीं भावमग्न न हो, बल्कि सारी सतर्कता, बुद्धि, विचार और आलोचना के साथ देखता रहे, उसे लगे कि हम अपनी ही असली जिन्दगी नहीं देख रहे हैं, जीवन के बदलते रंग देख रहे हैं। लेकिन प्रस्तावना अपने दोषों के कारण उस सिद्धांत को पूरा नहीं कर पाती और मात्र नवीनता बनकर रह जाती है। नेमिचन्द्र जैन ने इसीलिए इसे युक्ति का आडम्बर और काले सूट वाले आदमी को एकदम निरर्थक, अनावश्यक बल्कि खिझानेवाला आडम्बर या तिकड़म जैसा कहा है। फिर भी अपनी ख़ामियों के बावजूद यह प्रयोग नाटक की नयी शैली की खोज का परिचायक है।

'आधे-अधूरे' में कथ्य और शिल्प की ये कमजोरियाँ हैं, उसका विषय-क्षेत्र भी व्यापक नहीं है, सीमित है, कोई विशद समस्या नहीं है लेकिन इसके बावजूद भी इसका बहुत महत्त्व है। इसने हिन्दी नाटक और नाट्य-भाषा को समकालीन अर्थ में प्रासंगिक और सक्षम बनाया है, विषयवस्तु नयी न होते हुए भी उसका प्रस्तुतिकरण नयापन लिए हुए है। शिल्प सम्बन्धी या अभिव्यक्ति की कमियाँ हैं भी तो अधिकतर वे अनुभव और परिवेश के सीमित होने के कारण, अन्यथा यह नाटक आज के यथार्थ को सीधे, आज की चुभती व्यंजक भाषा में तो प्रस्तुत करता ही है, साथ ही हिन्दी के यथार्थपरक रंग-शिल्प की विकास-दिशा दिखाता है। राकेश ने इसमें मंच-रूढ़ियों को, बनावट को एकदम उपेक्षित किया है और रंग-शिल्प में भी 'आन्तरिक समझ', संवेदनशीलता और उससे उत्पन्न स्वाभाविक प्रवाह की माँग की है। यह हिन्दी रंगमंच के लिए महत्त्वपूर्ण नाटकों की एक कड़ी है। इसने रंग-जगत् और नाट्य-जगत् में जितनी हलचल और सक्रियता, जागरूकता और आलोचनात्मक दृष्टि पैदा की है, वह महत्त्वपूर्ण शुरुआत है। कोरी व्यावसायिकता और पाठ्यक्रमीय दृष्टि से हटकर यह नाटक नाट्यलेखन और रंगमंच दोनों के लिए एक प्रेरणा है। अभिनव-पद्धति में भी यह नयी शैली की माँग करता है, आंगिक क्रियाओं के स्थान पर आंतरिक भावों के सूक्ष्म संयमित प्रकाशन पर बल देता है, साथ ही रूपसज्जा, वेशभूषा सभी स्तरों पर यथार्थ और सहज स्वाभाविकता को महत्त्व देता है, दर्शक समूह को जड़ता, आलस्य से मुक्त करके, उसका मोहभंग करके उसे सचेत साझीदार बनाना चाहता है। पूरे नाटक की अवधारणा के पीछे सूक्ष्म रंग-चेतना निहित है—इसे भुलाया नहीं जा सकता। यह जो भी है, हिन्दी के लिए बहुत नया, बहुत आगे है। इसलिए कोई बहुत बड़ी सर्जनात्मक उपलब्धि या एकदम युगान्तरकारी उपलब्धि न होते हुए भी 'आधे-अधूरे' एक उल्लेखनीय कृति है जो महत्त्वपूर्ण भी है। निस्संदेह यह नाट्यकृति 'नाटक' को बहुत भिन्न और विस्तृत परिप्रेक्ष्य में देखने की प्रेरणा देती रही है। राकेश के नाटकों ने हिन्दी नाटक को इतना आगे पहुँचाया है और समीक्षकों की दृष्टि भी इतनी बदल है कि

'आधे-अधूरे' तक आकर 'नाटक' को एक विधा के रूप में परखने की सारी दृष्टि ही बदली हुई मिलती है। क्या यही कारण नहीं है कि इस नाटक पर इतनी और इतनी विरोधी प्रतिक्रियाएँ हुईं, इतने प्रयोग हुए? बड़ा प्रेक्षागृह और खुला रंगमंच, दोनों पर समान रूप से सफल यह नाटक पुरस्कृत ही नहीं होता रहा, तरह-तरह की चर्चाओं का विषय भी बनता रहा है और खुली बहस को, विचार-विनिमय को, क्रियाओं-प्रतिक्रियाओं को आमंत्रित भी करता रहा है और नाटक को फिल्म और टेलीविजन से जोड़ने का कार्य भी इसने किया है। 'आधे-अधूरे' पर फिल्म भी बन रही है जिसमें नाटक का ही पूरा दल—ओम शिवपुरी, सुधा शिवपूरी, दिनेश ठाकुर, ऋचा व्यास, अनुराधा कपूर हैं। 'आधे-अधूरे' हिन्दी के दो-चार श्रेष्ठ नाटकों में से एक, समकालीन सच्चाई के एक स्तर का महत्त्वपूर्ण नाटक है।

एकांकी और अन्य नाट्य-प्रयोग : 'आंतरिकता' की खोज

मोहन राकेश ने हिन्दी नाटक और रंगमंच को जहाँ 'पूर्ण नाटक' दिये वहाँ एकांकी और कुछ नये नाट्य प्रयोग भी। राकेश की मृत्यु के बाद 'अंडे के छिलके' : अन्य एकांकी तथा बीज नाटक' नाम से उनका एक संग्रह प्रकाशित हुआ है जिसमें 'अंडे के छिलके' एकांकी से लेकर 'छतरियाँ' पार्श्वनाटक तक संकलित है। इसमें संग्रहीत एकांकी राकेश की नाट्य-कला के विकास और उनकी वैचारिक यात्रा के भी सूचक हैं। इसमें केवल चार एकांकी हैं जिनमें से एक 'बहुत बड़ा सवाल' भी है जो 'धर्मयुग' में पहले ही प्रकाशित हो चुका है। इसके अतिरिक्त शेष तीनों एकांकी राकेश के नाटककार के व्यक्तित्व से बहुत मेल नहीं खाते। तीनों ही बहुत आरम्भ की रचनाएँ लगती हैं। भाषा; संवाद अभिव्यक्ति, कथ्य-शिल्प के बहुत ही सूक्ष्म स्तर इनमें नहीं मिलेंगे। सांकेतिकता है लेकिन उतनी सूक्ष्म नहीं, द्वंद्व है लेकिन उसके भी सूक्ष्मतम सूत्रों को पकड़ने की कोशिश या सामर्थ्य यहाँ नहीं हैं। इस प्रकार ये सभी एकांकी हिन्दी के आरम्भिक एकांकियों जैसे लगते हैं जो रंगमंचीय तो हैं लेकिन कोई गहरा रंगानुभव, सूक्ष्म, सार्थक, सर्जनात्मक रंग-चेतना का बोध नहीं कराते। इसलिए लगता ऐसा है कि 'आषाढ़ का एक दिन' से पहले, काफी पहले ये लिखे गए होंगे। चूँकि इनके साथ कोई रचना-काल नहीं दिया गया है इसलिए इनके रूप में अनुमानतः इन्हें राकेश की आरंभिक रचनाएँ ही मानने को मन करता है।

विषय की दृष्टि से ये एकांकी वर्तमान जीवन को स्पर्श करने वाले हैं लेकिन वह तीखापन, तनावपूर्ण स्थितियाँ, संघर्षमय वातावरण और पैनी दृष्टि यहाँ नहीं है जो उनके बीज नाटकों या पार्श्वनाटक में है। इनमें प्राचीनता के प्रति भी राकेश ने अपने मोह और सम्मान को अभिव्यक्त किया है यद्यपि प्राचीन विश्वासों को ज्यों के त्यों स्वीकार करने के लिए वह तैयार नहीं है। 'अंडे के छिलके' एकांकी पारिवारिक वातावरण लिये हुए एक हास्य एकांकी है—एक ऐसा परिवार जिसमें एक ओर प्राचीन संस्कारों की प्रबलता है, दूसरी ओर होने वाले नए परिवर्तनों का प्रभाव भी। दोनों की टकराहट स्वाभाविक है, लेकिन संस्कारों, मर्यादा और अंधविश्वासों की ओट में छिपे

हुए आडम्बर, दुराव-छिपाव के राकेश पक्षपाती नहीं लगते—कम पढ़ी जिठानी का सास से छिपाकर धर्मग्रंथ के बहाने से चन्द्रकान्ता पढ़ना या गोपाल और श्याम का छिपकर अंडे खाना—ये स्थितियाँ ऐसी हैं जिनसे हास्य भी पैदा किया गया है और अपनी दृष्टि भी सामने लायी गयी है। यहाँ टकराहट तो है लेकिन कटुता नहीं है। एक समस्या को आत्मीयता और स्नेहशील दृष्टि से प्रस्तुत किया गया है। पुरानी पीढ़ी और नयी पीढ़ी का आपसी मतभेद है लेकिन दोनों ओर गहरा विद्रोह या कटुता नहीं है बल्कि दोनों में ही सहनशीलता और स्नेहभाव मुख्य है। पूरा एकांकी हल्के-फुल्के वातावरण की सृष्टि करता है। इस एकांकी के संवाद भी चलते हुए हैं—हरकतों का शब्दों से उतना अभिन्न सम्बन्ध नहीं है जितना कि उनके अन्य नाटकों में, बल्कि पुराने नाटकों की तरह संवाद अलग हैं, हरकतें अलग। दूसरा एकांकी 'सिपाही की माँ' का कथानक युद्ध की विभीषिका से सम्बन्धित है, लेकिन इसमें उस विभीषिका का कोई गहरा अर्थ नहीं दिया गया है। राकेश के हृदय की करुणा और भावुकता ही इसमें ज्यादा उभरी है। एकांकी लिखा तो गया है सोद्देश्य 'युद्धविरोधी साहित्यिक अभियान' के रूप में लेकिन उस उद्देश्य की प्रस्तुति, अभिव्यक्ति, संघटना बड़ी स्थूल है और साथ ही नाटककार की अपरिपक्व बुद्धि का उदाहरण भी, लेकिन इसके रंग-निर्देशों, ध्वनि-प्रभावों, प्रकाश-व्यवस्थाओं में पहले एकांकी की तुलना में अधिक सांकेतिकता और पात्रों की आन्तरिक स्थिति से उनका अधिक सामंजस्य दीखता है। चारों तरफ से सन्नाटे और मानसिक द्वन्द्व को मूर्त करने के लिए कबूतरों की गुटर-गूँ राकेश का प्रिय प्रयोग है। 'चरखे की आवाज', 'कबूतरों की गुटर-गूँ', 'जलती हुई ढिबरी, अँधेरा, सीलापन' स्थितियों से सम्बद्ध हैं और अर्थ देते हैं। 'टिड्डियों की चिक-चिक का शब्द क्रमशः तेज होता हुआ, प्रकाश का हल्के से गहरा नीला होने के साथ दूर एक कुत्ते के रोने की आवाज—इन सबका संबंध बिशनी की स्वप्न-स्थिति, से है लेकिन नाटक में भयानकता और करुणा के वातावरण की सृष्टि भी इनसे होती है। 'प्यालियाँ टूटती हैं' एकांकी आज के सत्य को व्यक्त करता है कि किस तरह समय बदलने के साथ-साथ हमारी जीवन-पद्धति भी बदल रही है, खोखलापन और बनावट हमारे जीवन के अंग हो गए हैं यही नहीं, आपसी सम्बन्ध भी किस तरह बिखरते-टूटते जा रहे हैं और किस तरह नया धन आता है तो वह भी हमारी जीवन-प्रणाली को, हमारे सम्बन्धों को प्रभावित करता है। समय बदलने के साथ-साथ मनुष्य की मनोवृत्ति का बदलना राकेश को अस्वाभाविक नहीं लगता, वह जरूरी है और स्वाभाविक है, लेकिन खास बात है कि इसमें भी पुरातनता के प्रति, प्राचीन जीवन-पद्धति के प्रति उनके मन में कोई आक्रोश नहीं है बल्कि सहानुभूति का भाव है। पुरानी पीढ़ी और नई पीढ़ी के संघर्ष को अनिवार्य मानते हुए भी राकेश प्राचीनता को नकारते नहीं। उनके आगे के नाटकों के तीखे द्वन्द्व का मूल कारण यही विवशता है। संकेतों से काम लिया गया है; भले ही वे सूक्ष्म न हों—'प्यालियाँ तो टूटती ही रहती हैं', 'पुरानी चीज तबाह हो तभी तो नयी आती है'। प्यालियों का टूटना और संवादों में उसका कथन इतना दोहराया गया है कि वह एक बहुत घिसी-पिटी निर्जीव उक्ति या स्थूल संकेत-सी लगने लगती है। इसके

अलावा कहीं-कहीं इस एकांकी में राकेश के स्वभाव का अंग बन गयी कुछ चीजें भी हैं। माधुरी कहती है, ''लेकिन फिर भी मुझे अपना घर अधूरा-सा लगता है। तुम जैसी पर्फेक्शन चाहती हो वैसी पर्फेक्शन दुनिया में कहीं मिलता है? मैं खुद नहीं जानती कि मैं क्या चाहती हूँ। लेकिन यह सब मुझे अधूरा-अधूरा-सा जरूर लगता है।'' पात्रों की, खासकर माधुरी की कचोट और तनाव यहाँ आधे-अधूरे की सावित्री की कचोट का आरंभ है। राकेश के पात्रों की यह विशेषता है कि वे बहुत उलझन में पड़े दिखायी देते हैं, बहुत कुछ चाहते हैं, कुछ गहरा आत्मीय, लेकिन क्या चाहते हैं इसका उत्तर उनके पास नहीं है। इस छटपटाहट का मामूली-सा संकेत भर इस एकांकी में मिलता है।

'बहुत बड़ा सवाल' उपर्युक्त तीनों एकांकियों की तुलना में काफी आगे की रचना जैसा लगता है; अधिक सहज, स्वाभाविक और ज्यादा गहरी पैठ, बनावट और गठन में अनुभव का तीखापन। इस एकांकी का सम्बन्ध भिन्न मध्यवर्गीय बाबुओं की स्थिति से है—इस वर्ग के लोग किस तरह जड़, शिथिल, ढुलमुल स्थिति में जीते हैं, लेकिन बातों में समय व्यय करते हैं, न संघर्ष करना चाहते हैं, न सक्रिय होकर जूझना चाहते हैं, लेकिन इच्छा और आशा करते हैं कि उन्हें सारी सुविधायें मिलें। इस सत्य को साम़ने लाते हैं शर्मा, मनोरमा, सन्तोष, गुरप्रीति, कपूर, मोहन आदि जो लो ग्रेड वर्कर्स वेलफेयर सोसायटी के मेम्बर हैं। वे आपस में मीटिंग करके सरकार से यह माँग करना चाहते हैं कि वह ऐसे कर्मचारियों के लिए सस्ते-सस्ते मकान बनवाए, लेकिन पहले मीटिंग के लिए लम्बा इन्तजार किया जाता है। समय बिताने के लिए गप्पें लड़ायी जाती हैं, या चाय और मूँगफली मँगायी जाती है या सुरती फाँकी जाती है। मीटिंग होती भी है तो उसका कोई मतलब नहीं होता, सिर्फ बहस ही बहस। उस बहस से पहले, उसके बीच में भद्दे और खोखले शब्दों के ऊपरी प्रयोग की हँसी उड़ायी जाती है—'बहनों और भाइयों' यह एक झूठा स्टेटमेंट नहीं है? जहाँ बातें कही जाती हैं लेकिन सही बात को सही ढंग से कहने के लिए सही शब्द नहीं मिलते हिन्दी को तोड़ा-मरोड़ा जाता है, हास्यास्पद बनाया जाता है। बहस के बीच एक दूसरे के चरित्र पर व्यंग्य भी कसे जाते हैं। कोई प्रस्ताव पास नहीं होता—न गम्भीर मानसिकता, न गंभीर विचार और न गंभीर माहौल। इस तरह की मीटिंग्स की निरर्थकता का बोध भी सबको है। मीटिंग बकवास में, झगड़े में बदल जाती है। वाकआउट होता है और सारा समय व्यर्थ नष्ट करके मीटिंग समाप्त हो जाती है। इस निरर्थकता और समय की बरबादी का एहसास बड़ी अच्छी तरह राम भरोसे और श्याम भरोसे चपरासी से कराया गया है। एकांकी के आरम्भ में दोनों धूल झाड़ रहे हैं—मीटिंग के दौरान दोनों बाहर बैठे ऊँघ रहे हैं। अंत में राम भरोसे कहता भी है 'तमाशा खत्म हुआ', यानी जो कुछ था अर्थहीन था, तमाशा था क्योंकि बात जहाँ की तहाँ है, अपने घर में रहना अपना-अपना काम करना। लेकिन आगे वह फिर कहता है 'अब सीधा हो जा। बहुत कूड़ा कर गए हैं। साफ करना है।' जाहिर है कि मध्यवर्ग की निष्क्रियता, जड़ता और हलकी मनःस्थिति के प्रति राकेश के मन में गहरा विक्षोभ और विरोध है, साथ ही उस

वर्ग की क्रियाशक्ति के प्रति अविश्वास भी, क्योंकि इस वर्ग ने इतनी गर्द और इतना कूड़ा फैलाया है जिसे शायद निम्नवर्ग साफ कर सके हालाँकि वह भी यह नहीं जानता कि कैसे? उसे करना है, इसलिए वह करता है—सुपरीटेन्डेट कहता है सीधा झाड़न मारो सो सीधा मार देते हैं। आप कोई और तरीका बताओ तो वैसे कर देते हैं। एकांकी का आरंभ और अंत दोनों ही धूल झाड़ने से हुआ है, जो सांकेतिक है। पिछले एकांकियों से यह एकांकी अपने शिल्प में परिपक्व है जहाँ स्थूल क्रियाओं का पृथक् लगने वाली फालतू हरकतों का सहारा नहीं लिया गया है, न लक्ष्य को स्पष्ट संवादों में कहा गया है न पुनरावृत्ति ही है। पूरा व्यंग्य और संकेत एकांकी के भीतर से फूटता है—यही राकेश की विकसित नाट्य-कला का उदाहरण है। निःसन्देह ये एकांकी राकेश की निरंतर विकासमान प्रतिभा को प्रकाश में लाते हैं और राकेश में ही हिन्दी नाटक की पहले की स्थिति का और अनायास कई कदम आगे का उसका विकास लक्षित हो जाता है।

बीज नाटक : विस्तार की संभावनाओं से युक्त नए नाट्य प्रयोग

पूर्ण नाटकों के बाद मोहन राकेश ने कुछ छोटे नाट्य प्रयोग भी आरम्भ किये थे जो 'बीज नाटक' के नाम से पहले पत्रिकाओं में प्रकाशित हुए, बाद में उनकी मृत्यु के बाद 'अंडे के छिलके' संग्रह में संकलित हुए हैं। 'आधे-अधूरे' के बाद राकेश की भाषा, शिल्प, कथ्य का अधिक प्रौढ़ रूप उनके बीज नाटकों में मिलता है। धर्मयुग में प्रकाशित 'शायद' (12 फरवरी, 1967) और 'हः' (13 अगस्त, 1967) दोनों बीज नाटक हिन्दी नाट्य क्षेत्र में नए प्रयोग कहे जायेंगे और राकेश की संवेदनशीलता और कलात्मकता के विकसित होते हुए रूप की दृष्टि से मौलिक भी। सबसे पहले तो 'बीज नाटक' संज्ञा ही अपने में नयी है। राकेश का तात्पर्य इससे क्या है, स्पष्टतया नहीं कहा जा सकता, लेकिन पढ़ने पर इतना अनुमान अवश्य लगाया जा सकता है कि समकालीन संत्रास को अपने लघु आवरण में समेटने की शक्ति ही मानों उसका बीज रूप है जिसमें उसी को विस्तार देने की संभावनाएँ निहित हैं यानी एक ऐसी विधा 'जो बीज रूप से व्यक्तियों के सम्बन्धों या स्थितियों की करालता को रेखांकित भर कर दे जिसे बाद में भरे-पूरे नाटक के रूप में विकसित किया जा सके।'[1] सचमुच इन बीज नाटकों में 'रेखांकन' ही है चरित्रों का, परिस्थितियों का। भाषा और संवादों में भी लघुता, कसावट और रेखांकन की प्रवृत्ति ही ज्यादा है—उन्हीं संवादों को आवश्यकता पड़ने पर विस्तार दिया जा सकता है। राकेश की नाटक यात्रा में इन बीज नाटकों की बड़ी अहमियत है क्योंकि ये 'आधे-अधूरे' से पूर्व लिखे जा चुके थे और 'धर्मयुग' में प्रकाशित हो चुके हैं। विष्णुकान्त शास्त्री की यह बात गलत नहीं लगती कि इनकी रचना 'आधे-अधूरे' के बीज रूप में हुई है। यह बात निश्चयपूर्वक भले ही न कही जा

---

1. 'समीक्षा', मार्च 1974, विष्णुकान्त शास्त्री, पृ० 16।

सके लेकिन 'आधे-अधूरे' की भाषा, शिल्प, कथ्य से इनका सामंजस्य जरूर नजर आता है। आज के नग्न यथार्थ से टकराने वाले इन बीज नाटकों में पारिवारिक विघटन व्यक्ति का अकेलापन, ऊब, घुटन, मानवीय संबंधों और मूल्यों का विघटन और स्त्री-पुरुष के सम्बन्धों के ही सारे संकेत हैं। भाषा और संवादों में बोलचाल की भाषा का आकर्षक और प्रभावशाली रूप है। साफ लगता है कि 'लहरों के राजहंस' के बाद जैसे राकेश आज के यथार्थ से सीधे साक्षात्कार करने की कोशिश में रहे हों और उसे आज के ही मुहावरे में जीवंत भाषा में प्रस्तुत करने की खोज में लगे हों जिसकी परिणित 'आधे-अधूरे' में होती है। इस माने में राकेश की मानसिक चेतना की जटिलता, सतर्क चिन्तन और रचना प्रक्रिया का अन्दाज इन बीज नाटकों से लगाया जा सकता है।

पहला बीज नाटक 'शायद' दो पात्रों के—स्त्री और पुरुष के—इर्दगिर्द घूमता है। यहाँ पहली बार पात्रों को उनके विशिष्ट व्यक्तित्व और नाम की सीमा से मुक्त करके सबके बीच लाकर सब जैसा दिखाने की कोशिश की गयी है। 'आधे-अधूरे' में भी पात्रों को नाम की संज्ञा नहीं दी गयी है, पात्र परिचय या नाटक संवादों के अन्दर भले ही नाम दिये गये हों यानी 'शायद' हर परिवार के स्त्री-पुरुष की, सबकी कहानी है। पात्रों को निरन्तर ऊब का, खालीपन का अनुभव होता है। जीवन की निरर्थकता, नीरसता और रिक्तता को ही उन्होंने महसूस किया है, कर रहे हैं। पुरुष को लगता है कि जब वह अकेला था तब भी ऊब ही ऊब थी; अब अपना घर है, स्त्री है तब भी उतनी ही शून्यता नजर आती है। स्त्री इतनी कोशिश करती है अपनी तरफ से लेकिन पुरुष की उदासी ज्यों की त्यों बनी रहती है 'पता नहीं क्या है मेरे अन्दर...किस चीज की उदासी बनी रहती है हर वक्त? और वह अपने को गिल्टी महसूस करता है। लगता है जैसे वह अपने जीवन के इतिहास को बार-बार दोहरा रहा इसलिए वह या तो अपने को दफ्तर में इतना व्यस्त रखना चाहता है, कि सोचने की फुर्सत ही न मिले या ज़िन्दगी में फर्क लाने के लिए लोगों के आने-जाने को आवश्यक मानने लगता है। दोनों समझते हैं कि वे बहुत सेन्सिटिव है—यही ट्रेजेडी है हालाँकि स्त्री अपनी सेन्सिटिविटी को रह-रहकर दबाती रहती है—शायद इसीलिए जिन्दगी का क्रम चलता रहता है। अन्दर की उदासी और खालीपन बाहरी प्रयत्नों से कैसे मिटाया जा सकता है? बार-बार वे नये-नये कार्यक्रम बनाते हैं, कभी सूरत जाने का कभी कोई फिल्म देखने का, पहाड़ पर जाने का और पासपोर्ट बन जाने पर विदेश जाने का, लेकिन अन्ततः महसूस यही होता रहता है कि इससे क्या होगा? वही झीलें, पहाड़, नदियाँ, समुद्र, सड़कें, लोग, घर, होटल, बिल्डिंग—'यही तो दिक्कत है...फाइलें पलट लो, चाय पी लो, बहस कर लो, किसी के ब्याह-शादी या मातम में चले जाओ, कोई पार्टी अटैण्ड कर लो।' यह सारे प्रयत्न किये हुए जीवन की पुनरावृत्ति ही करायेंगे। अपने साथ एक मजाक होगा या धोखा, किसी 'नयेपन' का एहसास नहीं होगा जब कि व्यक्ति पुरुष—नयापन ही चाहता है। 'कुछ भी कर लो-खालीपन ज्यों-का-त्यों बना

रहता है।' यह खालीपन और ऊब उन्हें अपने से भी है, अपने समाज से भी। सभी जगहें एक-सी लगती हैं। दोनों को इस उदासी का, शून्यता का कारण अपना 'मेच्योर' होने लगता है। शायद मेच्योर आदमी दुखी होता है और ज्यादा सोचना भी दु:खी बनाता है। 'पता नहीं क्यों तुम इतना सोचते हो?—तुम्हारी तरह मैं भी तो हूँ' दोनों एक दूसरे को, अपने को संतुष्ट करने के प्रयत्न में रहते हैं लेकिन नहीं जानते कि कैसे यह रिक्तता दूर हो? और जिन्दगी उसी पुनरावृत्ति के साथ चलती रहती है। इस माने में अपने संक्षिप्त ढाँचे में यह नाटक आज की मानवीय स्थिति का, मानवीय जीवन में संवेदना और आपसी लगाव का, असंतोष और बिखराव का, अनिश्चय और विवशता का संकेत ही करता है। संकेत शैली ही इसका वैशिष्ट्य है।

यह एक दिलचस्प बात है कि जगह-जगह इसमें राकेश के निजी व्यक्तित्व के स्वर सुनायी देते हैं—पूरी-पूरी आत्माभिव्यक्ति जिसके शब्द तक मिलते हुए हैं। पुरुष की मानसिक उदासी, परिवर्तन और नयेपन की चाह राकेश की ही चाह है—'जाने क्यों यह बेचैनी मन में बनी रहती है कि यहाँ नहीं रहना है बल्कि जहाँ कहीं भी होऊँ वहाँ नहीं रहना है...आने वाले कल की शाम यहाँ इस तरह यह करते हुए नहीं काटनी, कहीं और जाकर काटनी है, किसी और तरह कुछ और करते हुए।'[1] क्या सचमुच उसके बाद से एक नयी जिन्दगी की शुरुआत होगी? 'शायद' का पुरुष भी कहता है 'लगता है हर चीज सिर्फ दोहरायी जा रही है। जो जी चुके हैं, उसी को फिर से जी रहे हैं। स्वयं राकेश को भी लगता रहा है, 'वही रोज की ज़िन्दगी अनचाही... एक लम्बे सिलसिले की एक-सी कड़ियाँ... एक से ढंग से रोज-रोज जोड़ते जाना'[2] 'इसमें क्या सार्थकता है कि आदमी एक ही जिये हुए दिन को बार-बार जिये। फिर-फिर से उसी तरह, उसी क्रम से और उसी दायरे में।[3] यानी हमेशा एक दुख अपने को दोहराने का। वही जगह, वही लोग, वही बातें। वैसी ही मन की अस्थिरता, अन्तर का असन्तोष, एक डिप्रेशन। सोचना और यह खालीपन का अनुभव कोई अर्थ न रखते हुए भी राकेश के लिए अन्दर की विवशता रही है—'भूख और सेक्स की सी ही एक अनिवार्यता'। पुरुष की भी यही स्थिति है। पुरुष कहता है, 'कोई चीज होल्ड नहीं करती। लगता है कुछ होना था नहीं हुआ। शायद कल होगा। पर वह कल होता ही नहीं। 'न होने की थकान और बेचैनी राकेश का ही अनुभव है। पुरुष : 'कोई भी चीज मन को उलझाती नहीं। उलझाती है तो बस पाँच मिनट के लिए...' यह राकेश ही की अपने अभिव्यक्ति है—'घटनाहीन घटना अपने अन्दर घटित होती रहती है—घटनाहीन नहीं क्रियाहीन।[4] इसी तरह पुरुष का ज्यादा सेन्सिटिव होना, किसी काम को बहुत इमोशनली लेना, मानसिक तनाव सभी राकेश के निजी स्वभाव का हिस्सा है।

---

1. 'व्यक्तिगत' डायरी : मोहन राकेश, सारिका, अगस्त 1968, पृ० 67।
2. 'व्यक्तिगत' डायरी, सारिका, मई 1968, पृ० 19।
3. 'व्यक्तिगत' डायरी, सारिका, मार्च 1973, पृ० 87।
4. वही।

इसलिए यह बीज नाटक वैयक्तिक और 'आंतरिक यथार्थ' से जुड़ा भी है लेकिन नितान्त व्यक्तिगत या अंतर्मुखी नहीं है, जीवन की संक्रांति का संकेत उससे मिलता है।

सांकेतिकता 'शायद' का अभिन्न अंग है, जो संवादों और क्रियाओं में भरी हुई है। संवाद तीक्ष्ण हैं लेकिन असम्बद्ध, अधूरे अस्फुट। ये अधूरे वाक्य, टुकड़े बड़े सार्थक हैं। कहीं-कहीं असम्बद्ध वाक्य पात्रों के, आज के मनुष्य के आपसी सरोकारों की समाप्ति का संकेत कर जाते हैं तो कहीं आज के उलझे यथार्थ का, आदमी की उलझन और मजबूरी का। कहीं संवादों को दोहराया गया है और इसी युक्ति से जीवन की निस्सार पुनरावृत्ति का संकेत कर दिया गया है। स्त्री की खुजली का कोई मरहम न होना, रह-रहकर हाथ का एग्जीमा उभर आना, दीवार की दरार भरने की बात कहना, खाँसी आ जाना जैसे संकेतों को भी काम में लाया गया है जिसमें कोई बनावट नहीं है। घर में स्त्री पुरुष के अतिरिक्त और कोई नहीं है, अगर कोई है तो बिल्ली के सात दिन के बच्चे, जिनकी म्याऊँ-म्याऊँ अंधेरे को चीरती है।

दूसरा बीज नाटक 'हँ:' इससे कुछ और आगे की स्थिति का नाटक है। जीवन के नग्न यथार्थ की तसवीर खींचता हुआ यह छोटा सा नाटक आज की ज़िन्दगी की ओर अधिक भयानक वास्तविकता से साक्षात्कार करता है। कथानक में वही जीवन का खोखलापन, पारिवारिक सम्बन्धों का विघटन, बदलती हुई मान्यताएँ, पुरानी और नयी पीढ़ी का अलगाव, विचारों का बेमेल होना, और इन सारी कटु परिस्थितियों के बीच टूटता जीता लाचार मनुष्य जैसे अभिशाप ग्रस्त हो किसी तरह जीवन ढो रहा है—उपेक्षा, अपमान, पीड़ा के बीच। सारी तल्खी और तीखेपन को अन्दर ही अन्दर पीकर उसे किसी तरह जीना है न। इस स्थिति का बड़ा ही दर्दनाक और भयावह चित्र 'हँ:' के मूल में है। यहाँ भी मुख्यत: दो ही पात्र हैं पापा और ममा, जो अपने ही बच्चों, सम्बन्धियों से तिरस्कृत परित्यक्त हैं और समाज में भी अकेले हैं। और लोग जो पहले मिलने आते जाते थे उनमें से भी अब कोई नहीं आता। जैसे डर लगता है हर एक को कि...। ज़िन्दगी में कितनी एकरसता है—'तुम्हें तो कल और आज के फर्क का पता ही नहीं चलता।' पापा मरीज हैं पूरे परिवार के लिए एक समस्या हैं। बेटी और दामाद उसी शहर में हैं लेकिन बुलाने पर भी नहीं आते। बेटा लन्दन में है, जिसकी चिट्ठियों का पपा को इन्तजार रहता है, हालाँकि चिट्ठियों में संतोष देने वाली कोई बात नहीं होती। हमेशा यही लगता है कि बेटे ने लिखा होगा—'पापा को वेल्फेयर होम भेज दो—पापा अब कूड़ा हो गया है...इसे डस्टबीन में फेंक देना चाहिए।' इस नैराश्य और कटु सत्य के बीच जीने का केवल एक आधार है। अतीत के दिनों का स्मरण या तारीखें गिनते हुए और बैड की रकम गिनते हुए या इस तनाव, नैराश्य और दर्दनाक स्थिति से मुक्त होने के लिए बार-बार नींद की गोली खानी पड़ती है। 'शायद' की स्त्री की तरह 'हँ:' की ममा भी बीमार पापा को सान्त्वना देने के लिए कुछ न कुछ करती है, कहती समझाती है। 'आधे-अधूरे' की सावित्री की तरह वह घर के बोझ को स्वयं ढोती

है—आर्थिक प्रश्न, बीमारी, घर का काम। 'तुम्हें कभी पता भी नहीं चलने दिया...कि कैसे करती हूँ, कहाँ से करती हूँ...कौन मुझे महीना भेजता रहा है? कौन मुझसे पूछने आता रहा है कि ममा, कैसे करती हो तुम सब कुछ?' लेकिन पापा की प्रतिक्रियाएँ हमेशा कटुता से भरी 'हँः' के साथ भी होती हैं—रह-रहकर ममा की थकान और कड़ुवाहट भी उभर आती है और अपनी ऊब और कुढ़न को किसी न किसी तरह व्यक्त करती रहती है—'बस सीधे से उल्टा होना आता है इस आदमी को...उल्टे से सीधा होना नहीं आता'...'आज कल कुछ ज्यादा ही सिड़ी हो गए हो तुम...मुझे बिलकुल पसन्द नहीं...तुम्हारा यह हँः हँः करना।' कहीं-कहीं उसकी उत्तेजना, तीखापन और प्रतिक्रियाएँ एकदम 'आधे-अधूरे' की सावित्री जैसी हैं जैसे 'तुम तो जैसे...आदमी नहीं हो तुम' या 'मुझसे अब नहीं होता पापा...अब नहीं होता मुझसे।' वैसी ही वितृष्णा, वैसी ही हताशा। इस तरह दोनों के संवादों से यह सत्य बार-बार प्रस्फुटित होता है कि क्या मानवीय सम्बन्धों और मूल्यों के टूटने से ही हम शरीर और मन दोनों से रोगी नहीं हो गए हैं? और यह शारीरिक मानसिक बीमारी क्या केवल दवाइयों और टिकियों से जा सकती है? क्या नींद की टिकियाँ ही शान्ति और निश्चिन्तता दे सकती हैं? रोज का सिरदर्द केवल एस्परीन से कैसे ठीक हो सकता है? इसीलिए पापा से पूछते ही कि 'घर में एस्परीन नहीं है?' ममा चिढ़ जाती है और आवेश में कहती है, 'है... सब कुछ है घर में क्या नहीं है? पुराने चीथड़े, डिब्बियाँ, बोतलें, दवाइयाँ, अखबार, मैगजीन, चिट्ठियाँ, थोड़ी सी क्राकरी यही सब है...सब कुछ पापा के लिए, उसकी अपनी अलग कोई ज़िन्दगी नहीं। जबकि राकेश के हर पात्र में अपनी निजी संभावनाओं की, अपनी अलग ज़िन्दगी की छटपटाहट अवश्य है। कहीं कहीं पापा की प्रतिक्रियाएँ भी 'आधे-अधूरे' के पुरुष एक से एकदम मिलती हुई हैं जैसे 'सबको...तुम्हें...इसे, आने जाने वालों को...सारी दुनियाँ को जहाँ-जहाँ जो कुछ बिगाड़ा है सब मैंने बिगाड़ा है...अकेले ने...।'[1] उत्तरदायित्व और व्यवस्था राकेश के लिए सर्वथा विरोध की चीजें रही हैं जब जो हो जाता है किसी एक पर उसका उत्तरदायित्व क्यों? यही उनके नाटकों के मूल में है। व्यक्ति अपने को उत्तरदायी न मानते हुए अपने अन्तर्द्वन्द्व को, स्वयं अपने को स्पष्ट करता हुआ, खोजता हुआ, निजी अस्तित्व के लिए छटपटाता हुआ दीखता है—स्वयं राकेश की तरह ही 'इतने बड़े ब्रह्मांड में सैकड़ों नक्षत्रों के बीच आदमी का अस्तित्व सिर्फ एक छोटे से बिन्दु के अतिरिक्त कुछ भी नहीं और उस बिन्दु का इतने बड़े ब्रह्मांड के बीच कुछ भी अस्तित्व नहीं?' आज की परिस्थितियों में यह खोज मानवीय निराशा और द्वन्द्व को ही जन्म देती है—राकेश के नाटक भी स्थिति में कोई परिवर्तन हुए बिना समाप्त हो जाते हैं। अतीत और आज के अँधेरे के बीच जीता हुआ मानव ही उनके पात्र हैं।

इस छोटे से नाटक का भी विशिष्ट पक्ष है। इसके छोटे, अधूरे, असंबद्ध और अस्फुट वाक्य, बोलचाल का लहजा और वाक्यविन्यास लिए सहज स्वाभाविक भाषा

---

1. **सारिका, मार्च 1973, पृ० 9।**

और नाटकीय स्थितियों का चुनाव। संकेतों से खूब काम लिया गया है और हरकतों, क्रियाओं को पात्रों के आन्तरिक तनाव, आक्रोश से जोड़ा गया है। इसलिए वे हरकतें शब्दों में ज्यादा ध्वन्यात्मक और प्रभावशाली हैं। पापा का सूखी हँसी हँसना, प्यालियाँ हाथ से गिरकर टूटना, जमशेद का जूते की आवाज करते हुए अन्दर आना, ममा द्वारा झटककर ड्रेसिंग टेबिल की एक-एक दराज खोलना, बन्द करना बिल्कुल सावित्री की तरह ये सब सांकेतिक हैं। श्रव्य बिम्ब भी नाटकीय वातावरण से जुड़े ही नहीं हैं, नाटकीय अर्थ भी देते हैं, पात्रों की मनःस्थिति को व्यक्ति भी करते हैं। पेड़ों की सरसराहट समुद्र की लहरों का आरम्भ में हल्का स्वर, नाटक के अंत में बढ़ता तेज स्वर उस भयावह और द्वंद्वात्मक स्थिति को और अधिक प्रभावोत्मक बनाता है। रंग-निर्देश इन बीज नाटकों में भी अपने में पूरे हैं और बहुत सटीक हैं। बल्कि दृश्यबन्ध के निर्देश में भी 'आधे-अधूरे' जैसी 'आन्तरिकता' की माँग है नाटक के पात्र और परिस्थितियों के एकदम अनुरूप—'पुराने ढंग के साज-समान से लदा एक बड़ा सा कमरा। टूटी हुई डाइनिंग टेबिल के इर्द-गिर्द अलग-अलग तरह की तीन कुर्सियाँ, ड्रेसिंग टेबिल पर दवाई की शीशियाँ, जूठी प्यालियाँ और हर तरह की चीजें। साथ-साथ लगे तीनों ऊँचे कबर्ड, इस तरह से बन्द जैसे एक मुद्दत से उन्हें खोला ही न गया हो।' जाहिर है कि इस पूरे दृश्यबन्ध के अन्दर से झाँकते आज के जीवन के बासीपन, निरर्थकता, अलगाव, बिखराव, रिक्तता और घुटन-कुढ़न को समझने-पहचानने की जरूरत है। मंच पर उन चीज़ों और उनके रखे जाने के क्रम और ढंग से ही नाटकीय अनुभव को यथार्थ को नाटककार उभारना चाहता है। यह राकेश का मौलिक प्रयास रहा है। रंग-निर्देशों और दृश्यबन्ध में इतनी सांकेतिकता और रंगमंच की जड़ता, स्थूलता को इतने सजीव सूक्ष्म अर्थ देने की कोशिश हिन्दी नाटक-क्षेत्र में नयी बात है।

पार्श्व नाटक

'छतरियाँ' पार्श्व नाटक राकेश को और नए रूप में सामने लाता है। इसका शिल्प और कथ्य दोनों ही एकदम भिन्न हैं जो नाटक के सम्बन्ध में राकेश के संयमित चिंतन और सर्जन की आकुलता को, उनकी कल्पनाशील दृष्टि और समकालीनता के बोध को एक साथ व्यक्त करता है। हिन्दी नाट्य-क्षेत्र में यह नितान्त नया प्रयोग है—मौलिक और विशिष्ट। नाट्य-क्षेत्र में राकेश ने हमेशा ही कुछ नया किया और नाटक को नये नाम, नयी संज्ञा देने का साहस भी दिखाया। 'बीज नाटक' के बाद 'पार्श्व नाटक' एक और नया नाम है जो अपने में सशक्त और सार्थक है। संवादहीन नाटकों के प्रयोग हिन्दी में हुए हैं लेकिन वे मूलतः मूल नाटक कहें जायेंगे। 'छतरियाँ' मूक नाटक नहीं है क्योंकि इसमें अभिनेता की अभिनय-क्षमता और अनिवार्य स्थिति से कहीं ज्यादा बड़ी भूमिका है नेपथ्य की। इसमें मंच पर पात्रों द्वारा न संवाद बोले जाते हैं, न स्थितियाँ दिखाई जाती हैं, सभी स्थितियों की सूचना नेपथ्य से आने वाली विभिन्न प्रकार की ध्वनियों से और नेपथ्य से ही कही जाने वाली उक्तियों से होती है। सारे

परिवर्तन, सारा संघर्ष, द्वंद्व और संत्रास नेपथ्य की ध्वनियों, उक्तियों, नारी-भाषणों और विविध प्रकार के स्वरों से मंच पर साकार होता है। इस नाटक को 'पार्श्व-नाटक' कहने का यही तात्पर्य है जो राकेश की वर्तमान और आधुनिकता के प्रति सचेतनता और तदनुकूल शिल्प के नये सार्थक प्रयोग का सूचक है। एक माने में उनका यह अन्तिम नाटक है जिसे मूल रूप में राकेश ने अंग्रेजी में लिखा था। फिर स्वयं ही उसका हिन्दी में अनुवाद किया।

'छतरियाँ' आज के मानवीय संकट को प्रस्तुत करता है—सारी सामाजिक, राजनैतिक, आर्थिक, धार्मिक समस्याओं, विडम्बनाओं से घिरा हुआ, धक्के खाता हुआ लाचार मानव! अपने एक निबन्ध में राकेश ने लिखा है कि 'आज हमारा जीवन प्रतिदिन विश्व की और अपने देश की आंतरिक हलचलों से प्रभावित हो रहा है। आज हम निरंतर एक उत्कम्प की स्थिति में जी रहे हैं। इस उत्कम्प में मिले हुए हैं कुछ ईर्ष्याद्वेष। कुछ नन्हीं-नन्हीं चोंचों की सी महत्त्वाकांक्षाएँ कुछ थैली पर बैठे साँपों जैसे अहं और इन सबके प्रति असंतोष, विद्रोह और इन सबको उखाड़ फेंकने की प्रवृत्ति।[1] सचमुच इस सब और 'राजनीतिक हलचलों से रूखा फीका पड़ता जीवन, मिटता हुआ सांस्कृतिक जीवन, इकाइयों में उबलती हुई चेतना—वर्तमान की यही संकुल पृष्ठभूमि 'छतरियाँ' की है। आज से कल की ओर ढकेला जाता हुआ मनुष्य। मनुष्य की अपनी कोई सत्ता, निजी अस्तित्व और अपनी संभावनाएँ नहीं रह गयी हैं। वर्तमान और भविष्य के अँधेरे में वह भटकता है। नाटक का आरम्भ इसी अनुभव को प्रस्तुत करने के उद्देश्य से अँधेरे रंगमंच पर आवाज के झटके के साथ पेंच की तरह घूमते नजर आते लोगों से किया गया है। 'युग का संकट हमारे सामने है। ...संकट का अर्थ है, मूल्यों को लेकर उठते प्रश्नों का अर्थ है विचारों की महामारी...महामारी का अर्थ है मनुष्यता से हटता मनुष्य जीवन और मनुष्य जीवन का अर्थ है...कि 'इस नेपथ्य-ध्वनियों के साथ मंच पर एक आदमी ठोकर मारकर धकेल दिया जाता है। आदमी किसी तरह खड़ा होता है और घुटनों को हाथों का सहारा दिये टटोलती नजर से इधर-उधर देखता है' यानी मनुष्य को न चाहते हुए भी इन परिस्थितियों में जीना है बिना किसी दृढ़ अवलम्ब के, बिना किसी आशा-विश्वास के—एक सर्वथा अनिश्चित स्थिति की भयंकरता में। उसके चारों ओर जो स्थायी, जीवित चीज़ें हैं, वह है संविधान सभाएँ, सूदखोरी, खादी, ग्रामोद्योग, अंतरिक्ष यान, चाबी के बन्दर, चाँदी की चट्टानें, गेहूँ, रोजी, मिरगी और...प्रजातंत्रीय चुनाव'। 'छतरियाँ' रंगबिरंगी अनेक छतरियाँ प्रतीक रूप में रंगमंच को आकर्षक बनाती हैं और एक ही पात्र की सारी भटकन को, अभिनय सामर्थ्य को उजागर करती हैं। 'छतरियाँ' वे तरह-तरह की छलनाएँ हैं जिनको पाने की तृष्णा में मनुष्य ज़िन्दगी भर छला जाता है और उसके हाथ कुछ भी नहीं लगता क्योंकि इन रंगबिरंगी छलनाओं का कोई स्थायी रूप या महत्त्व नहीं होता। ये छलनाएँ हर क्षेत्र की हो सकती हैं—राजनीति की, अध्यात्म और समाज की, परिवार और प्रेम

---

1. परिवेश, 'उपन्यास और यथार्थ चित्रण' पृ० 189।

की, अर्थनीति और साहित्य की और मनुष्य इनको प्राप्त कर ले या न भी प्राप्त कर सके तो भी इनका मनुष्य को छलने का क्रम समाप्त नहीं होता। इस सारी स्थिति को बड़े ही सांकेतिक, प्रतीकात्मक और रंगमंचीय कला के साथ प्रस्तुत किया गया है, उदाहरणार्थ रंगबिरंगी छतरियों के आस-पास घूमता हुआ मनुष्य। सबसे बड़ी छतरी को छूने की उसकी अभिलाषा, लेकिन छूने के साथ गोलियाँ दगने की आवाज—गोलियों की आवाज बार-बार आने पर उसकी 'छूने' की कोशिश भी बढ़ती रहती है—क्रिया और प्रतिक्रिया—इच्छा-दमन करने का स्वाभाविक परिणाम लेकिन जब वह दूसरी छतरियों को छूता है तो कोई आवाज नहीं होती पर आदमी की लालसा बढ़ती ही जाती है। वह पुनः बड़ी छतरी को पाने के प्रयत्न में ही जुट जाता है और नेपथ्य से गालियाँ ही गालियाँ, चारों तरफ से लानत सुनायी देती है। हताशा की चरम सीमा पर पहुँच कर वह आवेश में हाथों को झटक लेता है। बड़ी छतरी उसके हाथों में आ जाती है। गुस्से में छतरी को पटकने पर भी उसकी मानसिक लालसा उसे पुनः बढ़ावा देती है और वह छतरी उठाकर सहलाने लगता है। जो प्राप्त हो भी गया, उसके छीने जाने की आशंका आदमी को घेरे रहती है। आशंकित मन उसे भागने की दिशा दिखाता है, उसका उपहास करवाता है। और फिर बहुत सी आवाजों से घिरा हुआ वह अकेला मंच के बीचों बीच स्थिर खड़ा हो जाता है 'अकेला आदमी और उसकी अकेली लड़ाई'—राजनीतिक उतार-चढ़ाव, साहित्यिक धार्मिक धर-पकड़, सभाएँ जुलूस-सम्मेलन, वाकआउट-हड़ताल-घेराव—इन आन्दोलन, आर्थिक हेर-फेर, सबके बीच घिरा अकेला आदमी। राकेश आदमी के इस संकट को महसूस करते हुए आदमी को इन सबके ऊपर मानते हैं। इन सबसे बड़ी और असल चीज है, आदमी की इच्छा-शक्ति और निर्णय—निर्णय इस सबका विरोध करने का और उस सबका विरोध करने का जो इस सबका विरोध करता है। यहीं राकेश का लेखकीय दायित्व आ जाता है—मनुष्य को निरर्थकता के बोध में ही जीने के लिए अभिशप्त दिखाना क्योंकि वर्तमान स्थितियों में मनुष्य में इसी इच्छा-शक्ति और निर्णय की कमी है—वह 'प्राप्ति और अप्राप्ति' के संघर्ष में ही पड़ा रहता है। वह चाहने से अलग सोचता है, सोचने से अलग चाहता है। उसकी आत्मा को बड़ी-बड़ी शक्तियाँ चारों ओर से घेरे रहती हैं। जो दूसरों को मिल जाता है, उससे उसे ईर्ष्या होती है, वह सबसे अलग पड़ जाता है। आधुनिक युग में उपदेशों, धार्मिक, और नैतिक विश्वासों से आदमी अपने को संतुष्ट नहीं कर पाता। उपदेश उसे आडम्बर लगते हैं—'तटस्थता' नाम की चीज उसे आश्वस्त नहीं करती। उसकी मानसिकता बदल रही है—राष्ट्र, राष्ट्रीय संकट, राष्ट्रीय प्रसारण, राष्ट्रीय दृष्टि और राष्ट्रीय समस्याएँ—ये शब्द उसके लिए खोखले, सारहीन हो गए हैं क्योंकि इन उपदेशों और रेडियो से होने वाले प्रसारणों, सैद्धांतिक बातों के पीछे कोई 'आन्तरिक सत्य' नहीं है, सब ऊपरी, झूठा, खोखला। अन्ततः आदमी को यही सुनायी देता है कि 'कई-कई सवाल सामने आते हैं और उनमें से हर सवाल कई-कई दूसरे सवालों की तरफ ले जाता है। सवाल सब अपने में बहुत अहम हैं पर वक्त की जरूरत उन सब सवालों से ज्यादा अहम है। हमें सबसे पहले इसी सवाल पर गौर

करना है कि वह जरूरत क्या है, किस चीज की है क्योंकि अगर हम अपनी 'असली जरूरत' को समझ लें तो बहुत से सवालों का जवाब खुद-ब-खुद हासिल हो जाता है, आज की आने वाले कल की जरूरत लेकिन मनुष्य न सुनना चाहता है न सोचना और इसीलिए भटकता है—अपनी असली जरूरत को न समझ पाने के कारण ही कभी लड़ाई, कभी कीर्तन, कभी पागलपन, कभी नारों, जुलूस और बहुत से कार्यों-व्यवहारों में अपने को बहलाता है; अपने आक्रोश, असंतोष को बहलाता और दबाता है लेकिन किसी सही नतीजे पर नहीं पहुँचता बल्कि जितना ही वह चारों और के घेरे से अपनी मुक्ति के लिए छटपटाता है—उतना ही रुँधता जाता है और तब आदमी की छटपटाहट, बेबसी को राकेश माइक पर आती आवाज यूँ व्यक्त करते हैं—'हमारी आवाज अँधेरे में एक चीख है...यह चीख...अँधेरे की छाती चीरकर...एक नयी...रोशनी ला सकती है। आज से पहले भी जब कभी यह चीख उठी है...इसने अँधेरे की ताकतों को... दहलाकर रख दिया है। इसलिए वह खौफनाक ताकतें आदमी की इस चीख को हमेशा दबाना चाहती है। एक क्षण के लिए जैसे आदमी की इच्छा-शक्ति और निर्णय-शक्ति उभरती भी है लेकिन दब जाती है। ताकतों के बीच में आज के मनुष्य का दबा हुआ व्यक्तिगत स्वर। राकेश की सारी कटुता उन अँधेरी ताकतों के लिए ही है जो सारी मानवीय संवेदनाओं का गला घोंट रही हैं; जिसका परिणाम विद्रोह, आक्रोश, लड़ाई, भटकन, छलावा, असमानता, ईर्ष्या, घृणा, हिंसा सब कुछ है। नहीं, अगर है तो मानवीयता। हिंसा और संघर्ष से घिरा हुआ मनुष्य अपना नाम अपना सही परिचय भी खो देता है, खो रहा है। राकेश के मनमस्तिष्क के सारे प्रश्न नाटक के भरत वाक्य में आते हैं—'भाषा नहीं, शब्द नहीं, भाव नहीं, कुछ भी नहीं।' हमेशा की तरह फिर इस नाटक में व्यक्ति के परिचय और अस्तित्व का प्रश्न उठता है—'मैं क्या हूँ? मैं क्या हूँ? कब तक जीवन इसी तरह चलेगा? क्या कोई और तरीका नहीं है?' जीवन को बदलने की एक आकुलता, लेकिन वही हमेशा का प्रश्न—'पर किस तरह और किस तरह?' ढेले की तरह नीचे और नीचे लुढ़कते जीवन की निरर्थकता को सहकर मनुष्य कैसे जिए? कब तक जिए? 'अनायास उगे कुकुरमुत्ते सा? पहचान मेरी कोई भी नहीं आज तक।' यहाँ जीवन की अर्थहीनता को एक दर्शन के रूप में कामू या बेकेट की तरह राकेश ने नहीं स्वीकारा है। पश्चिमी विचारों, सिद्धान्तों से आक्रान्त होकर कोई प्रयोग कर डालने की प्रवृत्ति उनकी नहीं रही। यह उस वास्तविकता का चित्रण है जो विसंगति से भरी हुई है जिसमें मनुष्य की मानवीयता, इच्छाशक्ति और विरोध करने की बात भी कही गयी है। 'जहाँ वास्तविकता या विसंगति ही है वहाँ मनुष्य की छटपटाहट, संघर्ष, द्वन्द्व लेखक के मुख्य विषय होंगे, इसलिए राकेश की वैयक्तिक मन:स्थिति पर आश्रित होते हुए भी, यह पराजित और टूटे मनुष्य की दृष्टि'[1] नहीं है। द्वन्द्व, प्रश्न, खोज राकेश के हर नाटक का स्वर है। राकेश ने हमेशा ही आज की मानवीय स्थिति से साक्षात्कार कराया है—उनका हर नाटक एक

1. विष्णुकांत शास्त्री : 'समीक्षा' मार्च 1974, पृ० 17।

प्रश्नबिन्दु पर समाप्त होता है। राकेश का कहना भी है कि 'किसी सवाल का जवाब है एक और सवाल'। क्या कोई सही उत्तर हो सकता है? आज की परिस्थितियों में पूरे और सही उत्तर की कल्पना ही क्या आत्मछलना नहीं है?

'छतरियाँ' में हरकतों पर बड़ा ध्यान दिया गया है, जैसे छतरी से छुटकारा पाने की चेष्टाएँ 'सर्कस में विदूषक की चेष्टाओं जैसी', छतरी लगाकर पैरों से कुचलना, छतरी पर टूट पड़ना—जैसे दोनों में धींगा-मुश्ती होती हो, नृत्य की धुन पर लोगों का छतरी लिये नाचना, आदमी का बाँहों से सारी छतरियों को सँभालने का असफल प्रयत्न, अंत में छतरियों का बाँहों में फिसलना, एक-एक करके नीचे गिर जाना—ये सारे स्थल सांकेतिक भी हैं, और बड़े ही नाटकीय भी। 'पार्श्व नाटक' होते हुए भी रंगमंच की सक्रियता और सार्थक जीवंतता का इतना ध्यान रखना राकेश की सूक्ष्म रंग-चेतना का उदाहरण है—रंगमंच ही एक सर्जनात्मक अनुभव हो जाता है। सब तरह के निर्देश दिये जाने पर भी निर्देशक और अभिनेता को अपनी कल्पनाशीलता और सामर्थ्य आजमाने के भरपूर अवसर इसमें हैं, दर्शकों के लिए भी एक चुनौती है क्योंकि नाटक समकालीन जीवन-नाट्यविधा की मौलिकता और सशक्तता, रंगमंच की जीवन्त भाषा और अभिनय की विविध पद्धतियों, शैलियों को, सूक्ष्म भाव-प्रदर्शन और नाटकीय संकेतों—अर्थों को समझे जाने की माँग करता है। इस तरह के नाटक दर्शक को भी सतर्क करने वाले हैं।

भाषा पर बड़ा अधिकार इसमें मिलेगा। जैसी परिस्थिति की आवश्यकता है, भाषा वैसी ही ढल गयी है। बिना किसी संकोच और अनिश्चय या संदेह के पूरे आत्मविश्वास के साथ सिद्धान्त वाक्यों में संस्कृतनिष्ठ हिन्दी का प्रयोग किया है जो निश्चय ही स्वाभाविक और आवश्यक है, तो अलग परिस्थिति में वास्तविकता और विसंगति से जूझने में लगातार दूर तक भद्दी गालियों का प्रयोग भी किया है, जो नाटक की स्थिति और लय से, समकालीनता से इस हद तक जुड़ा हुआ है कि अश्लीलता जैसे प्रश्नों की कोई गुंजाइश नहीं है, दूसरी ओर राजनीतिज्ञों की पुरानी पीढ़ी उर्दू भरी तकरीर करती है और उसकी लय सिद्धान्त-वाक्यों की लय से अलग है। लड़ाई, कीर्तन, पागलपन, नारों, जुलूस सबकी भाषा की अपनी-अपनी लय है जो विविधता भी लाती है, अर्थ भी पैदा करती है। नाट्य-भाषा इसी लचीलेपन और आन्तरिक समझ की माँग करती है। राकेश की भाषा के प्रति सतर्कता और चिंतन का यह नाटक प्रमाण है। शुरू के एकांकियों से लेकर 'छतरियाँ' तक की राकेश की मन:स्थिति के सम्बन्ध में विष्णुकान्त शास्त्री ठीक ही कहते हैं कि 'राकेश की यह यात्रा उल्लास से विषाद की ओर, विशेष से सामान्य की ओर, सरलता से जटिलता की ओर रही है। राकेश की स्निग्ध जीवंतता और परिवर्तन कामी प्रतिबद्धता क्रमश: कैसे भीतरी उदासी और बाहरी छलना से आस्थाहीन छटपटाहट में बदलती चली गयी, इसका कुछ आभास भी इन रचनाओं से मिल सकता है।'[1]

---

1. समीक्षा, मार्च 1974, पृ० 14।

और उसके बाद...

राकेश का अन्तिम नाटक 'पैर तले की जमीन' अभी प्रकाशित हुआ है लेकिन उसके कुछ नोट्स 'नटरंग-21' में पहले भी प्रकाशित हुए थे। ये नोट्स राकेश की रचना-प्रक्रिया की मानसिक तैयारी को और एक अधिक सार्थक नाटक देने की कोशिश को बड़ी अच्छी तरह स्पष्ट करते हैं। लगता है जैसे संवेदनशील नाटककार के मन-मस्तिष्क के अन्दर पूरे नाटक का सृजन हो चुका होता है—जिसके सम्बन्ध में स्वयं उसके ही बहुत से प्रश्न होते हैं। अनुभवों से बनता हुआ नाटक जो आधुनिकता के और भी निकट प्रतीत होता है। आज के बहुत से प्रश्न, नैतिकता समाज-वर्जनाएँ, निषेध, भय, मृत्यु, स्त्री-पुरुष के सम्बन्ध, भ्रष्टाचार, बलात्कार, अपराध, आत्मस्वीकार सब जैसे नाटक की पृष्ठभूमि में हैं। पात्रों की पूरी परिकल्पना भी इस नोट्स से जाहिर हो जाती है। 'कुछ संकट इस बात का है कि नाटक के विभिन्न चरित्रों के बीच कोई संप्रेषण नहीं है। उनके बोलने के लिए अलग-अलग 'वेव लेंग्थ्स' का इस्तेमाल करके उनकी ट्रेजेडी को उभारा जा सकता है। ...जिन्दगी में उनके बीच सम्बन्ध मौत के डर का है। उनका संघर्ष जिन्दा रहने का संघर्ष है—उनकी चरम स्थिति हर चीज की मौत की भी (?) स्वीकृति। मरने तक आदमी की जरूरतों का सवाल। खाना,पीना, सैक्स—यह स्थल नाटक के मूल सत्य को, चरित्रों को ट्रैजेडी को, आदमी की जरूरत और उसके प्रश्नों का और उसके प्रस्तुत करने के लिए जूझते लेखक के प्रयत्न का संकेत करता है। 'चरित्रों को अयथार्थवादी नाम दिये जायें, पर वे हमारे संस्कारों के अंग हों'...'पूरी बात छोटे-छोटे दृश्यों में लिखी जानी हैं, सीधी लकीर के प्रभाव से बचते हुए सबसे मिलकर पूरा अर्थ अभिव्यक्त होना चाहिए...विभिन्न दृश्य एक-दूसरे में घुलते हुए ये सारे स्थल नाटककार के मस्तिष्क में प्रस्तुतिकरण की समस्या से उलझने के प्रमाण हैं, साथ ही राकेश की सूक्ष्म और सर्जनात्मक दृष्टि का, नाटक की गम्भीरता को बनाए रखने की सार्थक कोशिश के उदाहरण है। साथ में राकेश के ही बनाए गये स्केच भी हैं, प्रकाश और संगीत के सम्बन्ध में भी पर्याप्त चिंतन हैं जो स्पष्ट करता है कि नाट्य-लेखन के दौरान नाट्यकार राकेश कितने विविध पक्षों पर सोचते हैं और किस तरह उसे रचनात्मक रूप देने की चेष्टा करते हैं। अपने में अलग-अलग असम्बद्ध होते हुए भी ये नोट्स जो मूलतः अंग्रेजी में हैं, लेखक के दायित्व-बोध से, उसके रचनात्मक दृष्टिकोण से साक्षात्कार कराते हैं। छः-सात वर्ष इस नाटक पर कार्य करते हुए भी राकेश इसे समाप्त नहीं कर पाए थे। लगता है कि नाटक के सम्बन्ध में वह कुछ और अधिक सार्थक खोज में थे जो लेखन और प्रस्तुतिकरण को गहरा अर्थ दे सकें। बहुत से लेखकों के लिए लेखन एक अनुभव होते हुए भी इतना जटिल नहीं होता जितना राकेश के लिए रहा। नाटक के संदर्भ में यह और भी महत्त्वपूर्ण है क्योंकि नाट्यविधा की मौलिकता, सजीवता और जटिलता को, उसको एक सशक्त माध्यम के रूप में हिन्दी नाटक में अब तक इस रूप में नहीं लिया गया था। नाट्यविधा जिस सतर्कता और गंभीरता की, अनुभव की माँग करती है—उसका आभास इस नाटक के नोट्स से ही हो जाता है।

वैसे प्रकाशित होने के बाद नाटक बहुत प्रभावित नहीं करता बल्कि फिजूल ही खौफनाक लगता है। राकेश के इस अधूरे नाटक को कमलेश्वर ने पूरा किया है, हो सकता है राकेश स्वयं पूरा करते तो उसका रूप कुछ और होता लेकिन अपने वर्तमान रूप में यह नाटक 'आधे-अधूरे' के बाद काफी शिथिल लगता है हाँ, राकेश की मन:स्थिति को समझने में इससे जरूर सहायता मिल सकती है। नाटक में प्रतीकों की उपयोगिता के प्रति आश्वस्त भी राकेश इसमें लगते हैं।

राकेश का अंतिम नाटक : पैर तले की ज़मीन

'पैर तले की ज़मीन' भी 'आधे-अधूरे' की तरह चारों ओर के बिखराव, अस्त-व्यस्तता, खालीपन, हड़बड़ाहट और बेचैनी से, अनिश्चितता से आरम्भ होता है जिसे राकेश अब्दुल्ला जैसे पात्र की सृष्टि करके स्थिति का चयन करके और नाट्य-भाषा की बुनावट एवं संवादों की प्रकृति और टकराहट से पैदा करते हैं। शायद चरित्र, भाषा और नाट्य-स्थितियाँ—ये राकेश की नाट्य-रचना के अपने अनुभव को—अन्तर्मन को नाट्यविधा के साँचे में ढालने के, चुने हुए अनिवार्य अंग हैं—इन्हीं में उनकी मौलिकता को हर नाटक में पहचाना जा सकता है, एक अजीबो-गरीब स्थिति में सभी पात्र एक स्थान पर इकट्ठे होते हैं—अब्दुल्ला, नियामत, पंडित, झुनझुनवाला, नीरा, गुड्डो दीदी, अयूब—उनका एक साथ इकट्ठे होना उनकी नियति है। वे एक-दूसरे को न जानते हुए भी जानते हैं और सही अर्थों में जानते हुए भी बिल्कुल नहीं जानते। 'पानी को बढ़ने दो तुम्हारा मुझे जान लेना जीते रहने से ज्यादा जरूरी है?'....... 'मुझे नहीं लगता कि रुककर भी जान पाऊँगी।' लगभग सभी पात्र इसी मन:स्थिति से गुजर रहे हैं। जीना भी चाहते हैं—जीने की संभावना की आशा भी करते हैं और जानना भी चाहते हैं पर जीने और जानने का उनके पास कोई तरीका नहीं है। वे बस घिरे हैं संबंधहीनता से वहम और नफरत से, मूल्यहीनता-अनैतिकता और विकृतियों से, कुंठाओं—ग्रन्थियों से। उनके आस-पास केवल शोर है, उस शोर में छटपटाहट भी है। अपने को व्यक्त करती-सी रीता—एक युवा लड़की कहती है—'मैं जवान हूँ। इसलिए मुझमें अन्त को स्वीकार कर लेने का साहस है। तुम लोग साहसहीन हो। नपुंसक हो।....... अगर तुम लोग अन्दर से बिल्कुल मिट्टी नहीं हो गए हो तो सब अपनी-अपनी इच्छा और अपने चुनाव से अपना अन्त तय करो।

सब अपने-अपने खोखलेपन से लड़ रहे हैं पर यह लड़ाई शक्तिहीन व्यक्ति की व्यर्थ की लड़ाई है। यद्यपि सब अपनी ही आँखों में अपनी इस बेमानी, अस्तित्वहीन, बेकार ज़िन्दगी को नहीं देख पा रहे हैं। टूटा पुल, बढ़ता पानी और शोर और उससे घिरे ये पात्र, दहशत से घिरे मन और कमजोर पड़ते हाथ! पूरा नाटक एक ही प्रकार की मन:स्थिति और वातावरण से गुजरता है जैसे 'आधे-अधूरे' आरम्भ से अन्त तक एक ही प्रकार की आक्रामकता और आक्रोश-झुँझलाहट लिये है, उसी प्रकार 'पैर तले की ज़मीन' एक ही प्रकार का भयावह, नफरत भरे, विकारग्रस्त मनों की चीख को लिए हुए है। पर नाटक का अंत कमलेश्वर का पूरा किया हुआ है। ऐसा नहीं लगता कि

राकेश इस प्रकार अन्त करते। पानी उतर जाना, खतरे से निकल जाना और फिर से ज़िन्दगी की हलचल का शुरू हो जाना। क्योंकि राकेश के किसी नाटक में इस प्रकार का अन्त है नहीं। इसलिए 'पैर तले की ज़मीन' में रीता से कहलाया गया यह संवाद ही सब कुछ कह देता है—

'एक नाटक पूरा होते-होते रह गया। एक इतिहास घटित होते-होते रुक गया।' कहीं-कहीं उनके अन्य नाटकों का और स्वयं अपना अनुभव भी इसमें दीखता है कि 'एक ही क्रम से जीना कैसे संभव है? मैं तो सोचता था थोड़ा-बहुत फर्क जरूर आया होगा। इस तरह लगता है जैसे यह पूर्व नाटकों की अगली कड़ी ही हो। राकेश ने अपनी डायरी में लिखा है, 'कितना चाहता हूँ कि हर आने वाला दिन बीते दिन से बिल्कुल अलग और नया हो—उस कल के बीच से उगकर भी 'एक और वैसा ही दिन' नहीं।[1] यह कोशिश उन्होंने नाटकों ने भी की है यद्यपि हर नाटक एक दूसरे से जुड़ा है लेकिन फिर भी कुछ अलग और नया! खास कर बीज नाटक और पार्श्वनाटक इसका प्रमाण। यह अप्रकाशित नाटक भी राकेश की बढ़ती हुई आन्तरिक बेचैनी का ही प्रतिबिम्ब सा लगता।

---

1. सारिका, अगस्त 1968, पृ० 67।

राकेश की नाट्य भाषा

नाटकीय शब्द की खोज

ऐतिहासिक दृष्टि से भी और हिन्दी नाटक की उपलब्धि की दृष्टि से भी 'नाट्य भाषा' राकेश का सबसे सशक्त पक्ष है जो एक आन्दोलन के रूप में नहीं बल्कि एक 'प्रश्नचिह्न', एक कभी न समाप्त होने वाली ललक भरी खोज का परिणाम है। आधुनिक रंगमंच में शब्द और नाटककार की भूमिका उनके सामने हमेशा प्रश्न बनकर आती रही। पहले से चली आती हुई शब्द-परम्परा और भाषा-प्रयोग को उनके नाटक नकारते ही नहीं बल्कि अपने दृष्टिकोण से राकेश प्रचलित परम्परागत धारणा को शॉक भी पहुँचाते हैं। वह यह मानकर चलते हैं कि 'रंगमंच मूलत: एक श्रव्य माध्यम है।'[1] जाहिर है कि रंगमंच को दृश्य माध्यम मानना उन्हें संस्कारगत धारणा लगती है। उसे श्रव्य माध्यम कहकर नाटक, रंगमंच, और भाषा के सम्बन्ध में उन्होंने नये सिरे से विचार करना आरम्भ ही नहीं किया, विवश भी किया है। इस कथन के पीछे राकेश की सुविचारित दृष्टि है। सिनेमा जैसे लोकप्रिय माध्यम का आविष्कार जब नहीं हुआ था तब नाटक को 'देखने' के साथ ही जोड़ने की बात संगत थी लेकिन अब दोनों अलग-अलग और समृद्ध माध्यम हैं जिनमें माध्यमगत अन्तर भी है जिसे स्पष्ट करते हुए वह कहते हैं—'एक में (सिनेमा में) दृश्य की अपेक्षा शब्द को जन्म देती है और दूसरे में (नाटक में) शब्द की अपेक्षा दृश्य की।[2] यानी नाटक में शब्द ही महत्त्वपूर्ण है—वही दृश्यतत्त्व की सृष्टि करते हैं। निश्चित रूप से रंगमंच की शब्द-निर्भरता को आधार मानकर चलने से सारी विचारधारा एक नया और भिन्न मोड़ लेती है। समझना होगा कि रंगमंच को शब्द-निर्भरता से उनका तात्पर्य क्या है—यह नहीं कि नाटक में शब्द-जाल, कृत्रिम भाषा हो। बल्कि नाटककार को शब्द-प्रयोग में गहरे संयम से काम लेना होगा—कोई ऐसा शब्द नहीं जो व्यर्थ हो, अनावश्यक हो, बिना किसी नाटकीय अर्थ के हो। शब्दों के प्रति नाटककार का व्यामोह या दुराग्रह रंगसिद्धि में बाधक होता है, नाटककार के रंग-अनुभव की कमी का संकेत करता है। श्रव्य माध्यम कहकर राकेश बिम्ब का, दृश्य-पक्ष का अस्वीकार करते हों, ऐसी बात नहीं है बल्कि रंगमंच में शब्द की आधारभूत भूमिका मानकर वह स्पष्ट करना चाहते हैं कि रंगमंच पर बिम्ब का उद्भव शब्दों के बीच से होता है।[3] सत्य यह है कि राकेश शब्द को मूलत: ध्वनि

1. **रंगमंच और शब्द : मोहन राकेश : नटरंग 18, पृ० 28।**
2. **वही, पृ० 28।**
3. **वहीं, पृ० 29।**

मानते हैं क्योंकि शब्द की उत्पत्ति नाद से ही हुई है। शब्द को नाद की परिणति मानते हुए उनका कहना है कि 'वह वस्तुतः एक मूर्त माध्यम न होकर एक अमूर्त माध्यम है।[1] शब्द अपने आप में एक अर्थवान् इकाई हैं लेकिन शब्द जब एक क्रम में जुड़कर दूसरे शब्दों के अर्थ से मिल जाते हैं तो उनमें खास लय पैदा हो जाती है। शब्द-योजना की सारी अर्थवत्ता, प्राणशक्ति उन्हें उस आन्तरिक लय के कारण लगती है जो उसे सर्जनात्मक रूप देती है। चूँकि मनुष्य के भाव-संकेतों की अभिव्यक्ति विशेष लय और ध्वनि में होती है इसलिए शब्द भी उस विशेष लय और ध्वनियों से जुड़कर ही महत्त्वपूर्ण होता है। नाद से उत्पत्ति से लेकर आज तक, शब्द मूलतः नाद-धर्मा ही हैं। इसलिए नाद के आरोह-अवरोह में ही शब्द का आन्तरिक नाटक निहित है। कहना चाहिए कि नाद ही शब्द है और उसके आरोह-अवरोह की लय उसकी अर्थ-संगति।[2] यह बात कहीं भी उलझी हुई नहीं है थोड़ा सा ध्यान देने पर समझा जा सकता है कि लय की संगति ही किस तरह शब्द की अर्थ-संगति को बदलती रहती है। शब्द वही होते है, लेकिन उच्चारण-भेद से, प्रयोग से केवल बलाघात मात्र बदल देने से उसके अर्थ बदल जाते हैं और शब्द कभी भी घिसा-पिटा, कृत्रिम-बेजान नहीं लगता। मतलब नाटककार का कौशल शब्द-समूह एकत्रित करने में नहीं बल्कि इसी लय, ध्वनि के आधार पर शब्द के सर्जनात्मक प्रयोग में है। शब्द के किसी अर्थ विशेष से युक्त होने पर भी उसकी सारी सार्थकता उसके 'लय-नियोजन' पर निर्भर करती है। तभी शब्द स्वयं कई बिम्बों की सृष्टि करने वाले बन जाते हैं और स्थापित अर्थ के अतिरिक्त एक नहीं, अनेक भावों की गूँज मन में पैदा करते हैं। राकेश की शब्द के संबंध में यह धारणा और दृष्टि उनकी पूरी नाटक-यात्रा में विकसित होती दिखायी देती है। इसीलिये वह मुख्य भूमिका उन बिम्बों और दृश्य-तत्त्वों की नहीं मानते जो रंगमंच और नाटक को सीमित करते हैं, बल्कि शब्द को, शब्द की लय और ध्वनि को, शब्द से ही उत्पन्न होते बिम्ब और दृश्य-तत्त्व को मानते हैं जो नाटक और रंगमंच की संभावनाओं को निर्मित करते हैं। शब्द का सर्जनात्मक प्रयोग ही रंगमंच के अस्तित्व को सुरक्षित ही नहीं रखेगा, उसे बाह्य रंग-शिल्प की कृत्रिमता, तकनीकी इन्द्रजाल से मुक्त तो करेगा।[3] रंग-शिल्प को नया आकार देने की कोशिश में राकेश ने केवल 'प्रयोगशीलता' या पश्चिम के अनुकरण पर रंगमंच को 'नया' और 'आधुनिक' रूप देना उचित नहीं समझा है क्योंकि ऐसा प्रयास स्थायी नहीं होता, वह क्षणिक उपलब्धि होगी और वह भी नितान्त, अपनी नहीं इसलिए दो प्रश्न उठते हैं एक तो अपने निजी जीवन और परिवेश के अन्दर से ही रंगमंच की खोज, दूसरे बाह्य उपकरणों की कृत्रिमता और निर्भरता से रंगमंच की मुक्ति। एशियन थियेटर सेमिनार के समय राकेश की आपसी बातचीत का यह टुकड़ा ध्यान देने योग्य है—'रंगमंच के सर्वांगीण

1. शब्द और ध्वनि : मोहन राकेश नटरंग 21, पृ० 10।
2. वही, पृ० 11।
3. वही, पृ० 16।

सर्वव्यापी नजरिये से 'तीसरी दुनिया' पश्चिम के बँधे-बँधाये रंगमंच से कहीं ज्यादा कलामय और विकसित है। कोई वजह नहीं कि इस तथ्य को कॉम्प्लेक्स जनित अक्षमता के कारण या मात्र शराफत में न कहा जाये...अपना साहित्य और अपना रंगमंच।[1] एक उत्साह और गहरा विश्वास जो राकेश के अपने चिन्तन से ही जन्मा है, कहीं से प्रभावित होकर नहीं। आज के यांत्रिक, वैज्ञानिक युग में रंगमंच की टेकनीक जितनी विकसित होती जा रही है, निरन्तर बदलती जा रही है, भारतवर्ष में, खासकर हिन्दी रंगमंच के संदर्भ में यह विचारणीय प्रश्न है कि इतने आर्थिक कष्ट और अनेक असुविधाओं के बीच क्या कोई ऐसी दिशा नहीं ढूँढ़ी जा सकती जो नाटक और रंगमंच को बाधाओं और बोझ से मुक्त करके विकास-संभावनाएँ दे? राकेश ने यहाँ के प्रयोगशील रंगमंच की दिशा शब्द में ही मानी है। उस ओर संकेत करते हुए वह कहते हैं। 'वह दिशा रंगमंच के शब्द और मानव-पक्ष को समृद्धि बनाने की है—अर्थात् न्यूनतम उपकरणों के साथ संश्लिष्ट से संश्लिष्ट प्रयोग कर सकने की। स्पष्ट है कि निर्देशक या परिचालक और अभिनेता का सहयोगी प्रयास आवश्यक तो है लेकिन शब्दकार का स्थान ज्यादा महत्त्वपूर्ण हो जाता है और उसका दायित्व भी बहुत कठिन। इस दृष्टि से निर्देशक को शब्दकार की अपनी रंग-परिकल्पना को मुख्य आधार बिन्दु मानकर चलना होगा, यही नहीं उसे उन कृत्रिम दृश्य तत्त्वों—'रंग परिचालक के मानवेतर पक्ष' के बढ़ते बल को अस्वीकृत करके शब्दकार को पहचानना ही अनिवार्य होगा। राकेश रंगमंच की सादगी, उसकी प्रतीकात्मकता में विश्वास करने वाले हैं—'सबसे ज्यादा सादगी ताकि दर्शक 'नाटक' तक सीधे पहुँचे 'नाटककार' की शक्ति को पहचानें न कि रंगमंच की चकाचौंध में वे बहकते रहें और रंगमंच के अन्तर्निहित सौन्दर्य को न पा सकें—अन्तर्निहित सौन्दर्य जो शब्दों से पैदा होता है। कुछ लोगों को यह राकेश की 'अहं-तुष्टि' का कारण लग सकता है लेकिन वस्तुतः वह एक ओर नाटककार की महत्त्वपूर्ण भूमिका को सामने लाना चाहते थे, दूसरी ओर नाटक और रंगमंच को सतही, कृत्रिम स्थूल पैमाने से न नाप कर उसकी जटिलता, विविधता, व्यापक प्रभावशीलता, और विधागत मौलिकता, नाटककार के शब्द-अनुशासन को महत्त्व देकर स्थापित करना चाहते थे कि नाटक या रंगमंच हल्के मनोरंजन या केवल व्यावसायिकता की चीज नहीं है, वह एक अनूठी कला है जो अपनी विशिष्टता में अकेली, सदैव नयी और नयी है। उन्होंने नाटक को, रंगमंच की दृश्य-संभावनाओं के विस्तार में देखा। यही कारण है कि वह नाटककार के लिये बहुत जरूरी मानते हैं, अपने आज के लिखे हर शब्द को कल तक के लिये अनिश्चित और अस्थायी मानकर चलना अर्थात् परिचालक और अभिनेता की तरह ही शब्दों के स्तर पर बार-बार रिहर्सल करते हुए आगे बढ़ना।[2] नाटक में सही शब्द की खोज उनकी नाट्यकृतियों में तो देखी ही जा सकती है, स्वयं वह नाटक में शब्दों की अभिव्यक्ति पर पिछले कई

---

1. सारिका, मार्च 1973, पृ० 90।
2. नटरंग 21, पृ० 16।

वर्षों से कार्य भी कर रहे थे। जब भी वह पूरे अर्थ तक पहुँचकर उसे 'कहना' चाहते हैं—(चाहे वह आज की अस्थिरता, नकारात्मकता, तोड़-फोड़ हो) लेकिन जैसा कि राकेश कहते हैं—लगता है दिमाग में एक जंगल उभर आया है। कुछ ऐसा है जो गहरे सूनेपन के अन्दर से भी एक अर्थ का आभास देता रहता है, वह कुछ जिसकी फड़फड़ाहट मन के किसी कोने में हर वक्त बनी रहती है मन उस फड़फड़ाहट को पकड़ना चाहता है, उसे नाम देना चाहता है।' खोए हुए शब्द की तलाश निरंतर जारी रहती हैं—'बहुत कोशिश करने पर भी वह एक शब्द नहीं मिलता, जो आदमी की पूरी तलाश और तलाश के हर उत्तर को व्यक्त कर सके '...' शब्द की जगह सामने आ जाती है आँखें। वस्तुतः भाषा के संबंध में उनके अपने विचार एक खोजती हुई दृष्टि है—स्थिर, मृत भाषा को तोड़ने की कोशिश है। वह भाषा को केवल शब्दों का समूह मात्र नहीं मानते बल्कि उसकी संबंध प्रक्रिया से नये-नये संदर्भों में प्रयोग को नयी अर्थवत्ता प्रदान करती हैं। इस अर्थवत्ता को लाने के लिये उनका ध्यान ध्वनि, स्वराघात और शब्दों के खास विन्यास पर केन्द्रित होता है, साथ ही भाषा को जीवन्त संदर्भों के उपयुक्त बनाने के लिये नये-नये शब्दों के चुनाव को एक चुनौती मानकर वह स्वीकार करते हैं। हो सकता है अभिव्यक्ति की सार्थकता और सजीवता के लिये उन्हें या किसी भी रचनाकार को देशी-विदेशी प्रचलित शब्दों का इस्तेमाल भी करना पड़े। 'एक शब्द की जगह दूसरा शब्द रख देने से भाषा की अपेक्षा पूरी नहीं हो जाती, भाषा की सजीव अर्थवत्ता को कई बार इससे क्षति भी पहुँच सकती है।'[1] भाषा के आन्तरिक रूप-परिवर्तन की ओर उसकी विकास-संभावनाओं की ओर राकेश का संघर्षशील मानस उनकी सभी नाट्यकृतियों में स्पष्ट होता चलता है। हिन्दी नाटक को उनकी एक बड़ी देन कही जा सकती है—संप्रेषणीयता, नये संदर्भों की पकड़ और निरन्तर ताजगी—नाटक और सर्जनात्मक भाषा का संबंध या नाट्यभाषा की बनावट की सही पहचान।

पश्चिम में आज के प्रसिद्ध नाटककार आइनेस्को ने जब यह माँग की थी कि मुझे एक ऐसी भाषा की तलाश है जो दृश्य हो, जो मंच की भाषा हो, ज्यादा प्रत्यक्ष, ज्यादा हिला देने वाली और अपने प्रभाव में शब्दों से कहीं अधिक शक्तिशाली। कलाकार भाषा को बदलकर ही पुराने कथानकों को नया रूप दे सकता है। तब उसका मतलब भाषा के 'विशिष्ट प्रयोग' से ही था यानी पश्चिम में सारा आंदोलन नाटक की भाषा से ही कथानकों की जड़ता को और थियेटर की यांत्रिकता को तोड़ने का है क्योंकि चली आती हुई नाट्य भाषा को आज के संदर्भ में मृत और सीमित मानते हैं। हिन्दी नाटक में इस आन्दोलन की शुरुआत पूरी निष्ठा से और निजी लगाव से मोहन राकेश ने की—एकदम उस अर्थ में नहीं जिस अर्थ में पश्चिम में क्योंकि राकेश की प्रवृत्ति भारतीय परम्परा से जुड़े रहकर ही पूरी रचनात्मक प्रकृति के साथ कुछ नया सोचने और करने की रही है। नाट्य क्षेत्र में भाषा के पक्ष को लेकर वह बहुत सतर्क थे। 'आषाढ़

---

1. **परिवेश : संदर्भों की भाषा : पृ० 194।**

का एक दिन' से 'अंडे के छिलके, अन्य एकांकी तथा बीज नाटक' तक उनकी भाषा के विभिन्न स्वर दिखायी देते हैं—एक दृश्य भाषा, सजीव-सार्थक भाषा रंगमंच की जीवन्त भाषा के लिये लगातार जूझते हुए भाषा को जिन्दा रखने का, उसके द्वारा रंगमंच को जिन्दा रखने का संघर्ष। शब्द की मौत—उसकी ज़ड़ स्थिति के विरुद्ध विद्रोह। अपने अप्रकाशित नाटक 'पाँव तले की ज़मीन' में एक स्थान पर वह विभिन्न दृश्यों को एक दूसरे में घुलते जाते दिखाना चाहते हैं। इसके लिये उनका फुटनोट है—'इन्हें 'थियेट्रिकली' प्रतिष्ठित करो, शब्दों और ध्वनियों के द्वारा।' इससे इस लेखक की मनःस्थिति, उसकी दृष्टि, चिन्तन को समझा जा सकता है। शब्द और ध्वनियाँ जैसे थियेटर की प्राण है, उन्हीं से सब कुछ दिखाया जा सकता है। विद्रोह और खोज की निरन्तरता से ही राकेश के नाटकों में नाट्य-भाषा का रूप बदलता-विकसित होता रहा है। 'अंडे के छिलके' यद्यपि नया प्रकाशित संग्रह है लेकिन इसके कम से कम तीन एकांकी (1. अंडे के छिलके, 2. सिपाही की माँ, 3. टूटती प्यालियाँ) उनकी परिचित रचना-शक्ति से मेल नहीं खाते न कथानक के स्तर पर, न चरित्र-सृष्टि के स्तर पर और न संवाद और भाषा के स्तर पर। उनकी शेष बहुत सी नाट्य रचनाओं के सामने ये इनकी अधकचरी रचनायें लगती हैं—1940-50 के हिन्दी नाटकों की प्रचलित परम्परा में ढली हुई। स्थूल अभिव्यक्ति और सूक्ष्म सांकेतिकता का अभाव! जिससे स्पष्ट हो जाता है कि राकेश अपने जीवन-काल में इनके प्रकाशन को क्यों टालते रहते थे? सही नाटकीय शब्द को खोज जैसे वहाँ शुरू ही नहीं हुई है। 'आषाढ़ का एक दिन' हिन्दी का वह पहला नाटक कहा जाना चाहिये जो नाटक की भाषा में आमूल परिवर्तन का एक उदाहरण प्रस्तुत करता है, नाट्य भाषा को सबसे अलग करके मौलिक और सर्जनात्मक ढंग से प्रस्तुत करता है। भाषा की दृष्टि से एक विकास-क्रम उनमें स्पष्ट है—नाट्य भाषा के भिन्न-भिन्न नमूने अधिक सार्थक, अधिक सजीव एवं साहित्यिक होते हुए भी गहरी नाट्यानुभूति से जन्मी भाषा ('आषाढ़...' और, 'लहरों के राजहंस') दूसरे जीवंत बोलचाल की भाषा ('आधे-अधूरे', 'बहुत बड़ा सवाल') और तीसरे बेतरतीब, बेतुकी, टूटती फूटती भाषा—कुछ-कुछ एबसर्ड नाटकों का आभास देती हुई लेकिन उसका अनुकरण मात्र नहीं (बीज नाटक 'शायद', 'हँः' और पार्श्व नाटक 'छतरियाँ')। उनकी इस भाषा-यात्रा से इतना स्पष्ट है कि रंगमंच की पहली आंतरिक अपेक्षा की खोज उन्हें बराबर रही और उसे वह शब्दों के अन्दर ही ढूँढ़ रहे थे। 'दृश्य अपने में रंगमंच का अनिवार्य तत्त्व होते हुए भी अपने में स्वतंत्र नहीं।[1] वह एक परिणति है—शब्द की।[2] नाटक से एक निर्देशक की माँग और आशा इसी 'आंतरिक अपेक्षा' की होती है। अलग से दिये गये रंग-निर्देश या प्रस्तुत की गयी दृश्य-सामग्री उतनी महत्त्वपूर्ण नहीं होती जितना शब्दों और ध्वनियों का संयोजन क्योंकि उस स्थिति में निर्देशक और अभिनेता के लिए भी वह रचना एक चुनौती रहती है। उनके आरंभिक

---

1. नटरंग 21, 'एक नाटक का जन्म', पृ० 5।
2. रंगमंच और शब्द : मोहन राकेश, नटरंग-14, पृ० 31।

दोनों नाटक इस सत्य से सीधा साक्षात्कार कराते हैं। इनमें पहली दोनों बार हिन्दी नाटकों की भाषा नाटककार के अतिरिक्त मोह, नाटकीय दृष्टि से निरर्थक शब्द-जाल के आग्रह और साहित्यिक कला के लबादे से सहसा मुक्त हुई है। राकेश को प्राय: प्रसाद की परम्परा को आगे बढ़ाने वाला कहा जाता रहा है—उदाहरणार्थ उनकी भाषा काव्यात्मक प्रवाह लिये हुए साहित्यिक भाषा है लेकिन सही मानों में प्रसाद के नाटकों में काव्यात्मकता, अलंकार-प्रियता नाट्यभाषा को बाँधती हुई लगती हैं—कहीं-कहीं वह नाटक जैसी विधा की भाषा ही नहीं लगती, राकेश ने साहित्यिक भाषा को नाटक के अनुरूप ढाल लिया है। साहित्यिक भाषा को रंगमंच की भाषा के निकट कर लिया है। उनके दोनों नाटकों की भाषा केवल इस माने में साहित्यिक है कि वह संस्कृतनिष्ठ हिन्दी है लेकिन उतनी ही जितनी कि एक काल विशेष की पृष्ठभूमि रखने के कारण अपेक्षित यथार्थ भ्रम की सृष्टि के लिये आवश्यक है। नाटक की संस्कृतनिष्ठ भाषा को लेकर 'आषाढ़ का एक दिन' पर काफी आपत्तियाँ उठायी गयीं लेकिन यह सही है कि उस पृष्ठभूमि के लिये यह भाषा अनिवार्य है। सवाल उसके साहित्यिक होने का उतना महत्त्वपूर्ण नहीं है जितना रंगमंच की सार्थक भाषा होने का और वह है। यद्यपि यही बात 'लहरों के राजहंस' में है—उसमें कहीं पर भारी शब्द भी नहीं है साहित्य होते हुए भी वह साहित्य नहीं लगती—'देखने', 'सुनने' दोनों में। राकेश स्वयं कहते हैं कि भाषा की यह सीमा कुछ शब्दों के चुनाव तक है। अगर अलग से कोई इस नाटक को भाषा से कुछ क्लिष्ट शब्द चुनना चाहे तो कह सकता है कि ऐसे बहुत से शब्द हैं लेकिन नाट्य-भाषा की सारी सर्जनात्मकता उन शब्दों में नहीं, उनके प्रयोग में, समयानुकूल, भावानुकूल ध्वनि-संयोजन में हैं, उस भाषा के रचाव में है जो अभिनय की विविध भाव भंगिमायें लिये हुए, बड़ी उतार-चढ़ाव भरी, विभिन्न बदलते लय, टोन से युक्त है और साहित्यिक और बोल-चाल की भाषा से मिलकर बनी हुई है।

अम्बिका के मन की सारी मातृभावना, चिंता, गहरी वेदना और कालिदास के प्रति उसका सारा विक्षोभ-वितृष्णा जिस तरह बराबर उसके संवादों में उभरती चलती है, वह नाट्यकला की ही विशेषता है। सभी पात्रों के व्यक्तित्व पर अगर बाहरी रूप रेखा न भी बतायी जाय तो उनके संवादों की टोन-लय से ही उनके व्यक्तित्व को अन्दर से बाहर तक उनकी सारी मन:स्थिति—चिंतन को सबकी अभिनयशैली को उनके मुख निकलने वाले शब्द समूह में, उनके संयोजन में आसानी से खोजा जा सकता है। य चले आते हुए नाटक, नाट्यभाषा से बहुत बड़ा अन्तर है। हर पात्र के व्यक्तित्व अनुरूप भाषा ढलती चलती है, टोन बदलता जाता है यद्यपि भाषा वह है—कुछ स्थ देखने योग्य हैं विशेषकर प्रथम अंक में कालिदास और दन्तुल की टकराहट—एक कवि का दृढ़ व्यक्तित्व, अन्तर्द्वंद्व दूसरी ओर एक राजपुरुष का, अधिकारी वर्ग अहंकार। द्वन्द्व और व्यंग्य, पीड़ा और दम्भ, सरलता और छलना, शब्दों की ध्वनिय भाषा की बुनावट से प्रकट होते चलते हैं। यही स्थिति कालिदास और विलो

संवादों की है। रंगिणी, संगिणी की सारी चपलता, आधुनिकता बनावट और सभ्यता के आवरण में छिपा मिथ्या अहंकार ध्वन्यात्मक रूप में अभिव्यंजित होता है, केवल कही गयी बातों में नहीं। प्रियंगुमंजरी का दर्प, राजसी व्यक्तित्व, दूसरी ओर मल्लिका के सामने उसकी आन्तरिक निराशा, पराजय, व्यावहारिक कुशलता, घबराहट, द्वन्द्व बड़ी खूबी से शब्द संयोजन से ही पैदा किया गया है। 'लय नियोजन' ही राकेश की भाषा की एक कसौटी हो सकता है क्योंकि उसी के नाटकीय प्रयोग उनके नाटकों में भरे पड़े हैं। अनुस्वार-अनुनासिक के संवादों को उदाहरण के लिए ले लें तो जाहिर हो जाता है कि विशेष लय के संयोग से शब्द के भिन्न-भिन्न अर्थ-संसर्ग कितने चमत्कारी ढंग से पैदा होते चले जाते हैं। अगर उस पूरे स्थल में 'आंतरिक लय' को न पकड़ा जाय तो, वे एकदम सपाट अर्थ-संसर्गहीन और निरर्थक लगेंगे लेकिन इनमें शब्दों के लय-नियोजन को पकड़कर ही राकेश ने सारे आधुनिक अर्थ, व्यंग्य दिये हैं। नाटक के इन्हीं सब स्थलों से राकेश की यह मान्यता दृष्टि स्पष्ट हो जाती है कि किसी भी भाव से संप्रेषण के लिये सृष्टिशब्दों की नहीं, एक विशेष लय में कुछ ध्वनियों की होती है। शब्दों का सर्जनात्मक प्रयोग उन संदर्भों की लय में और नयी-नयी लय खोज सकता है।[1] यही शब्द ऐतिहासिक संगति या व्याकरण-विश्लेषित अर्थ से परे अन्य भी सुदूर अर्थों की गूँज पैदा कर सकने में समर्थ हो जाता है और तभी शब्द ही पूरे रंगमंच की धुरी हो जाता है—अपने में सम्पूर्ण तत्त्व। शब्द की अर्थवत्ता का ऐसा प्रभावशाली रूप मोहन राकेश के पहले हिन्दी नाटक में बहुत कम दिखाई देता है। जगह-जगह एक शब्द को पकड़कर, दोहराकर राकेश ने अर्थ-संसर्ग का अच्छा उदाहरण प्रस्तुत किया है।

अम्बिका : कैसी विचक्षणता है।

निक्षेप : विचक्षणता?

अम्बिका : विचक्षणता तो है।

निक्षेप : इसमें विचक्षणता क्या है अम्बिका।

अम्बिका : राज्य कवि का सम्मान करना चाहता है। कवि सम्मान के प्रति उदासीन जगदम्बा के मन्दिर में साधनानिरत है। राज्य के प्रतिनिधि मन्दिर में जाकर कवि की प्रार्थना करते हैं। कवि धीरे-धीरे आँखें खोलता है। ...इतना बड़ा नाटक करना विचक्षणता नहीं है?

यहाँ बहुतों को 'विचक्षणता' शब्द बहुत खटकता है। पहली बार पढ़ने बोलने पर सभी को खटकता है लेकिन एक बार स्थिति की माँग को महसूस करने पर इसकी सार्थकता समझ में आ जाती है। अम्बिका की सारी घृणा, आक्रोश, कालिदास के प्रति पूरा मनोभाव, अपनी संपूर्ण भाव-भंगिमा के साथ इस शब्द में मूर्त हो उठता है—यहाँ तक कि उसके उच्चारण तक में लेकिन निक्षेप जब उसी शब्द को दोहराता है तो उसका

---

1. **'शब्द और ध्वनि' : मोहन राकेश, नटरंग 21, पृ० 11।**

कौतूहल ही प्रकट होता है लेकिन अम्बिका के दोहराने में उसका सारा मानसिक तनाव प्रत्यक्ष होता चलता है। 'विचक्षणता' शब्द यहाँ अपने शाब्दिक अर्थ में उतना महत्त्वपूर्ण नहीं जितना अपनी ध्वन्यात्मकता में। यहाँ वह शब्द भी नहीं है बल्कि अनिवार्य और सार्थक नाटकीय शब्द है। दूसरा उदाहरण—

कालिदास : कहो, आजकल किसी नये छन्द का अभ्यास कर रहे हो?

विलोम : छन्दों का अभ्यास मेरी वृत्ति नहीं है।

कालिदास : मैं जानता हूँ तुम्हारी वृत्ति दूसरी है.........
उस वृत्ति ने सम्भवतः छन्दों का अभ्यास सर्वथा छुड़ा दिया है।

विलोम : आज निःसंदेह तुम छन्दों के अभ्यास पर गर्व कर सकते हो।

अथवा

मल्लिका : आर्य विलोम, मैं इस प्रकार की अनर्गलता क्षम्य नहीं समझती।

विलोम : अनर्गलता?.............
इसमें अनर्गलता क्या है मैं बहुत सार्थक प्रश्न पूछ रहा हूँ। क्यों कालिदास? मेरा प्रश्न सार्थक नहीं है?... क्यों अम्बिका?

अर्थात् राकेश ने उचित शब्द चुने ही नहीं हैं, उनको पूरी अर्थवत्ता दी है क्योंकि यहाँ शब्द पात्र की मनःस्थिति द्वन्द्व और चरित्र से जुड़े हैं, साथ-साथ रंगमंच को एक पूरा 'अनुभव' सजीव सार्थक चेतना देने वाले हैं। विभिन्न संकेतों ने ध्वनियों ने ही प्राचीन कथानक और पात्रों से सारे आधुनिक संदर्भ प्रस्तुत किये हैं। नाट्य भाषा की गठन के साथ-साथ यह नाटक ऐसी भाषा का उदाहरण है जिसमें काव्यात्मक तरलता और सरसता है—जो काव्यानुभूति और नाट्यानुभूति को करीब लाती है—मल्लिका जैसी एकनिष्ठ, भावात्मक प्रवाह में डूबी प्रेयसी और कालिदास जैसे कवि-व्यक्तित्व से युक्त नाटक में भाषा का काव्यात्मक रूप आवश्यक भी है। वैसे भी 'कामायनी' अगर अपने आप में पूरा नाटक है या 'प्रलय की छाया', 'राम की शक्ति पूजा' और 'अंधेरे में' जैसी लम्बी कविताएँ अगर नाटकीय प्रयोग हैं तो 'आषाढ़ का एक दिन' में एक पूरी कविता है। इलियट, चेखव; पिरेन्डेलो जैसे नाटककारों और स्टानिस्लाव्स्की और क्रेग जैसे निर्देशकों ने भी नाट्य भाषा और नाट्यकृति में काव्यतत्त्व और भावात्मक कल्पना को आवश्यक माना है। संकेत, व्यंजना, ध्वनि, दृश्यत्व और शब्द की लयात्मकता—एक काव्यमय वातावरण—पूरे नाटक का प्राण है। अर्थात् मिलर और ऑडेन दोनों ही कहते हैं कि नाटक की बनावट में काव्य एक अनिवार्य तत्त्व है। प्रसाद की नाट्यभाषा की तरह 'आषाढ़ का एक दिन' में राकेश की नाट्यभाषा अलंकारों, प्रतीकों, बिम्बों में बोझिल नहीं है वह नाट्यानुभूति और संयम से उपजी भाषा है जो सिद्ध करती है कि गद्य और पद्य की भाषा में बहुत अन्तर नहीं है। दोनों में एक उपकरण प्रयुक्त होते हैं। केवल भाषा ही के कारण इस नाटक में मल्लिका और कालिदास के भावात्मक संबंधों से उत्पन्न वातावरण की सृष्टि और एक आद्यन्त बाह्य रोमांटिक दृष्टि उत्पन्न होनी चाहिए थी, वह हो सकी है।

सामान्य रूप में समझना चाहें तो कह सकते हैं कि राकेश की नाट्यभाषा की पहल पहचान हैं भाषा और शारिरिक क्रिया का, भाषा और मन:स्थिति का गहरा संबंध। समय, जीवन और दृष्टि बदलने के साथ-साथ भाषा, उसकी लय भी अपने आप बदलती जाती है। लम्बे-लम्बे भाषणों, उपदेशों और खास तरह की फालतू हरकतों से आज चिढ़ पैदा होती है उसी तरह नाटक में भी जोर-जोर से शब्दों का उच्चारण मात्र करना और व्यर्थ हाथ-पैर हिलाकर, पटककर भाव-प्रदर्शन करना आज अस्वाभाविक लगता है। हिन्दी के अधिकांश नाटकों में शब्द अलग मिलेंगे, शारीरिक क्रिया अलग या इससे अधिक कुछ हुआ भी तो यह कि शब्द के अनुरूप क्रिया होगी जब कि राकेश के नाटकों ने नाट्यभाषा की इस कृत्रिमता और जड़ता को तोड़ते हुए भाषा के नये मानदंड स्थापित किये हैं। यहाँ शब्द स्वयं क्रिया का काम करते हैं और क्रिया की भाषा को ढालते हैं अर्थात् भाषा और क्रिया का नियोजन, आन्तरिक गठन पहली बार मोहन राकेश में मिलती है। मल्लिका का ग्रन्थ उठाना, रखना, श्यामांग की पत्तियों को तोड़ने-उलझाने की हरकत शब्द से अलग नहीं है। मुद्रा और संवाद आपस में पिरोये हुए हैं 'लहरों के राजहंस' में वे दोनों मिलकर अधिक सार्थक इसलिए भी हैं कि उनसे श्यामांग के व्यक्तित्व की उलझन, नाटक का सम्पूर्ण द्वन्द्व भी ध्वनित होता है। अग्निकाष्ठ लेकर दीपक जलाने की श्यामांग की क्रिया भी अनकहे शब्दों में बहुत कुछ कह देती है। केवल भाषा के सहारे ही मल्लिका का भाव भीना व्यक्तित्व, सुन्दरी का रूप-गर्व और सावित्री का आक्रोश भरा झुँझलाता व्यक्तित्व ओर उनका अंतर साफ समझ में आता जाता है। इन तीनों पात्रों की क्रियाएँ, हरकतें भी शब्द बनती चली जाती हैं। सुन्दरी का मदिरा कोष्ठ तक जाना, चषक में मदिरा ढालना, मदिरा पीना, सारी क्रियाएँ शब्दों से जुड़ी ही नहीं हैं, शब्दों का काम भी करती हैं और तब राकेश की इस बात का अर्थ समझ में आ जाता है कि बिम्ब से संयोजित शब्द ही स्थिर रंगमंच को गति देते हैं। वस्तुत: ऐसे ही शब्द-प्रयोग या संयम से रंगसिद्धि संभव हो सकती है। ऐसी ही भाषा अभिनय की पूरी छूट देती सी लगती है।

दोनों नाटकों की भाषा में कहीं भी औपचारिकता की गन्ध नहीं है। ऐसा नहीं लगता कि सीखी हुई भाषा के अभ्यस्त हाथों से नाटकीय स्थितियों को डाला गया है, बल्कि भाषा स्वयं ढलती जाती है—शब्द के भीतर से उत्पन्न होती हुई नाटकीयता जिससे रंगमंच की दृश्य संभावनायें विस्तृत होती जाती हैं। 'लहरों के राजहंस' के प्रथम अंक में नन्द के मन की थकान शब्दों में जिस तरह अभिव्यक्त की गयी है, वह दर्शक, निर्देशक, अभिनेता को निकट लाती है—शब्दों में ही पूरा सजीव चित्र, अभिनय का विस्तार। उसके बाद नन्द और सुन्दरी की आपसी बातचीत से इतना उतार-चढ़ाव, स्वर के इतने परिवर्तन हैं, सारी मन:स्थिति और द्वन्द्व शब्दों से इस तरह उभरते जाते हैं कि पात्र शब्द बोलने की प्रतीक्षा में नहीं लगते, स्थितियाँ उससे अनायास बुलवाती हैं। 'कामोत्सव की बात नहीं कह सके?' सुन्दरी का यह प्रश्न एक साथ सुन्दरी के रूप-गर्व, यशोधरा से स्पर्धा भाव, नंद को लेकर मन की आशंका को अभिव्यक्त कर जाता

है। बहुत से स्थलों पर शब्द अपनी भाषागत सीमा को लाँघ जाते हैं। पात्र की मनःस्थिति के अनुकूल भाषा के परिवर्तन की बड़ी सूक्ष्म पकड़ राकेश में है। गहरे आन्दोलन, द्वन्द्व और दर्प की अनुभूति के क्षणों में सुन्दरी प्रायः प्रश्नवाचक वाक्यों में बोलती है। शृंगार-प्रसाधन और प्रणय-प्रसंग के समय एक पूरे रोमांटिक वातावरण की लय शब्दों से, शब्दों के ध्वनि-संयोजन के बनती-बिखरती चली जाती है। यही नहीं, केवल एक शब्द मात्र द्वारा भी और कई जगह अनबोले शब्दों द्वारा भी अभिनेता को आंतरिक उद्‌भावना का पूरा अवसर मिलता है। जैसा राकेश ने कहा भी है कि 'वास्तविक अभिनय शब्दों का नहीं शब्दों के बीच में होता है।' आप मुझसे कहते हैं कि मैं यह बात सोच रही थी।...मुझे यही बात तो सोचनी थी। जाने कैसा सा लगता है...तपता टूटा हुआ प्रतिबिम्ब देखकर-यहाँ शब्द-संगति अर्थ-व्यंजना करती चल रही है। शब्दों के साथ, शब्दों के बीच में सुन्दरी अन्तर्मंथन की लय चल रही है। वाक्यों के बीच का रिक्त स्थान अभिनय-कला को विस्तार देता है, दूसरी ओर आज के यथार्थ और आधुनिक जीवन की जटिलता को, अंतर्द्वन्द्व को भी व्यंजित करता है। मेरे ख्याल में 'आषाढ़ का एक दिन' भाषा ज्यादा ध्वन्यात्मक, सांकेतिक और अनेक भाषा-रूप लिये हुए है क्योंकि इस नाटक में नए आधुनिक संकेत हैं। अनेक व्यंग्य हैं, वर्तमान स्थितियाँ विडम्बनायें और आज के प्रश्न हैं—विभिन्न प्रकार के पात्र हैं इसलिये भाषा एक ही होते हुए भी उसके रचाव में वैविध्य है। 'लहरों के राजहंस' में चूँकि विविध संकेत, व्यंग्य, प्रश्न नहीं हैं इसलिये भाषा भी या तो रोमांटिक वातावरण बनाती चलती है या आधुनिक मानव मन के द्वन्द्व को प्रस्तुत करती जाती है। दोनों की भाषा अपने आभिजात्य गौरव में भी हमसे सम्बन्ध जोड़कर कहीं ज्यादा कटती है और तब निर्देशक, दर्शक, अभिनेता तीनों रचना के साझीदार बनते चले जाते हैं। अलका जब प्रसाधन-प्रसंग में बाधा डालकर भिक्षु-मूर्ति के द्वार पर आने की सूचना देने जाती है तो उसके वाक्यों के बीच-बीच में कई बार रिक्त स्थान हैं जो केवल उसके हाँफने के स्वर या घबड़ाहट के साक्षी नहीं हैं बल्कि नन्द और सुन्दरी दोनों की पल-पल बदलती मानसिक स्थिति के प्रदर्शन के लिये अवसर देते चलते हैं। 'आषाढ़ का एक दिन' और 'लहरों के राजहंस' के तीसरे अंक में कालिदास और नन्द के लम्बे स्वगत केवल भाषा की सर्जनात्मक शक्ति के बल पर अपने आप में पूरा नाटक है, पूरा अभिनय है। भाषा की गठन के कारण ही पूरा स्थिर दृश्य होते हुए भी और एक ही पात्र के निरन्तर बोलते चले जाते हुए भी आंतरिक गति पैदा होती जाती है अनेक-अनेक प्रश्नों, द्वन्द्वों के बीच उलझते जाना, अपने आप से भी अकेला मनुष्य, भाषा-शक्ति से अपने को अभिव्यक्त करता हुआ! पाश्चात्य निर्देशक क्रेग ने इसी अर्थ में नाटक की भाषा को कार्य कहा है।

'आधे-अधूरे' की नाट्य-भाषा एक और ठोस कदम है, नाटककार की खोज का सफल स्थल परिणाम। 'यह राकेश की अपनी भाषा है, जिसे साधारण बोलचाल की

भाषा बनाने का प्रयास किया गया है।'[1] यह कहना गलत होगा कि राकेश की नाट्य भाषा यहाँ एकदम बदल गयी है। नवीनता केवल यह है कि यह भाषा नितान्त बोलचाल की घरेलू भाषा है—इसीलिये उसके वाक्यों की बनावट बदली हुई है—पहले दोनों नाटकों की 'साहित्यिकता', 'रोमांटिक दृष्टि' और 'भावुकता भरा लहजा' की सीमा इसमें नहीं है क्योंकि इस नाटक का वातावरण, पृष्ठभूमि, तेवर ही एकदम बदला हुआ है। नाटककार यथार्थ से सीधे जूझ रहा है—भाषा उस यथार्थ को सीधे पकड़ रही है—बड़ी पैनी, तीखी, व्यंग्य भरी, अकृत्रिम, नाटकीय भाषा! यद्यपि राकेश के मानदंड वही हैं—शब्द और क्रिया का संबंध, हरकत भरी भाषा, शब्द संयोजन से उत्पन्न लय, शब्द के भीतर से पैदा होने वाली नाटकीयता, रंग-चेतना। आडम्बर-हीन, आम आदमी की भाषा का नाटक। प्रसिद्ध अभिनेता-निर्देशक ओमशिव पुरी का अपना अनुभव है कि 'इस नाटक में आज के एक गहन अनुभव खंड को मूर्त करने के लिये हिन्दी के जीवंत मुहावरे को पकड़ने की सार्थक, प्रभावशाली कोशिश की गयी है। पहले वाचन के समय ही मुझे इसको भाषा में बड़ी कशिश लगी थी। कहना न होगा कि इस नाटक की एक अत्यंत महत्त्वपूर्ण विशेषता इसकी भाषा है। इसमें वह सामर्थ्य है जो समकालीन जीवन के तनाव को पकड़ सके। शब्दों का चयन, उनका क्रम, उनका संयोजन—सब कुछ ऐसा है जो बहुत संपूर्णता से अभिप्रेत को अभिव्यक्त करता है। लिखित शब्द की यही शक्ति और उच्चरित ध्वनि-समूह का यही बल है जिसके कारण यह नाट्य-रचना बन्द और खुले दोनों प्रकार के मंचों पर अपना सम्मोहन बनाये रख सकी।[2] नाटक का आरम्भ होने पर स्त्री का प्रवेश होते ही जिस तेज चलती, तीखी, बोलचाल की भाषा का आरम्भ होता है, अन्त तक बिना कहीं लड़खड़ाये अनुकूल वातावरण पैदा करती हुई वही भाषा चलती है।

पु० एक : आ गयीं दफ्तर से? लगता है आज बस जल्दी मिल गयी?

स्त्री : ...यह अच्छा है कि दफ्तर से आओ, तो कोई घर पर दिखे नहीं। कहाँ। कहाँ चले गये थे तुम?

पु० एक : कही नहीं। यहीं बाहर था। मार्केट में।

स्त्री : ...पता नहीं यह क्या तरीका है इस घर का? रोज आने पर पचास चीजें यहाँ-वहाँ बिखरी मिलती हैं।

पु० : ...लाओ, मुझे दे दो।

स्त्री : (पाजामे को झाड़कर फिर से तहाती हुई) अब क्या दे दूँ। पहले खुद भी तो देख सकते थे।

पाजामे को झाड़ना और तहाना जैसे अपने चारों ओर के वातावरण को झाड़कर अपने को फिर उसमें एडजस्ट करने का असफल प्रयत्न है। रोजाना की बोलचाल का लहजा,

---

1. नटरंग-संयुक्तांक 10-11, शोभना भूटानी, पृ० 57।
2. नटरंग 21, पृ० 14-20।

विन्यास देखने लायक है...यहाँ पहले दोनों नाटकों से लहजा, और वाक्य की गठन एकदम अलग है। साथ ही चरित्रों की टकराहट, ज़िन्दगी की तल्खी शब्द-संयोजन में भरी पड़ी है। शब्द-चयन बड़े गहरे अनुभव से हुआ है, शब्द को उसकी पूरी अर्थशक्ति के साथ सजीव रक्खा गया है और उसे पूरी ध्वनि, अनुभाव से संपृक्त कर दिया गया है—

स्त्री : शुक्र नहीं मनाते कि इतना बड़ा आदमी, सिर्फ एक बार कहने भर से...

पृ० एक : मैं नहीं शुक्र मनाता? जब-जब किसी नये आदमी का आना-जाना शुरू होता है यहाँ, मैं हमेशा शुक्र मनाता हूँ। पहले जगमोहन आया करता था, फिर मनोज आने लगा था...।

स्त्री : (स्थिर दृष्टि से उसे देखती) और क्या-क्या बात रह गयी है कहने को बाकी? वह भी कह डालो जल्दी से।

पु० एक : क्यों...जगमोहन का नाम मेरी जुबान पर आया नहीं कि तुम्हारे हवास गुम होने शुरू हुए।

स्त्री : (गहरी वितृष्णा के साथ) **जितने नाशुक्रे आदमी तुम हो,** उससे तो मन करता है कि आज ही मैं...।

पहले से चली आती हुई कड़वाहट और स्त्री के मन की सारी वितृष्णा, स्त्री मन की घुटन से पैदा होने वाला आक्रोश 'नाशुक्रे' शब्द के सही चयन और वाक्य में उसकी उचित स्थिति के कारण उस शब्द में ही इतनी आ गयी है कि लेखक का निर्देश (गहरी वितृष्णा के साथ) करीब-करीब व्यर्थ ही है—अनुभावों का स्वत:स्फूर्त रूप तो वहाँ स्पष्ट है जिसे बड़ी हरकत भरी, फिसलती जाती, पात्रों के व्यक्तित्व का अंश बनी हुई भाषा कहते हैं—रंग-बोध से सम्पन्न! यह हिन्दी नाटक की एक देन है।

पु० एक : हर एक के पास एक न एक वजह होती है। इसने इसलिए कहा था उसने उस लिये कहा था। **मैं जानना चाहता हूँ कि मेरी क्या यही हैसियत है इस घर में कि जो जब जिस वजह से जो भी कह दे, मैं चुपचाप सुन लिया करूँ?** हर वक्त की धतकार, **हर वक्त की क्रोंच,** बस यही कमाई है मेरी इतने सालों की?

स्त्री : (वितृष्णा से उसे देखती) यह सब किसे सुना रहे हो तुम?

पु० एक : **किसे सुना सकता हूँ? कोई है जो सुन सकता है?** जिन्हें सुनना चाहिए, वे सब तो एक रबड़-स्टैम्प के सिवा कुछ समझते ही नहीं **मुझे। सिर्फ जरूरत पड़ने पर इस स्टैंप का ठप्पा लगा कर...**

पु० एक : मैं घर में एक रबड़-स्टैंप भी नहीं, **सिर्फ एक रबड़ का टुकड़ा हूँ**—बार-बार घिसा जाने वाला रबड़ का टुकड़ा। **इसके बाद कोई**

मुझे वजह बता सकता है, एक भी ऐसी वजह कि क्यों मुझे रहना चाहिए इस घर में?

देखने की आवश्यकता है कि अगर इन रेखांकित स्थलों को निकाल दिया जाय तो भाषा में वह हरकत नहीं रह जायगी, नाट्यविधा की मौलिकता, सर्जनात्मकता से जन्म लेने वाला भाषा सौन्दर्य ही नहीं रह जायगा, रंगमंच की अभिनयात्मक भाषा में कुछ कमी आ जावेगी हालाँकि सारा सौन्दर्य, प्रभाव किसी एक शब्द-प्रयोग या वाक्य में नहीं है, उस सारे लय-नियोजन में ही है, ध्वन्यात्मकता में ही जिसे राकेश ने अनिवार्य तत्व माना है। पात्र की आयु, व्यक्तित्व का प्रभाव भी भाषा पर पड़ता है—पड़ना चाहिए। प्राय: कहा जाता है कि भाषा पात्रानुकूल है। अधिकतर हिन्दी नाटकों में पात्र के अनुरूप भाषा का अन्तर बड़ा ऊपरी होता है, उसमें आंतरिक, सूक्ष्म पकड़ नहीं होती—राकेश में है।

छोटी लड़की : नहीं आऊँगी...अन्दर जाओ, तो बाल खींचे जाते हैं। बाहर आओ, तो किटपिट-किटपिट-किटपिट और खाने को कोयला अब उधर आकर इनके तमाचे और खाने हैं।

× × ×

लड़का : चुकंदर है, वह आदमी है? जिसे बैठने का शऊर है न बात करने का।

यहाँ अभिव्यक्ति दोनों की आयु के अनुरूप भी हुई है और अधूरे घर में जीते पलते बच्चों की बनती जाती मन:स्थिति के अनुरूप भी—ध्वनि भी वही, लय भी। वही प्राणहीन शब्दों से नाटक की मुक्ति और नये अर्थग्रहण की शक्ति से युक्त शब्दों की उचित—नाटकोचित संगति हिन्दी में पहली बार 'आधे-अधूरे' में मिलती है। आक्रोश, निरन्तर तेजी, बौखलाहट, कुढ़न, एक नया तेवर पूरे नाटक में शब्दों से—शब्दों की ध्वनि से—उभरता जाता है। 'घरघुसरा', 'हड्डियों में जंग लग गयी है' आदि प्रयोगों में स्वाभाविकता और 'आंतरिक निरंतरता' है। इस संबंध में राकेश के विचार बहुत स्पष्ट हैं शब्दों के चुनाव की समस्या बहुत कुछ वस्तु की अपेक्षा पर भी निर्भर करती है। रचना का वस्तुपक्ष भी आज बहुत से शब्दों के आयात के लिए उत्तरदायी है।[1] 'आधे-अधूरे' में राकेश ने साहित्यिक भाषा और जन भाषा के बीच का अन्तर मिटाना रचनात्मक साहित्य के लिए आवश्यक समझा है यह खाईं उसमें उतनी गहरी नहीं है इसलिए सम्प्रेषणीयता भी अधिक है।

---

1. परिवेश, पृ० 196।

जगह-जगह संकेतों, प्रतीकों और नाटकीय स्थितियों के श्रव्य और दृश्य बिम्बों का बड़ा सार्थक संश्लेषण 'आषाढ़ का एक दिन' और 'आधे-अधूरे' में राकेश ने किया है। 'आषाढ़ का एक दिन' में मेघ-गर्जन और वर्षा का शब्द एक पूरा दृश्य-श्रव्य बिम्ब भी है और सारे कथानक, चरित्रों से बँधा हुआ भी यह बिम्बविधान रचना के निहितार्थ को ही सम्पन्न नहीं करता, वरन् उसकी संरचना और बुनावट में भी सहायक होता है। कथावस्तु के मुख्य तत्व उससे उभरते हैं—कालिदास और मल्लिका की मनोदशायें, द्वन्द्व उससे प्रस्तुत होता है। नाटक के आरम्भ में मेघ-गर्जन और वर्षा का हल्का शब्द रोमांटिक वातावरण की सृष्टि करता हुआ है लेकिन इसी अंक के अन्त में कालिदास को कश्मीर भेजते समय बिजली का कौंधना, गहरा अंधेरा, मेघ-गर्जन दोनों की सारी मानसिक हलचल को ही व्यक्त नहीं करता, बड़े सघन वातावरण की सृष्टि करता है और कालिदास के चले जाने पर तीव्र मेघ-गर्जन और साथ-साथ वर्षा का शब्द मल्लिका की पीड़ा, अन्तर्व्यथा, आँसुओं के साथ घुल-मिल जाता है। द्वितीय अंक में इस दृश्य बिम्ब का सहारा नहीं लिया गया क्योंकि इसमें भावात्मक और रोमांटिक स्थितियाँ नहीं हैं, अनेक पात्र, अनेक स्थितियाँ कई नये अर्थ, संदर्भ, संकेत हैं—एक पूरा संघर्ष। लेकिन अंतिम अंक पुनः वर्षा और मेघ-गर्जन से शुरू होता है—मल्लिका की अस्त-व्यस्त, दुखी ज़िन्दगी का पूरा संकेत। पूरे अंक में, और अन्त में भी बिजली, बादल, वर्षा के निरन्तर बढ़ते-जाते शब्द कथावस्तु को अर्थ-दीप्ति तो देते ही हैं, चरित्रों के सूक्ष्मतम द्वन्द्व-सूत्रों को सम्प्रेषित करके एक नाटकीय, अपेक्षित भावात्मक वातावरण पैदा करते हैं। इनके अलावा हरिण शावक, उपत्यकायें, पर्वत-शिखर, वायु, कुम्भ, बाघ, कुशा, दीपक, रेशमी वस्त्र में लिपटे भोजपत्र, गेरू की आकृति सब मिलकर आत्मीय सम्बन्धों के, भावपूर्ण स्थितियों के सूचक बन जाते हैं। तृतीय अंक में मातुल का एक पैर टूटने पर वैशाखी के सहारे अपना कृत्रिम जीवन, व्यवस्था, सत्ता से प्राप्त क्षणिक सुख का परिणाम तो है ही, अवसरवादी चाटुकार व्यक्तित्व की परिणति भी है। वस्तुतः राकेश ने सांकेतिकता को बहुत बड़ा आधार माना है—प्रतीकों और बिम्बों का प्रयोग किया भी है तो उपकरण मान कर नहीं। प्रसाद के नाटकों की तरह उनके नाटकों में अलंकार प्रतीक, बिम्ब ढूँढ़कर एकत्रित करके गिनाये नहीं जा सकते। क्योंकि वे अतिरिक्त मोह के कारण आरोपित नहीं है बल्कि अभिव्यंजना के सहज स्वाभाविक, अनायास आने वाले अंग हैं—वे पूरे नाटक में अभिन्न रूप से जुड़े हुए हैं। 'आषाढ़ क. एक दिन' का सारा सौन्दर्य उसकी सांकेतिकता में ही है, यह सांकेतिकता भाषा में भी है और क्रियाओं में, दृश्यों में भी। यही खूबी 'आधे-अधूरे' की भाषा में भी है। पुरुष का 'हड़तालें तो आजकल सभी जगह हो रही हैं' कहना, स्त्री का 'इतनी गर्द भरी रहती है हर वक्त इस घर में', 'नाले का बाँध पूरा करने के लिए बारह साल के लड़के की बलि...बाँध के ठेकेदार का अमानुषिक कृत्य' ये सब प्रयोग दाम्पत्य-जीवन के अवरोध, मन की ऊब, घुटन अपनी अस्तित्वहीन स्थिति का बोध कराने वाले हैं—एक अन्तर्विरोध, स्वार्थ, हिंसा जो घर में है, सर्वत्र है। एक स्थान पर पुरुष दो के सामने उसे न सह पाकर—

लड़का : कीड़ा है एक।

बड़ी लड़की : कीड़ा?

पु० दो : अपने देश में तो...।

लड़का : पकड़ गया।

पु० दो : ...इतनी तरह का कीड़ा पाया जाता है कि...।

लड़का : मसल दिया।

पु० दो : मसल दिया?...यह हिंसा की भावना...।

लड़का : और कीड़ा चाहे जितनी हिंसा करता रहे?

'कीड़ा' प्रयोग आदमी की उस लिजलिजी लेकिन खतरनाक सूरत का संकेत करता है जो मानवीय मूल्यों से गिर चुका है और फिर भी आदमियों को ही धीरे-धीरे नहीं खाता, सारी मानवता, मूल्यों को भी नष्ट करता जाता है। इसके साथ-साथ उलझे हाथों का गिजगिजा पसीना, कैसे पथरा जाता है सिर कभी-कभी...'जरा ध्यान न दे आदमी जंगल हो जाता है सब' जैसे प्रयोग भी उल्लेखनीय हैं। 'लहरों के राजहंस' की भाषा बड़ी काव्यात्मक है, प्रतीकों, नाटकीय बिम्बों का प्रयोग उसमें भी भरपूर किया गया है। टुकड़ों में प्रतीक, जैसे 'सूखा सरोवर...पत्रहीन वृक्ष और धूल भरा आकाश' अलका की स्थिति के, मनोदशा के सूचक हैं। 'घायल मृग, व्याघ्र से युद्ध, दर्पण का टूटना ऐसे बिम्ब हैं जो नाटकीयता की सृष्टि भी करते हैं और भाव वस्तु का एक नया आयाम भी प्रस्तुत करते हैं। 'घने वृक्षों की ओट में पड़ा हुआ मृग' 'हवा से डरे हुए कबूतर' ये सब स्वाभाविक प्रयोग हैं—लेकिन इस नाटक में प्रतीकात्मकता आरंभ से अंत तक व्याप्त है—श्यामांग स्वयं एक प्रतीक पात्र हैं यह प्रतीकात्मकता इस नाटक की दुरूह, अस्पष्ट बनाती है। इस माने में 'आषाढ़ का एक दिन' और 'आधे-अधूरे' अधिक अकृत्रिम, संभावनापूर्ण नाटक है।

बीज नाटक और पार्श्व नाटक राकेश की भाषा-यात्रा का अगला चरण है, खोजती हुई दृष्टि का परिणाम, बोलचाल की बड़ी आत्मीय भाषा—निरन्तर और भी ज्यादा सांकेतिक, खालीपन से भरे स्त्री-पुरुष की आपसी बातचीत का स्वाभाविक लहजा, छोटे-छोटे टुकड़े, कभी-कभी टूटती हुई-सी। संकेतों में बहुत कहना राकेश की नाट्यभाषा की पहचान है। **'शायद' बीज नाटक में—**

स्त्री : कैसा घर है। खिड़कियाँ ही खिड़कियाँ हैं...रोशनदान एक नहीं है।

पु० : (रुक कर) वह दरार भरवा दी है तुमने?...बिस्तर के साथ की दीवार की?

शब्दों का संयोजन कुछ इस तरह का है, वाक्य-विन्यास भी ऐसा ढला हुआ है कि फालतू समय बिताने बैठे अकेले दम्पत्ति की बात-चीत सहज रूप में अनुभव भी की जा सकती है—लगातार कुछ सोचते हुए, सोचने पर कुछ न पाते हुए, उलझते से सवाल करते हुए, एक ऊब और खीझ का स्वर—मंच पर पात्रों की बातचीत नहीं, घर के

अन्दर का लहजा। यह लय और टोन यह स्वाभाविक स्वर उसी 'आंतरिक अपेक्षा' का परिणाम है। यही वैशिष्ट्य 'हँः' बीज नाटक में है—थोड़े में बहुत कहने वाला। लेकिन उसमें कड़वाहट है, तल्खी और तेजी कुछ-कुछ 'आधे-अधूरे' की सावित्री का स्वर इसमें 'ममा' की बातचीत में है। टूटते पारिवारिक संबंधों मानवीय संबंधों और उससे उत्पन्न गहरी निराशा और अकेलेपन को भाषा के सहारे ही पूरे बीज नाटक में वातावरण में मूर्त कर दिया है। संकेत यहाँ भी है। बीमार पापा (पति) से ऊब—

ममा : ......बस सीधे से उल्टा होना आता है इस आदमी को—उल्टे से सीधा होना नहीं आता।

पापा : कम से कम देखता तो है तुम्हें। मुझे तो देखता ही नहीं।..... पापा अब कूड़ा हो गया है। इसे डस्टबिन में फेंक देना चाहिए.............

एक स्लेट-पेंसिल ला दो मुझे। मैं सारा दिन ये रकमें लिख-लिखकर।

ममा : तीन दिन से अपने को स्पंज भी नहीं करने दिया तुमने। पता नहीं तुम्हें अपने से बू भी नहीं आती।

....

पापा : घर में एस्परीन नहीं है?

ममा : है...सब कुछ है घर में...क्या है जो नहीं है?

पापा : दवाइयाँ तो सब तरह की हैं...जाने कहाँ-कहाँ पर रखी हैं तुमने।

और इस तरह के बहुत से स्थल हैं जो ऊब, घुटन, खीझ, झुँझलाहट, अकेलेपन और इन सबको दूर करने के लिये ऊपरी प्रयत्नों को व्यक्त करके लेखक की भाषा-शक्ति का उदाहरण प्रस्तुत करते हैं। बोलचाल की भाषा और रंगमंच की भाषा का इतना तालमेल बैठाया गया है कि लगता ही नहीं कहीं सायास कुछ है। निरन्तर यह अन्वेषण-दृष्टि मिलती है कि किस तरह भाषा के द्वारा ही नाटक और रंगमंच को समृद्ध बनाया जाय। इन बीज नाटकों की भाषा वाद-संवाद की निरर्थक, कृत्रिम भाषा नहीं है। 'बहुत बड़ा सवाल' की भाषा बोलचाल की है लेकिन उसका टोन, दफ्तरी काम-काज, मीटिंग, भाषण, विरोध, विद्रोह का है—एक मोनोटोनस ज़िन्दगी का, कार्य कलाप का। सिद्ध होता है कि नाटककार के पास अगर, अन्तर्दृष्टि, कल्पना, सूझ-बूझ और बाहरी रंग-दृष्टि, अनुभव हैं तो वह शब्दों से ही सब कुछ कहकर थियेटर को कृत्रिम उपकरणों से सर्वथा मुक्त कर सकता है, नाटक और उसके प्रदर्शन को अधिक सुविधाजनक, सार्थक और रचनात्मक बना सकता है। भाषा को बहुत अपूर्ण माध्यम मानते हुए भी राकेश ने उसी को अधिक से अधिक समर्थ बनाने की जो कोशिश की है वह उसके स्वभाव का नतीजा है—स्वभाव जो कभी संतुष्ट नहीं हुआ। पलायन और आडम्बर दोनों से बचकर वह कुछ 'नया' सोचना-करना चाहता है। जब वह कहते हैं

कि...'कथ्य जो भी है, वह किसी अकेले व्यक्ति का नहीं, हमारे समय का है...और वह है एक आकुलता—निरन्तर बढ़ती हुई आकुलता। आकुलता में एक गहरा असन्तोष भी है और विद्रोह भी, हालाँकि शब्दों की सीमायें उसे बाँधने में असमर्थ हैं। लगता है कि अधिक शब्दों में घेरकर उसे अधिक सीमित ही किया जा सकता है।[1] राकेश की व्यक्तिगत डायरी के पृष्ठों में यह आकुलता भरी पड़ी है। जो महसूस हो रहा है उसे व्यक्त करने के लिए शब्द कहाँ हैं? शब्द की निरर्थकता—'जो महसूस कर रहा हूँ उसे शब्दों में नहीं रख पाऊँगा, इसलिये नहीं कि साहस नहीं है, बल्कि इसलिये कि उसके लिये ठीक शब्द मिल नहीं पायेंगे।[2] पार्श्वनाटक 'छतरियाँ' मानो इसी आकुलता का परिणाम है जो मंच पर भाषा को मौन कर देता है और नेपथ्य से आने वाली ध्वनियों प्रतिध्वनियों, विभिन्न शब्दों—आवाजों के द्वारा ही सब कुछ कहता है। 'छतरियाँ' आने वाली ज़िन्दगी में कितनी अप्रत्याशित स्थितियों की कामना करने की प्रवृत्ति की; छटपटाहट का फल है। अभिव्यक्ति का कोई माध्यम हो, यह कितनी जरूरी है—अन्दर उफनते लावे को रास्ता देने के लिये, उससे छुटकारा पाने के लिये लेकिन प्रवृत्ति 'छुटकारा पाने वाली' नहीं, सतही कोशिश नहीं। आज की परिस्थितियों, दबावों में घुटते जाते आदमी की स्थिति शब्दों में नहीं समा पाती ध्वनियाँ—विभिन्न ध्वनियाँ ही शायद उसे स्पष्ट या अभिव्यक्त कर सकें। 'भाषा नहीं, शब्द नहीं, भाव नहीं, कुछ भी नहीं।' भावों के निश्शेष हो जाने पर भाषा या शब्द की भी मौत हो जाती है। अनुभूति से अलग जड़ शब्द राकेश के नाटकों में नहीं मिलेंगे। कहा जा सकता है कि बीज नाटकों और इसं पार्श्व नाटक में राकेश कुछ एब्सर्ड नाट्य-परम्परा के निकट आ रहे थे, लेकिन किसी बाह्य प्रभाव और आन्दोलन के रूप में इन रचनाओं को देखना गलत होगा क्योंकि निश्चित रूप में वह राकेश के स्वभाव में नहीं रहा है। 'आषाढ़ का एक दिन' से 'छतरियाँ' तक की नाटक-यात्रा राकेश की भाषा-यात्रा ही है—जिसमें निरन्तर बढ़ते रहने, रास्ता बदलने—नयी दिशा खोजने की आतुरता, साहस और प्रबल इच्छा-शक्ति दिखायी देती है। 'पैर तले की ज़मीन' के अनुवर्तन एक की भाषा-संरचना और नाट्यभाषा की हरकत, धड़कन, उतार-चढ़ाव को देखकर भी यह लगता है कि राकेश भाषा के प्राप्त-तत्त्व से गहरे जुड़ गये थे उसमें जहाँ संकेत भरे थे, वहीं अभिनय-तत्त्व भी।

'यहाँ कुछ और टूटा है क्या?'

'टेलीफोन बिल्कुल **बेजान** है। मेरा ख्याल है इसकी **लाइन कट गयी है।**'

वह अपना **खोल** बनाये रखना चाहता है—उसका शायद ख्याल है कि उसका खोल किसी को नजर नहीं आयेगा। पर किसका खोल किसे नजर नहीं आता? सब एक दूसरे के खोल से वाकिफ हैं, एक-दूसरे की खोल उतरते देखना चाहते हैं—मगर अपना खोल बनाए रखते हुए।

---

1. **परिवेश : पृ० 194।**
2. **सारिका, अगस्त 1974, पृ० 67।**

× × ×

फिर वही उतरती हुई रात और वही आवाजें—झींगुरों, झिल्लियों और मेढकों की। वहीं एक आदम सी दहशत, वहीं अकेलापन और वही अपने आप से सामना करना।

× × ×

ध्यान से जाना। उधर **काँच के टुकड़े** बिखरे हैं।

× × ×

मेरे लिए वह एक **कब्रिस्तान** बन गयी है...औरत कब्रिस्तान क्यों बन जाती है? इस प्रकार के प्रतीकात्मक, लाक्षणिक, संकेत और व्यंजनात्मकता इस नाटक में भरी पड़ी है और यहाँ कुछ भी विलष्ट नहीं है क्योंकि ये आम जीवन के अनुभव और प्रयोगों से जुड़ी है और नाटक की दहशत-भरी लय से भी। विशेष बात यह भी है कि राकेश भाषा और संवाद के गहरे रिश्त से ही नाटकीयता की सृष्टि करते हैं—बाहरी उपकरणों से नहीं। नाटक की भाषा की यही मौलिकता होती है—उसकी उच्चरित, ध्वनित, स्वरूप और उसकी लय। भाषा की यह पकड़ न होती तो इस नाटक को एक रस होने में देर न लगती क्योंकि इसमें एक ही प्रकार की परिस्थिति में जैसे पात्रों की नियति है। उनके अपने-अपने उद्‌गार हैं—प्रतिक्रियायें हैं और सम्बन्ध बनाने की निरर्थक कोशिश है। अँधेरा, टेलीफोन, सब इसमें सहयोग देने लगते हैं। प्रत्येक वस्तु और स्थिति को नाटक की अभिव्यक्ति का अनिवार्य अंग बना लेना ही नाटककार का कौशल है।

नाटकीय शब्द की खोज में लगा हुआ यह नाटककार अभी स्वभावतः नाट्य भाषा के और भी कितने नये आयाम प्रस्तुत करता। भाषा के सम्बन्ध में राकेश का अपना चिन्तन है। हिन्दी भाषा की अभिव्यंजना-शक्ति और शब्द-सामर्थ्य उसकी सीमाओं और विशेषताओं से वह परिचित ही नहीं थे, रचनाकार की दृष्टि से उन्होंने उस पर सोचा-विचारा भी है और उनके इधर के सभी नाट्यों में देशी-विदेशी शब्द, उर्दू-अंग्रेजी और बोलचाल के शब्द बहुत आये हैं। इसे वह किसी भी भाषा के लिए अनिवार्य मानते हुए हिन्दी की अर्थशक्ति के विस्तार की संभावनाओं के प्रति आश्वस्त हैं। उसे 'बेचारी हिन्दी' के रूप में लेकर उनका विचार है कि 'हिन्दी एक ऐसी संघर्षशील भाषा अवश्य है जो अपनी भाव, विचार और बिम्ब-सम्पत्ति के सम्प्रेषण की समस्या से निरन्तर जूझ रही है। हर जीवित भाषा एक संक्रमण की स्थिति में रहती है : उसके **जीवित होने के प्रमाण ही यह है। आज की भाषा का आन्तरिक रूप-परिवर्तन, उनके** ह्रास का नहीं, बल्कि विकास की संभावनाओं का ही संकेत है। आज के रचनाकार की अपेक्षाएँ यदि उसे भाषा के नये रूप-विधान की ओर प्रेरित करती हैं, तो उसके प्रयोगों को आशंका और अविश्वास की दृष्टि से देखना उसके साथ न्याय करना नहीं है।'[1] कहना न होगा कि रचना की अवचेतन प्रक्रिया में सन्दर्भ की अपेक्षा जिस विशेष शब्द से पूरी हुई है—ऐसा शब्द जिससे रचनाकार और पाठक (दर्शक) दोनों परिचित हैं

1. **परिवेश : पृ० 195।**

(नाटक के लिये यह समान परिचय और भी आवश्यक है) और वाक्य की लय में जो शब्द अनायास रूप से प्रयुक्त हुआ है—भाषा के उसी स्वाभाविक ताने-बाने को सुरक्षित रखने की चेष्टा उनके नाटकों में है। एक रचनाकार का भाषा के प्रति यही रुख, यही दायित्व होना चाहिए। उनमें समकालीन संवेदना की सूक्ष्म पकड़ और नाटक की सही भाषा की तलाश हिन्दी नाटक को एकदम बहुत आगे ले जाती है। न शाब्दिक खिलवाड़, न सूक्तिवचन-प्रवृत्ति, न अनर्गल भावावेश। नाटक की भाषा और नाटक की संरचना में बनावटीपन नहीं है बल्कि वह नाटककार के अंतर्जगत उसकी अवधारणाओं को उजागर करने वाली, नाट्य भाषा और नाटक के संबंध में नयी समझ पैदा करने वाली है। विषय और भाषा के बीच नाट्य-सुलभ संगति मिलती है—यह राकेश की अकुंठित भाषा-संवेदना का उदाहरण है। विषय के अनुरूप भाषा को बदलने की काव्यात्मक ईमानदारी जैसे रघुवीर सहाय की कविताओं में, कविता की आन्तरिक बनावट की माँग कही जायगी, उसी तरह राकेश के नाटकों में भाषागत यह अन्तर उनकी सर्जनात्मक ईमानदारी का ही प्रमाण है। यह पहली बार हुआ होगा कि अभिनेता, निर्देशक, रंगकर्मी इस कदर गहराई से किसी नाटक या नाटककार के बारे में महसूस कर रहे हों, सोच-विचार रहे हों। ओम शिवपुरी एक अभिनेता के रूप में राकेश की नाट्य भाषा के सम्बन्ध में अपने विचार यूँ प्रकट करते हैं—'उस आदमी ने सेंस कर लिया था कि आज की टोटल रिद्म को किस शब्दावली में व्यक्त किया जा सकता है। उनके नाटकों का एक भी शब्द बनावटी नहीं है। यह बात उनके तीनों नाटकों को साथ रख कर देखिये कि वह इनसान किस कदर भाषा की तलाश कर रहा है।[1]

---

1. सारिका, मार्च 1973, पृ० 33।

कुछ महत्त्वपूर्ण बातें और दिलचस्प सवाल

अब तक राकेश के नाटकों के सम्बन्ध में जो कुछ कहा गया, उससे एक ओर उनके नाटकों और नाटककार के व्यक्तित्व का महत्त्व स्पष्ट होता है और दूसरी ओर उनके सम्बन्ध में कुछ रोचक सवाल भी उठते हैं। इसमें कोई सन्देह नहीं कि अगर राकेश के नाटकों की संख्या कम है तो उनकी अपनी सीमाएँ भी हैं। यद्यपि 'आषाढ़ का एक दिन' से लेकर 'छतरियाँ' तक उनके विकास चिह्न बहुत स्पष्ट हैं, धीरे-धीरे समकालीनता और आन्तरिक यथार्थ से उनकी सम्बद्धता बढ़ती ही गयी है और उनकी भाषा ने नाट्य-भाषा के नये मानदंड स्थापित किए हैं लेकिन यह भी बिल्कुल सही है कि उनका नाट्य-संसार बहुत व्यापक नहीं है। उनकी—उनके 'लेखक' की—ईमानदारी केवल यह है कि उन्होंने अपने सीमित नाट्य-संसार को, अपने अनुभव-क्षेत्र को बिना किसी लाग-लपेट या आड़ के, बिना किसी काम्प्लेक्स के उसी रूप में प्रस्तुत किया है, उसे व्यर्थ फैलाव देकर एक भ्रम पैदा करने की कोशिश नहीं की है। यह सही है कि विश्व के नाटकों के सन्दर्भ में अगर बहुत ही सर्जनात्मक कलाकृति की दृष्टि से उनके नाटकों को परखा जाय तो बहुत-से वाद-विवाद उठेंगे, उठे भी हैं लेकिन इसके बावजूद भी हिन्दी नाटक और रंगमंच के सन्दर्भ में राकेश के व्यक्तित्व और उनके थोड़े से नाटकों का महत्त्व निश्चित रूप से है। यूँ मैं नाट्यलेखन का रंगमंच की स्थिति से सम्बन्ध मानती हूँ। जितना सत्य यह है कि नाटक रंगमंच को बदलता है, उतना ही सच यह भी है कि रंगमंच भी नाटक को, अधिक सार्थक रचना को प्रेरित करता है—यही इस विधा की जटिलता है। जहाँ भी रंगमंच की सशक्त परम्परा रही है, नाटक और रंगमंच जीवन का अभिन्न भाग बनता गया है, वहाँ नाटक बहुत अच्छे भी लिखे गए और संख्या में ज्यादा भी। हिन्दी नाटक और रंगमंच के साथ इससे एकदम उल्टी स्थिति रही। रंगमंच के पिछड़ेपन ने, उसके पिछड़ेपन के एहसास ने, लोगों की बौद्धिक और मानसिक अपरिपक्वता ने, बल्कि जड़ता ने नाटक को एक सार्थक-सशक्त माध्यम के रूप में वर्षों तक नहीं आने दिया। नाटक और रंगमंच की मौलिकता और सर्जनात्मकता को अनुभव करने की शुरूआत 'अंधायुग' से हुई थी लेकिन उसका उतना व्यापक प्रभाव नहीं पड़ा था जितना कि 'आषाढ़ का एक दिन' का। किसी एक नाटक को लेकर इतनी प्रतिक्रियाएँ और परस्पर-विरोधी समीक्षाएँ नहीं हुआ करती थी, न कभी हिन्दी नाटक को विश्व नाटक के संदर्भ में परखा जाता था और न भारतीय नाटकों में ही उसकी विशेष गणना की जाती थी। 1958 से 1969 के बीच का समय यानी 'आषाढ़ का एक दिन' से 'आधे-अधूरे' तक का समय हिन्दी नाटक और रंगमंच को सहसा बहुत आगे ले जाता है, सारी जड़ता को तोड़कर नयी संभावनाओं को उजागर

करता है। भारतीय नाटककारों में अगर गिरीश करनाड, विजय तेंदुलकर और बादल सरकार जैसे नाम हैं तो नाटककारों की उस सूची में राकेश के साथ ही हिन्दी नाटककार को भी स्थान मिला बल्कि राकेश ने भारतीय नाटक साहित्य को अपनी ही भिन्न संवेदना से समृद्ध किया है। बड़ी-छोटी बहुत-सी नाट्य संस्थाओं को बनाने में उन्हीं के नाटकों का हाथ है। रंगकला और नाट्यकला का सम्बन्ध उन्हीं ने जोड़ा। इतने तरह के लोगों की अभिनय-क्षमता और निर्देशन-क्षमता की पहले कल्पना ही नहीं की जा सकती थी। दर्शक और समीक्षकों की परस्पर विरोधी प्रतिक्रियाएँ, वाद-विवाद, नाटक और उसके प्रस्तुतिकरण पर सेमिनार, परिसंवाद सब पहले कल्पनातीत थे। एक ही नाटक पर नये-नये प्रयोगों की बात भी तब नहीं सोची जाती थी जब कि 'आषाढ़ का एक दिन' और 'आधे-अधूरे' पर अलग-अलग निर्देशकों ने भिन्न-भिन्न प्रयोग किये जिसने प्रस्तुतीकरण के नये आयाम ही नहीं प्रस्तुत किये, नाटकीय अर्थ की गहनता और उसके विस्तार को भी स्पष्ट किया। राकेश ने बादल सरकार या विजय तेंदुलकर की तरह या गिरीश करनाड की तरह शिल्प के बहुत नये प्रयोग नहीं किये—शिल्प की प्रयोगशीलता में बहुत विश्वास उनका था भी नहीं। सबसे ज्यादा ध्यान उन्होंने समकालीन जटिलता को, मानवीय द्वन्द्व को पकड़ने की ओर और भाषा के द्वारा रंगमंचीय सौन्दर्य की सृष्टि करने की ओर ही दिया। उनकी नाट्यभाषा की दृश्यात्मकता को ही एक नया प्रयोग कहा जा सकता है। उनका सारा ध्यान अपने चरित्रों पर, नाटक के वातावरण पर, रंगमंच की गहरी, व्यापक प्रभावशीलता पर, और अभिनय-पद्धतियों पर केन्द्रित-सा दिखायी देता है। इस तरह की सतर्कता हिन्दी नाटककार में पहली बार मिलती है। उनका विश्वास 'रंगमंच के शब्द और मानव-पक्ष को समृद्ध बनाने की दिशा में—न्यूनतम उपकरणों के साथ संश्लिष्ट से संश्लिष्ट प्रयोग कर सकने की दिशा में रहा है। इसीलिए रंगमंच के तकनीकी रूप पर उनका ध्यान उतना नहीं रहा, जितना शब्दों के भीतर से ही रंगमंचीय सम्भावनाओं की खोज का। इसीलिए उन्होंने शब्दकार का स्थान महत्त्वपूर्ण माना, यद्यपि निर्देशक, अभिनेता, दर्शक और सभी रंगकर्मियों को भी उतना ही सम्मान और सहयोग दिया। राकेश ने नाटक और रंगमंच के आमूल परिवर्तन की अपेक्षा महसूस ही नहीं कि बल्कि लेखन और परिचालना के स्तर पर परिवर्तन भी उपस्थित किया। इसके लिए उन्होंने भाषा से लेकर छोटी से छोटी बात तक—ध्वनि, प्रकाश, गति, लय, एक ही समय में पात्रों की उपस्थिति, अलग-अलग कोणों पर उनकी उपस्थिति पर, उनकी क्रियाओं, अंग-संचालन सभी पर बड़ी सूक्ष्मता से ध्यान दिया। चरित्र, भाषा, रंगमंच—ये तीन महत्त्वपूर्ण बिन्दु हैं जिन पर राकेश ने बहुत चिंतन किया है और उनकी सृष्टि की है। उन्होंने सचमुच समय की उभरती चेतना को आज के बदलते सन्दर्भों में बदलते हुए मूल्यों को पहचाना और आधुनिक भावबोध को नाटक और रंगमंच के माध्यम से अभिव्यक्त किया। परम्परा को कभी अपने जीवन और लेखन का सहारा नहीं बनाया, इस्टेब्लिशमेन्ट का हमेशा विरोध—साहित्य में भी, व्यक्तिगत जीवन में भी।

हमारे यहाँ कभी कोई ऐसी परम्परा नहीं रही कि नाटक, रेडियो, फिल्म, टेलीविजन को परस्पर सम्बद्ध कला के रूप में, अभिव्यक्ति में समान लगते किन्तु भिन्न-भिन्न माध्यम के रूप में समझा गया हो। न तुलनात्मक रूप में उनके माध्यमगत अंतर पर ज्यादा विचार किया गया। राकेश के नाटक पहली बार नाटक और फिल्म को निकट लाते हैं। वह फिल्म वित्त निगम के निदेशक तो थे ही, विश्व-सिनेमा की नवीनतम धाराओं का पूरा ज्ञान भी उन्हें था। फिल्मों के प्रति भी उनके दृष्टिकोण में वैसी ही बेसब्री दिखायी देती है जैसी कि नाटक के सम्बन्ध। राकेश की 'उसकी रोटी' कहानी पर फिल्म बनी ही है उनके 'आषाढ़ का एक दिन' और 'आधे-अधूरे' नाटकों पर भी फिल्में बनी हैं और पुरस्कृत भी हुई हैं। राकेश ने इस पर बराबर ध्यान देना शुरू किया था कि साहित्य फिल्म माध्यम के विकास में कितना योगदान कर सकता है। एक ओर शब्द उनके अधिकार-क्षेत्र में थे, दूसरी ओर बिम्बों की शक्ति के प्रति भी वह सतर्क थे—नाटक और फिल्म के लिए यह जरूरी चीज है। नाटक और फिल्म दोनों के सम्बन्ध में, दोनों के विकास के लिए वह भारतीय भूमि में ही अपनी जड़ों को गहरा जमाने में विश्वास करते थे—दोनों में पश्चिमी कला के अन्धानुकरण या आधुनिकता के मोह में प्रयोगशीलता के वह विरोधी थे,—उनके 'लेखक' की ईमानदारी समझने के लिए यह एक खास बात है। इसलिए उनके लिए 'इन्वाल्व्ड लेखक' या 'एक्स्ट्रोबर्ट संन्यासी' जैसे मुहावरे चल पड़े। अब जब कि दूरदर्शन पर महत्त्वपूर्ण नाटक आ रहे हैं तो माध्यमगत अन्तर को समझना जरूरी हो गया है यानी राजेन्द्रनाथ के निर्देशन में दूरदर्शन पर 'लहरों के राजहंस' आया तो यह स्पष्ट था कि आन्तरिक लय और द्वन्द्व को बिना पकड़े राकेश के नाटक कितने सपाट और मात्र कथात्मक बनाए जा सकते हैं।

राकेश के नाटकों को पढ़ लेने के बाद कुछ बड़ी दिलचस्प बातें सामने आती हैं जो स्वयं राकेश को उनके व्यक्ति रूप को और नाटककार रूप को जानने-समझने में सहायक भी होती हैं और कुछ सवाल भी पैदा करती हैं। यह कितना सही है कि उनके हर नाटक में—बीज नाटकों में भी—स्त्री-पुरुष सम्बन्ध को, उसकी एकरसता और जटिलता को किसी न किसी स्तर पर उठाया गया है—'आधे-अधूरे' में वह सम्बन्ध और भी जटिल हो गए हैं। आपसी सम्बन्धों की सही परिभाषा खोजने की कोशिश अगर उनके 'अंतराल' उपन्यास में है तो 'अंधेरे बन्द कमरे', 'एक और जिन्दगी' और नाटकों में उनकी जटिलता और टकराहट मुखर हुई है। सम्बन्धहीन संबंधों से वितृष्णा उनके पूरे साहित्य में किसी न किसी रूप में लक्षित होती है। इस वितृष्णा और जटिलता का कोई समाधान नहीं है, इसलिए केवल छटपटाहट और एक अनवरत तलाश—नामहीन सम्बन्धों की खोज—उनके पूरे साहित्य में ही साफ पहचानी जा सकती है। यह उनके नाटकों का भी एक पक्ष है लेकिन उनके नाटकों को आज के अनुभव से जोड़कर भी देखें तो पात्रों की दृष्टि से नाटकों की कथावस्तु पुरुष पात्रों को ही प्रमुखत: लेकर चलती है। कालिदास, नन्द, महेन्द्रनाथ तीनों पुरुष पात्रों से ही तीनों नाटक जुड़े हुए हैं लेकिन क्या कारण है कि नाटकों में उनके स्त्री पात्र ही

मुख्य और केन्द्रीय पात्र बन जाते हैं और पुरुष पात्र उनकी तुलना में अन्त तक पहुँचते-पहुँचते दुर्बल मन:स्थिति वाले दिखाई देते हैं? यही नहीं स्त्री पात्र ही अधिक सशक्त और सजीव पात्र बन जाते हैं। मल्लिका कालिदास की तुलना में प्रभावित भी ज्यादा करती है और नाटक पर छायी रहती है, सुन्दरी का दर्प, द्वंद्व, और विश्वास मन को बाँध लेता है, सावित्री का तीखापन महेन्द्र की व्यक्तित्व-हीनता के आगे नाटक और नाटकीय वातावरण को अपनी पकड़ में रखता है। तीनों नाटकों के ये तीनों स्त्री पात्र बहुत देर तक गूँज पैदा करने वाले हैं। उनके स्त्री पात्रों में एक कोशिश है। मल्लिका प्रोत्साहन देती है, कालिदास को प्रगति के अवसर देती है; सुन्दरी अपने आकर्षण में नन्द को बाँधे रखना चाहती है, नन्द को उसके अन्तर्द्वन्द्व से मुक्त रखना चाहती है, लेकिन सावित्री कोशिशों के बाद थकी-हारी, चिड़चिड़ी स्त्री के रूप में सामने आती है, 'शायद', और 'हँ:' बीज नाटकों की स्त्री भी 'संभालने के प्रयत्न' में लगी रहती हैं यद्यपि वे अन्दर से टूटी हुई, निराश, पराजित और अकेली हैं। लेखक के न चाहते हुए भी नाटक सूत्रों का स्त्री पात्र के हाथों में एकत्रित हो जाना और पुरुष पात्रों की तुलना में ज्यादा महत्त्वपूर्ण और प्रभावशाली हो जाना जैसे एक स्वाभाविक प्रक्रिया बन गयी है। पर ऐसा क्यों? जिस राकेश के सम्बन्ध में कहा जाता है कि 'औरतों के लिए बड़ी तल्खी उसके मन में रहा करती थी' तो नाहक में स्त्री पात्र प्रधान और प्रभावपूर्ण क्यों? यह सही है कि राकेश के व्यक्तिगत तनावों, उलझनों ने, उनके निजी स्वभाव की जटिलता ने उनके साहित्य को काफी हद तक प्रभावित किया है लेकिन, वह इतना 'सीमित' नहीं है—उसमें आज की संवेदना को मानव-मन के सूक्ष्मतम स्तरों के द्वंद्व को और एक साहित्यकार की ईमानदारी और रचनात्मक शक्ति को भी देखा जा सकता है। उन्होंने भारतीय संदर्भ में ही आज की मन:स्थिति को कहना—दिखाना चाहा है। एक और खास बात है और वह यह कि जहाँ स्त्री पात्र प्रधान हो जाते हैं, वहाँ वे सब अन्त में दोषी भी प्रतीत होते हैं। कालिदास को लौटकर आने पर लगता है कि मल्लिका ने सब कुछ बदल दिया है और वह सारे गर्जन, वर्षा, तूफान के बीच उसे छोड़कर चला जाता है। नन्द भी सुन्दरी को इसी जड़ स्थिति और प्रश्न बिन्दुओं से घिरी स्थितियों के बीच छोड़ कर चला जाता है और महेन्द्रनाथ भी सारी पारिवारिक, आर्थिक समस्याओं और द्वन्द्वों के बीच सावित्री को अकेला छोड़ जाता है। लगता है स्त्रियाँ कटघरे में खड़ी हों और पुरुष सारी असफलता, निराशा का दायित्व स्त्री पर ही डाल रहा हो। तीनों स्त्रियाँ पुरुषों द्वारा प्रताड़ित होने पर भी न उन्हें छोड़ पाती हैं न भुला पाती हैं—विवश, पराजित स्थिति में खड़ी रह जाती हैं। दूसरी तरफ देखें तो उनके पुरुष पात्रों में भी समानता है। कालिदास और नन्द एक बार वापस लौटकर आते हैं लेकिन फिर चले जाते हैं—केवल 'आधे-अधूरे' का पुरुष एक बार घर छोड़कर जाता है फिर एक बार घर वापस आ जाता है। मानसिक रूप से तीनों ही भागना चाहते हुए भी भाग नहीं पाते। पुरुष एक का वापस लौट आना आज के मानवीय जीवन की करुण स्थिति है, मनुष्य की नियति है। ओम शिवपुरी राकेश के इन तीनों नायकों के बारे में यूँ कहते हैं—'आषाढ़ का कालिदास एक सिचुएशन को फेस नहीं कर सकता, उससे एस्केप

करके चला जाता है। 'राजहंस' का नन्द सारी कान्फ्लिक्ट के बाद लौटकर आने के बावजूद चला जाता है, उसी नाटककार का नायक नाटक 'आधे-अधूरे' में छोड़कर चला जाता है और निश्चय ही वापस आ जाता है। इस यात्रा की बहुत बड़ी अहमियत है, जो उनकी सेंसिबिलिटी समसामयिकता को दर्शाती है।[1] यह यात्रा निश्चित रूप से महत्त्वपूर्ण है लेकिन ऐसा जरूर लगता है कि अनुभव दायरा और उसका स्वरूप एक ही जैसा है जिसकी पुनरावृत्ति तीनों नाटकों में हुई है। बल्कि राकेश का अपना व्यक्तित्व भी अभिव्यक्त हुआ है। उनकी डायरी में कही यह बात यहाँ याद आ जाती है कि एक बार मन जिससे टूट जाता है वह व्यक्ति हो घर हो या परिस्थिति—लौटकर उसकी तरफ देखने की भी बात नही सोचता। संकल्प का एक क्षण आता है जिसके बाद वह 'कुछ' हमेशा के लिए अतीत हो जाता है।...पर जब तक संकल्प का क्षण नहीं आता, तब तक लगता रहता है कि मैं निर्णय तो ले ही नहीं सकता।[2] केवल 'आधे-अधूरे' का पुरुष सब कुछ से कटकर अलग नहीं रह पाता। वह उसी में रहने को विवश है—यह आज का यथार्थ है। ऐसा भी लगता है कि राकेश को यह अनुभव सबसे ज्यादा झकझोरता रहा हो कि हम एक दूसरे के बहुत निकट होने पर भी उसे कितना कम जानते हैं? उनके नायक और नायिकाएँ सब इसी अनुभव से पीड़ित हैं। यही नहीं विलोम, भिक्षु और पुरुष चार भी समान हैं—तीनों ही अलग करने और मिलाने की कड़ी हैं। इस तरह तीनों नाटकों के पात्र एक दूसरे के प्रतिरूप लगते हैं। कहीं-कहीं तो तीनों नाटकों के संवादों में भी बहुत अन्तर नहीं है—समान अनुभव का कथन! सावित्री और सुन्दरी के अन्तिम संवादों में 'आधे-अधूरे' और बीज नाटक 'शायद' के संवादों में कई जगह एकदम समानता है। यहाँ तक कि डायरी के पृष्ठों में जो उनकी ऊब, घुटन, अकेलेपन का एहसास, निरर्थकता को किसी तरह तोड़ डालने की गहरी आकुलता और कुछ न कर पा सकने की उलझन व्यक्त हुई है, बिल्कुल वही 'शायद' और 'हं:' बीज नाटकों में, 'आधे-अधूरे' में भी मिलती है। लगता है जैसे यह शख्स अपने अन्दर की उलझनों, द्वन्द्वों से बुरी तरह जूझ रहा था और आज की मानवीय स्थिति के साथ उसे व्यक्त कर रहा था क्योंकि आज का हर सेन्सिटिव आदमी इस अनुभूति का शिकार है। अगर कहीं अपनी उलझनों और अन्तर्विरोधों से यह लेखक उबर पाता (जो कि बहुत जरूरी है) तो निश्चित रूप से राकेश के नाटकों का अनुभव-क्षेत्र ज्यादा व्यापक होता और विभिन्न परिस्थितियों, परिवर्तनों और कुचक्रों के बीच कैसे मानव को, उनके रूपों को विविध क्षेत्रों से पकड़कर नाटक में साधक रूप देना सम्भव होता—'छतरियाँ' में यह कोशिश दिखाई देती है और 'पैर तले की ज़मीन' नाटक को देखकर भी ऐसा लगता है।

एक और बात ध्यान आकर्षित करती है कि क्यों राकेश के नाटकों में जहाँ भी स्त्री-पुरुष के आपसी चरम साक्षात्कार का अवसर आता है और जहाँ पर समस्या और

1. सारिका, मार्च 1973, पृ० 33।
2. सारिका, नवम्बर 1968, पृ० 63।

द्वन्द्व को बड़ी सशक्तता के साथ उभारा जा सकता है, वहीं उस स्थिति को वह बचा जाते हैं। न पुरुष स्त्रियों का, मौजूदा समस्या का सामना करते हैं और न स्त्रियाँ ही अपने को उतना कह पाती हैं जितना उनके मन में उमड़-घुमड़ रहा है। शायद इसीलिए उनके तीनों नाटकों के अन्त में उद्घाटन-भाषण अवश्य हैं। प्रथम दोनों नाटकों में उद्घाटन पुरुषों की ओर से है, 'आधे-अधूरे' में स्त्री पात्र अपना स्पष्टीकरण दे रहा है। कालिदास मल्लिका के आगे अपने को उद्घाटित कर रहा है, नन्द अपने को, अपने सारे द्वंद्व को लम्बे संवादों में—एकालाप में स्पष्ट करना चाह रहा है, अगले नाटक में सावित्री भी अपने को स्पष्ट करना चाहती है लेकिन इतने स्पष्टीकरण और उद्घाटन के बाद भी उनके पात्रों की छटपटाहट, आन्तरिक व्याकुलता कम नहीं होती, जैसे बहुत कुछ है जिसे कहा नहीं जा सकता; शब्द जैसे अधूरे हैं। उद्घाटन की इस प्रक्रिया को राकेश ने जैसे एक नाटकीय युक्ति के रूप में अपनाया है। किसी एक युक्ति की यह पुनरावृत्ति क्यों? यह दूसरी बात है कि उद्घाटन-भाषण के स्थल बड़े सशक्त और अभिनेय हैं लेकिन वह नाटक की चली आती हुई गति के विरोध में पड़ता है। कुल मिलाकर राकेश के सभी नाटकों में कहीं न कहीं एक विचित्र साम्य है। हर नाटक एक अगली स्वाभाविक कड़ी लगता है और परस्पर बहुत जुड़ा हुआ भी। यहाँ तक कि राकेश के व्यक्तिगत विश्वास और चिन्तन, विरोध और विद्रोह, आशा-निराशा सभी उनमें इतनी प्रतिबिम्बित होती हैं कि उन्हें उनके नाटकों में ढूँढना और पाना अपने में एक दिलचस्प काम हो जाता है और तब लगता है कि इस लेखक में अपने को, अपने अनुभव को, अपने आन्तरिक यथार्थ से जोड़कर बार-बार थोड़े-बहुत भिन्न रूप में अभिव्यक्त करने की कितनी तड़प है और उसे हमेशा जैसे सब अधूरा लगता है। 'दूसरों की अपेक्षाओं के अनुसार अपने को ढालना—यह केवल आत्मघात की प्रक्रिया है जो जीवन भर चलती रह सकती है।'[1] यह उनका निजी स्वर है और यही उनके नाटकों का भी स्वर है। 'स्थिति सुख' से ज्यादा उनके पात्र 'गति सुख' पाना चाहते हैं। एक जगह राकेश ने लिखा है 'जीना चाहते हो, तो तुम्हें जीना चाहिए, सिर्फ जीने की बात सोचते रहने का कोई अर्थ नहीं। यह जीने के नाम पर एक तरफ की आत्मरति है। तुम बाहर की वर्जनाओं से इतना छटपटाते हो, पर अपने अन्दर की वर्जनाओं को क्यों स्वीकार किये रहते हो?'[2] निश्चय ही राकेश के पात्रों में जीने की चाह, जीने का संघर्ष है। वे बाहर और अन्दर की वर्जनाओं के बीच छटपटाते हैं। उस संघर्ष और छटपटाहट का चित्रण ही राकेश के नाटकों का वैशिष्ट्य है यद्यपि संघर्ष और छटपटाहट को बहुत दूर तक नहीं दिखाया जा सका है पर द्वन्द्व उनके नाटकों का केन्द्रीय तत्त्व है—स्थितियाँ कम उनके प्रभाव ज्यादा। राकेश इस 'आत्मस्वीकृति' से ही शुरू करते हैं कि 'हम अन्दर से विभक्त हैं। हर बात दो तरह से सोचते हैं। दोनों तरह से उसे ठीक पाते हैं। दोनों तरह से स्वीकार करना चाहते हैं। नहीं कर पाते, वही अन्तर्द्वन्द्व है।

---

1. नटरंग 21, डायरी के पन्नों से, पृ० 14।
2. सारिका, अगस्त 1968, पृ० 91।

अन्तर्द्वन्द्व ही नियति है। हमारी नहीं, सबकी।.......... हमारे मन में कई तरह के प्रश्न उठते हैं। लगता है, प्रश्नों की अंधी गली में भटक गये हैं।'[1] राकेश के नाटक और उनके पात्र इससे अलग नहीं हैं। उनकी नियति भी यही है। राकेश के नाटक सामान्य जन-जीवन के विविध पहलुओं को छूने वाले नहीं हैं लेकिन वे मानवीय संवेदनाओं के नाटक हैं। उनके नाटकों की पहुँच व्यापक-जन-समूह तक भले ही न हो लेकिन नाटक विधा को उन्होंने लोकप्रिय अवश्य बनाया, उसे नवीनता और मौलिकता से जोड़ा। राकेश के लिए 'नयी स्थितियों में जीवन की प्रतिक्रियाओं का चित्रण नवीनता है' उनके नाटक इसी माने में नये हैं। मौलिकता का सम्बन्ध भी वह उतना अनुभूति से नहीं, जितना अभिव्यक्ति से मानते हैं। नाटक में अभिव्यक्ति अन्य विषयों से किस तरह भिन्न होगी, राकेश ने इसे पहचाना। इसीलिए उनके नाटकों में ताजगी भी लगती है और उनके व्यक्तित्व की छाप भी लेकिन जैसा कि वह अपने निबन्ध में कहते हैं कि 'रूढ़ियों से टक्कर लेने में कभी-कभी उसे लेखक के रूप में अपने अस्तित्व को भी खतरे में डालना होता है।...इस खतरे की स्वीकृति ही उसकी सजीवता को प्रभावित करती है!' वैसा कोई खतरा मोल लेने का साहस उनके नाटकों में नहीं दिखायी देता—जब कि उसके पूरे अवसर उनमें मौजूद हैं।

---

1. परिवेश, पृ० 114।

परिशिष्ट

मोहन राकेश के नाटकों के प्रदर्शन

मोहन राकेश के नाटक हिन्दी-भाषी क्षेत्रों में विविध संस्थाओं के द्वारा अनेक जगह खेले गये। बड़ी-बड़ी नाट्य संस्थाओं के अतिरिक्त बहुत-सी छोटी-छोटी संस्थाओं और रंगकर्मियों का उत्साही दल तैयार हुआ। स्कूलों, कालेजों और विश्वविद्यालयों के मंच पर भी उनके नाटक पूरे उत्साह के साथ खेले गये। उनके नाटक अनूदित होकर अन्य भाषाओं के रंग केन्द्र में भी अभिनीत हुए। बँगला, मराठी, कन्नड़, कोंकणी और अंग्रेजी-भाषी रंगमंच पर उनका सफल प्रदर्शन हुआ। अन्य भाषाओं के मंच पर हिन्दी नाटक को स्थान और सम्मान मिला। नीचे हिन्दी में उनके नाटकों के प्रमुख प्रदर्शनों की सूची है जिसमें नाट्यसंस्था, स्थान, निर्देशक और वर्ष की सूचना है। यह विवरण हिन्दी नाट्यजगत् और रंगजगत् की सक्रियता का—अकस्मात् बहुत बड़े परिवर्तन का—संकेत करता है। हिन्दी रंगमंच में इतनी हलचल का होना एक शुभ लक्षण है जिससे हिन्दी नाटक को एक संभावनापूर्ण दिशा मिली है।

आषाढ़ का एक दिन

1. अनामिका, कलकत्ता। निर्देशक—श्यामानंद जालान। 1959
2. राष्ट्रीय नाट्य विद्यालय, नयी दिल्ली। निर्देशक—इब्राहीम अलकाज़ी। 1962
3. थिएटर यूनिट, बंबई। निर्देशक—सत्यदेव दुबे। 1964
4. प्रयाग रंगमंच, इलाहाबाद। निर्देशक—सत्यव्रत सिन्हा। 1965
5. रंगवाणी, कानपुर। निर्देशक—असित डेनियल्स। 1967
6. सेंट एँड्रूज कालेज, गोरखपुर। 1968
7. अमेच्योर आर्टिस्ट्स एसोसिएशन, जयपुर। निर्देशक—मोहन महर्षि। 1968
8. राष्ट्रीय नाट्य परिषद्, कानपुर।
9. कमला राजा कन्या महाविद्यालय, ग्वालियर।
10. सी० एम० दुबे महाविद्यालय, बिलासपुर। निर्देशक—रवि पांडेय। 1968
11. मैरी वाशिंगटन कालेज, वर्जीनिया, अमरीका। अंग्रेजी। निर्देशक—जौय माइकेल। 1968

12. लेडी इरविन, कालेज, नयी दिल्ली। अंग्रेजी। निर्देशक—अभीक घोष। 1970
13. यात्रिक, नयी दिल्ली। निर्देशक—मोहन महर्षि। 1971
14. शौभनिक, कलकत्ता। बांग्ला।
15. युवक कल्याण परिषद्, सागर। निर्देशक—विवेकदत्त झा। 1972
16. अनुपमा, वाराणसी, निर्देशक—ज्योतिंद्र सिंह सोहल। 1972
17. रुचिका, नयी दिल्ली। अंग्रेजी। निर्देशक—फैसल अलकाज़ी। 1972
18. थिएटर ग्रुप, बम्बई। अंग्रेजी। निर्देशक—अलीक पदमसी। 1972
19. कन्नड़ साहित्य संघ, बेंगलूर। कन्नड़। निर्देशक—नागेश। 1972
20. दिशांतर, नयी दिल्ली। निर्देशक—ओम शिवपुरी। 1973
21. चतुरंग, नयी दिल्ली। बांग्ला। निर्देशक—सुशील चौधरी। 1974
22. रूपसर, गोरखपुर। निर्देशक—गिरीश रस्तोगी। 1974
23. अभिनेत, चंडीगढ़। निर्देशक—नवीनचंद ठाकुर। 1974
24. मिरांडा हाउस, दिल्ली विश्वविद्यालय, दिल्ली। निर्देशक—रामगोपाल बजाज। 1978
25. अंकुर आर्ट्स, अंबाला। निर्देशक—ज्ञान चौरसिया। 1969
26. महारानी सुदर्शना छात्रा महाविद्यालय, बीकानेर। 1981
27. भारतीय संगीत नृत्य नाट्य महाविद्यालय, बड़ौदा। निर्देशक—यशवंत केलकर। 1981
28. स्टूडियो वन, नई दिल्ली। निर्देशक—अमाल अल्लाना। 1981
29. श्रीराम सेंटर रंगमंडल, नयी दिल्ली। निर्देशक—राजिंदर नाथ। 1983
30. कल्चरल सोसायटी ऑफ राजस्थान, जयपुर। निर्देशक—रामसहाय पारीक। 1984
31. ओ० एन० जी० सी० देहरादून। 1985
32. तिरुगाता (नीनासम थिएटर इंस्टीट्यूट रेपर्टरी), हेग्गुडु। कन्नड़। निर्देशक—के० वी० अक्षर। 1991

लहरों के राजहंस

1. प्रयाग रंगमंच, इलाहाबाद—सत्यव्रत सिनहा। 1963
2. राष्ट्रीय नाट्य विद्यालय—ओम शिवपुरी। 1967
3. अनामिका, कलकत्ता—श्यामानन्द जालान। 1967

4. रूपान्तर, गोरखपुर—गिरीश रस्तोगी। 1969
5. दिशांतर, नयी दिल्ली—राजिन्दर नाथ। 1973
6. कमलाराजा महाविद्यालय, ग्वालियर। 1968
7. इन्द्रप्रस्थ कालेज, दिल्ली, सुनयना राव। 1970
8. ज्ञान आर्ट्स, चंडीगढ़, उषा धवन। 1979
9. अभिनेत चंडीगढ़, वीरेन्द्र मेंहदीरत्ता। 1975
10. भिलाई नगर, नीलिमा कौशल। 1975
11. रुचिका, नयी दिल्ली, फैज़ल अल्काज़ी। 1981
12. क्लासिक थियेटर, नयी दिल्ली, चित्रा शाह। 1986
13. युवा रंगमंच, रांची, अजय मलकानी। 1990

आधे-अधूरे

1. दिशांतर नयी दिल्ली, ओमशिवपुरी। 1969
2. थियेटर यूनिट, बम्बई, सत्यदेव दुबे। 1969
3. अनामिका, कलकत्ता, श्यामानन्द जालान। 1970
4. युवा संगम, जबलपुर, बलभद्र सिंह। 1972
5. कला संगम, पटना, सतीश आनंद। 1972
6. जागृति, देहरादून, सतीश आनंद। 1972
7. अवध बिहारी लाल, वाराणसी, सतीश आनन्द। 1972
8. अनुपमा, वाराणसी, सतीश आनन्द। 1971
9. रूपायन, जमशेदपुर, मदनमोहन श्रीवास्तव। 1973
10. नाट्यभारती, कानपुर, राधेश्याम दीक्षित। 1973
11. ललित कला आणि क्रीड़ा मंडल, नासिक (मराठी)। 1972
12. आस्कर्स कलकत्ता (अंग्रेजी), स्वर्ण चौधरी। 1972
13. इंजीनियरिंग कालेज, चंडीगढ़, हरीश मटियर। 1974
14. दर्पण सीतापुर, विजय कपूर।
15. राष्ट्रीय नाट्य विद्यालय, रंगमंडल, नयी दिल्ली, अमाल अल्ला। 1976
16. न्यू थियेटर, हैदराबाद, कादिर अली बेग। 1977

17. आर्डिनेन्स फैक्ट्री, चंद्रपुर, ओम प्रकाश वाल्मीकि। 1978
18. भारतीय नाटक विभाग, पंजाब विश्वविद्यालय, चंडीगढ़, मोहन महर्षि। 1981
19. रोबिन आर्ट्स थियेटर, नयी दिल्ली, रोबिन दास। 1982
20. भारत भवन रंगमंडल, भोपाल अलखनन्दन। 1983
21. अभिनेत, चंडीगढ़, हरीश भाटिया। 1984
22. पदातिक, कलकत्ता, श्यामानंद जालान। 1984
23. कोख, नयी दिल्ली, राधेश्याम। 1984
24. संभवे, नयी दिल्ली, सुरेश भारद्वाज। 1985

लेकिन इधर पिछले वर्षों में कीर्ति जैन के निर्देशन में मोहन राकेश के नाटक, उनकी कहानियाँ, नाट्य समारोह के रूप में, सामने आयी हैं। खासकर 'आषाढ़ का एक दिन' नाटक को निर्देशक आज के संदर्भ में बार-बार नये ढंग से देखना चाहते हैं—उदाहरणार्थ—

कितना कुछ एक साथ— (2001) मोहन राकेश के तीन नाटकों—आषाढ़ का एक दिन, लहरों के राजहंस, आधे-अधूरे के आधार पर बना नया नाट्यालेख और उसका प्रस्तुतीकरण। आलेख एवं निर्देशन, गिरीश रस्तोगी,

रूपान्तर, नाटकमंच, गोरखपुर, 2001

इन प्रदर्शनों के अतिरिक्त राकेश के एकांकी और बीज नाटकों के प्रदर्शन भी हुए। दिल्ली में राकेश—स्मृति समारोह (1973) के अवसर पर 'शायद' और 'ह:' बीज नाटकों का प्रदर्शन रति बार्थोलोम्यु के निर्देशन में हुआ 'बहुत बड़ा सवाल' एकांकी का प्रदर्शन रामगोपाल बजाज के निर्देशन में। यह एकांकी सागर की भौतिकी विभाग परिषद् के द्वारा भी 1973 में ओम प्रकाश श्रीवास्तव के निर्देशन में खेला गया। 1973 में ही अंग्रेजी के नाटकों के प्रयोक्ता। थियेटर आर्ट्स वर्कशाप लखनऊ ने रवीन्द्रालय में शायद 'ह:' और 'बहुत बड़ा सवाल' तीनों का मंचन किया। दोनों बीच नाटक राजेन्द्र गुप्त के निर्देशन में खेले गये और एकांकी रामगोपाल बजाज के निर्देशन में अभिनीत हुआ। इस प्रकार अंग्रेजी नाटक प्रस्तुत करने वाली संस्था ने हिन्दी नाटक के प्रस्तुतीकरण की शुरुआत मोहन राकेश के नाटकों से ही की और हिन्दी नाटक में एक नये मोड़ का संकेत किया। राकेश के पार्श्व नाटक 'छतरिया' का भी स्वागत हुआ। 1973 में इंजीनियरिंग कालेज, गोरखपुर के छात्रों ने उसका सफल मंचन किया। अभी कुछ समय पहले उनका नया नाटक 'पैर तले की जमीन' भी मंचित हुआ लेकिन राकेश की अन्य नाट्य कृतियों की तुलना में वह दर्शकों को फीका लगा। 'अंडे के छिलके तथा अन्य एकांकी' संग्रह से भी राकेश के पुराने एकांकी मंच पर प्रस्तुत किये गये। वैसे पिछले वर्षों में जहाँ राजेन्द्रनाथ के निर्देशन में 'आषाढ़ का एक दिन' और 'लहरों के राजहंस'

की प्रस्तुतियाँ होती रही हैं वहीं अमाल अल्लाना के निर्देशन में 'आधे अधूरे' चर्चित रहा। वहीं दूसरी ओर यह भी सत्य है कि 75 वर्ष के बाद हिन्दी नाटक और रंगमंच की धारा इतनी तेजी से बदली और लोक नाट्य रूपों की ओर उन्मुख हो गयी कि उस प्रगतिशील एवं अनुवादों की दौड़ में राकेश के नाटकों की प्रस्तुतियाँ बहुत नहीं हुईं बल्कि एक प्रयास हिन्दी रंगमंच की प्रगति की खोज का चलता रहा है। यह ध्यातव्य है कि छोटी शौकिया संस्थाएँ राकेश के नाटक प्रायः नहीं करतीं।
